AÇÚCAR

GILBERTO FREYRE

AÇÚCAR
Uma Sociologia do Doce, com Receitas de Bolos e Doces do Nordeste do Brasil

Apresentação de Maria Lecticia Monteiro Cavalcanti
Ilustrações de Manoel Bandeira
Biobibliografia de Edson Nery da Fonseca

5ª edição revista

© Fundação Gilberto Freyre, 2005
Recife-Pernambuco-Brasil
1ª Edição, José Olympio, 1939
5ª Edição, Global Editora, São Paulo 2007
2ª Reimpressão, 2018

Jefferson L. Alves – diretor editorial
Gustavo Henrique Tuna – editor assistente
Manoel Bandeira – ilustrações
Flávio Samuel – gerente de produção
Ana Cristina Teixeira – assistente editorial
Ana Cristina Teixeira, João Reynaldo de Paiva e Rinaldo Milesi – revisão
Reverson R. Diniz – projeto gráfico
Johann Moritz Rugendas, Arnout & Deroi (del.) e Engelmann (lith.) *Moulin à sucre.* 1835. Litografia [634].
Jean Baptiste Debret (del.) e Thierry Frères (lith.). *Négresses libres vivant de leur travail. / Négresses marchandes de sonhos, manoés aloá.* 1834-1839. Litografia [420]. – ilustrações de capa
Eduardo Okuno – capa

Obra atualizada conforme o
NOVO ACORDO ORTOGRÁFICO DA LÍNGUA PORTUGUESA.

Dados Internacionais de Catalogação na Publicação (CIP)
(Câmara Brasileira do Livro, SP, Brasil)

Freyre, Gilberto, 1900-1987
   Açúcar : uma sociologia do doce, com receitas de bolos e doces do Nordeste do Brasil / Gilberto Freyre ; apresentação de Maria Lecticia Monteiro Cavalcanti ; bibliografia de Edson Nery da Fonseca ; ilustrações de Manoel Bandeira. – 5. ed. – São Paulo : Global, 2007.

   Bibliografia.
   ISBN 978-85-260-1069-7

   1. Açúcar como alimento – História. 2. Bolos (Culinária). 3. Culinária brasileira – Nordeste. 4. Cultura – Brasil, Nordeste. 5. Doces (Culinária) I. Cavalcanti, Maria Lecticia Monteiro. II. Fonseca, Edson Nery da. III. Bandeira, Manoel. IV. Título.

07-1337   CDD-306.409812

Direitos Reservados

global editora e distribuidora ltda.
Rua Pirapitingui, 111 – Liberdade
CEP 01508-020 – São Paulo – SP
Tel.: (11) 3277-7999 – Fax: (11) 3277-8141
e-mail: global@globaleditora.com.br
www.globaleditora.com.br

Colabore com a produção científica e cultural.
Proibida a reprodução total ou parcial desta obra
sem a autorização do editor.

Nº de Catálogo: **2718**

À memória de minha prima Joana Castelo Branco de Albuquerque Coimbra (Dondon de Morim), viúva do ilustre senhor de engenho pernambucano que foi Estácio de Albuquerque Coimbra.

*É o livro ocasionado aos mordazes pela matéria e pelo estilo; mas uma e outra cousa será de todos respeitada sendo com o ilustre nome de V. S*ª *defendido.*

Domingos Rodrigues, *Arte de cozinha,* dedicado ao conde de Vimioso, Lisboa, 1962.

Gilberto Freyre fotografado por Pierre Verger, 1945.
Acervo da Fundação Gilberto Freyre.

Sumário

A arte do doce 13

Prefácio à 3ª edição 19

Introdução 63

Alguns bolos 97

Alguns doces 129

Alguns sorvetes 151

Anexos

1. Receitas de doces e bolos recolhidas por sinhá cearense em subárea do Nordeste 157

2. Receitas de doces e bolos recolhidas em Goa (Índia portuguesa) 171

3. Comentário do autor a depoimentos de estrangeiros sobre frutas e doces do Brasil e a livros de brasileiros do século XIX a favor dos mesmos valores 175

4. Além do Nordeste canavieiro 189

5. Apelo do autor a favor dos doces regionais e tradicionais do Nordeste no Congresso Regionalista reunido no Recife em 1926 191

6. Presença africana na arte brasileira do doce 193

7. Mais além do Nordeste 197

8. Preferências de brasileiros ilustres (políticos, intelectuais, artistas etc.) por doces ou sobremesas açucaradas 203

9. Os doces populares atualmente mais vendidos no Mercado de São José (Recife) e por ambulantes (Recife) 205

10. Doces, compotas, cremes, saladas de frutas, sorvetes servidos como sobremesa nos principais restaurantes do Recife, com os respectivos preços (1968) 209

11. Trechos do depoimento de D. Luís de Albuquerque (fim do século XVIII) sobre frutas brasileiras, inclusive as boas para doces 211

12. Depoimento do folclorista Renato Almeida sobre doces baianos da época de sua meninice (fim do século XIX) 215

13. Breves indicações bibliográficas 221

Índice geral das receitas 229

Biobibliografia de Gilberto Freyre 237

A arte do doce

O açúcar moldou nosso jeito de ser e nossa alma. *"Sem açúcar não se compreende o homem do nordeste."*[1] Gilberto Freyre foi o primeiro a perceber sua importância na formação da nossa identidade. Ao sol ardente de campos cheios de cana, e nos engenhos primitivos ainda movidos por animais, logo seríamos o maior produtor de açúcar do mundo. Enquanto nas casas-grandes, em um ambiente de cheiros fortes e fumaças, ia nascendo aos poucos a doçaria pernambucana – *"debaixo dos cajueiros, à sombra dos coqueiros, com o canavial sempre do lado a lhe fornecer açúcar em abundância"*. Com sabores, temperos, superstições e hábitos das três raças que nos formaram. Tudo na medida certa. Tudo com aquele equilíbrio *"que Nabuco sentia no próprio ar de Pernambuco"*. Convivência espontânea entre o cristal daquele açúcar, o sabor selvagem da fruta tropical, e aquele que era o alimento básico de nossos índios – a "mani'oka" (mandioca). Juntando pilão, urupema, saudade, peneira de taquara, raspador de coco, esperança, colher de pau, panela de barro, mais *"a fartura de porcelana do oriente e bules e vasos de prata"*.

Eram doces preparados em tachos de cobre pesado, herança portuguesa, largos quase três palmos grandes, duas alças, ardendo sobre velhos fogões de lenha. *"Sem a escravidão não se explica o desenvolvimento de uma arte de doce, de uma técnica de confeitaria, de uma estética de mesa, de sobremesa e de tabuleiro tão cheias de complicações e até de sutilezas."* Jovens negras com

---

[1] Todas as citações em itálico são de Gilberto Freyre.

"braços de homem tiravam os tachos pesados do fogo, sem pedir ajuda a ninguém" (José Lins do Rego, *Menino de Engenho*). As mais velhas usavam experiência e sabedoria, trazidas de terras distantes, com olhares atentos para não deixar o doce passar do ponto. E sempre com aquela mesma forma de fazer – tranquila, bem devagar, sem pressa, quase dolente.

A cana provavelmente tem origem na Indochina. E foi cultivada, ancestralmente, por todo o Extremo Oriente. Os mouros a espalharam pelo Mediterrâneo. Na ilha de Creta, produziram um açúcar cristalizado a que chamavam "qandi" – donde nosso açúcar "cândi"; depois foram à Sicília (maior das ilhas do Mediterrâneo), Provence (França) e sul da Espanha (séc. XI). Em 1404 passou a ser plantada no Algarve, por D. João I – "O da Boa Memória". Quase cinquenta anos depois, por mãos do infante D. Henrique, chegou à ilha da Madeira; e, logo depois nas Canárias (conquistada pelos espanhóis); e em São Tomé (pelos portugueses). Açúcar era então coisa rara, privilégio de nobres e abastados, vendido em farmácias para curar doenças respiratórias, como cicatrizante e como calmante. Mas ganhou prestígio sobretudo quando passou a ser também usado na preparação de pratos. E logo se viu que nele *"estava uma fonte de riqueza quase igual ao ouro"*. Acabou tomando o lugar do mel, na elaboração das receitas. Junto com a gema de ovo entregue, nos conventos, pelas vinícolas. Dado se usar do ovo, na época, apenas as claras – para purificar vinhos e engomar roupas. Açúcar e gema passaram a ser base de todas as sobremesas feitas nesses conventos. Produzir açúcar era sonho de reis. Tarefa difícil, na Europa – por exigir solo rico, úmido, e, o que quase não havia por lá, especialmente quente. Com o domínio da técnica, cumpria buscar terras mais amplas. Navegar era preciso. O Brasil estava pronto para ser descoberto.

Durante muito tempo se acreditou que a cana-de-açúcar teria chegado, nessa terra a que primeiro chamaram Vera Cruz, em 1532. Com Martim Afonso de Souza, na capitania de São Vicente. Só mais recentemente vindo a público registros anteriores, da alfândega de Lisboa, indicando o pagamento de direitos sobre o açúcar já produzido em Pernambuco desde 1526. Com a chegada de Duarte Coelho Pereira (1535), seu primeiro donatário, a cultura da cana se desenvolveu. É que *"encontrara, nesse massapê, solo verdadeiramente ideal para a sua floração"*. Na bagagem, com ele, veio uma variedade "crioula" (ou "Merim" ou "fina") "conhecida na Índia, sua pátria, sob o nome de Puri" (Varnhagen). O primeiro engenho pernambucano completo foi instalado por Jerônimo de Albuquerque, cunhado de Duarte Coelho, no mesmo ano em que aqui chegaram. Era o "São Salvador", depois conhecido como "Engenho Velho de Beberibe". Em 1586, já seriam 66 deles.

Por ser generosa essa terra, e como em se plantando tudo nela dava mesmo, os engenhos foram tomando o lugar que era antes de Mata Atlântica, nas várzeas dos rios – Beberibe, Capibaribe, Jaboatão, Una. Dado se prestarem esses rios, magnificamente, *"a moer as canas, a alagar as várzeas, a enverdecer os canaviais, a transportar o açúcar"*. Depois se espalhou por todo o Nordeste. A região virou um "mar de navios" de "anônimo canavial" (João Cabral de Melo Neto – "O vento no canavial"). Aqui chegaram também mestres de açúcar da ilha da Madeira, escravos da África, judeus, além de *"numerosas famílias e muitos solteiros que se casaram com índias ou cunhãs"*. É que, na *"falta de mulher branca, o português pendeu para o contato com mulher exótica. Para o cruzamento e a miscigenação"*. Começava a se formar assim, nos trópicos, um novo povo.

As primeiras vítimas desses engenhos foram os índios. Em sua cultura, antes da chegada do colonizador, doce era o mel de abelha. Puro ou em bebidas fermentadas, misturado a frutas e raízes mastigadas pelas mulheres, postas depois em potes de barro para fermentar. Mas, para o trabalho pesado dos engenhos, esses índios eram *"incapazes e molengas"*. Simplesmente não estavam preparados para tanto esforço. *"A enxada não se firmou nunca na sua mão. Nem o seu pé nômade se fixou nunca em pé de boi paciente e sólido.*" Duarte Coelho logo compreendera *"que o homem necessário à lavoura da cana e ao fabrico do açúcar era o africano"*. Já em 1539 chegaram os primeiros escravos, vindos da Guiné. A *"civilização brasileira do açúcar dependeu do escravo negro de modo absoluto"*. Ao longo de dois séculos, foram quase 4 milhões. "Sem negros não há Pernambuco" – disse o padre Antônio Vieira, em carta ao Marques de Niza (1648). No fundo, *"o Brasil era o açúcar, e o açúcar era o negro"*.

Em seu *Manifesto regionalista* (1926), Gilberto Freyre chamava antecipadoramente atenção para a estética e as tradições regionais de doces e bolos. Em *Casa-grande & senzala* (1933), explicitou a importância das influências portuguesa, indígena e africana, para a formação dessa nossa culinária. Em *Açúcar* (1939), finalmente, completa sua obra nesse campo, recolhendo e valorizando receitas regionais que *"se mantiveram em segredo pelas mulheres"* como tesouros preciosos. Passados de mãe para filha, secularmente. Doces de *"pedigree – que têm história. Que têm passado"*. Porque numa *"velha receita de doce ou de bolo há uma vida, uma constância, uma capacidade de vir vencendo o tempo sem vir transigindo com as modas"*.

Começou então a catalogar, cuidadosamente, compotas e sorvetes que foram nascendo com o gosto forte de nossas frutas. A epifania gloriosa de doces e bolos com sabor de pecado – beijos, suspiros, ciúmes, baba de moça, arrufos de sinhá, bolo dos namorados, colchão de noiva, engorda-marido, fatias de parida – que o povo logo chamou de "fatias paridas". Criados por freiras – manjar do céu, bolo divino, papos de anjo. Para lembrar fatos históricos – Treze de Maio, Cabano, Legalista, Republicano. Com nome das famílias que os criaram – Cavalcanti, Souza Leão. Dos engenhos onde nasceram – Noruega, Guararapes, São Bartolomeu. E nome de gente, também – Dona Dondon, Dr. Constâncio, Dr. Gerôncio, Luiz Felipe, Tia Sinhá. Mais os sabores das festas – Carnaval, Semana Santa, São João, Natal. Tantos mais. "Com as comidas indígenas e negras iam circulando as amostras da doçaria portuguesa"

(Câmara Cascudo – *A cozinha africana no Brasil*). Inclusive doces de rua, de tabuleiro, bombons, confeitos. E tudo o que estava à volta, como o papel recortado usado na decoração desses bolos e doces. Sem esquecer os usos especiais daquele açúcar, como na preparação de remédio – em xaropes e chás: de flor de melancia (para dor nos rins), de mastruço (gripe), de capim-santo (fígado), de cidreira (tosse), de casca de catuaba (impotência). Tudo reunido com critério e paixão.

Açúcar é agora reeditado pela Global Editora. Em boa hora. Cumprindo por justiça reconhecer que escrever o livro naquele tempo foi, como ele mesmo reconheceu, um *"ato de coragem"*. Escandalizou conservadores, ao recolher receitas que vieram de famílias e engenhos da região. Espantou a "academia", ao se ocupar de tema considerado então menor. Enfrentou previsíveis comentários de maldade ou inveja. Mas não se incomodava com as críticas. Porque tinha a clara antevisão dos predestinados. Porque sentia ser preciso contar esse pedaço de nossa história. Porque pressentia a importância que teria *Açúcar*, no futuro que viria. E é graças à ousadia, à persistência, e ao gênio de Gilberto Freyre que hoje podemos compreender melhor, em sua generosa grandeza, a alma de um povo. O povo nordestino.

Maria Lecticia Monteiro Cavalcanti
é colunista da revista *Continente Multicultural*
e do jornal *Folha de Pernambuco*.

Prefácio à 3ª edição

Os últimos séculos que transcorreram deram à esfera do gosto importantes extensões. A descoberta do açúcar e de suas diversas preparações de chá, de café, nos transmitiram sabores de uma qualidade até então desconhecida.

Brillat-Savarin

Sabe-se do açúcar que vem sendo produzido por uma variedade de plantas, distribuídas por diferentes ecologias. Produzido por uma variedade de frutas, umas tropicais, outras, não.

Noel Deerr, na obra já clássica que é *The history of sugar* (Londres, 1949, 2 vols.), abre esse estudo monumental destacando ser fruta produtora de açúcar, o tropical abacaxi; e acentuando serem as terras quentes que produzem, além da cana-de-açúcar e do abacaxi, as palmeiras, a batata-doce, a laranja, a manga. Todas, frutas produtoras de um açúcar que pelos indígenas de algumas dessas terras, constituídos em sociedades primitivas, vinha sendo – e é ainda, embora a ocorrência seja hoje rara – consumido mais como fruta do que como matéria manufaturada. Ao que se acrescentara, entre tais primitivos, o consumo de açúcar sob a forma de mel de abelha.

Com a manufatura do açúcar de cana, porém, é que o açúcar, autonomamente, como açúcar, tornou-se presente e, depois de presente, importante na alimentação do homem civilizado. Na Europa, principalmente; e nas sub-Europas que do século XVI ao começo do século XIX, numas áreas, ao começo do século XX, noutras, tornaram-se grandes extensões coloniais no Oriente, na América e na África.

Admitindo que a cana-de-açúcar seja nativa do Sul do Pacífico, admitem-se suas migrações daí para várias regiões: para Madagáscar, por exemplo. Para o Sudeste da Ásia. Para a Índia. Para a China. E há até quem suponha ter havido cana-de-açúcar na América antes da chegada dos espanhóis: pré-colombiana, portanto.

Quanto à sua introdução no Brasil, o que parece certo é ter vindo para esta parte tropical do mundo, da ilha da Madeira, para onde o infante D. Henrique mandara que ela fosse transplantada da Sicília. Vingando a cana na Madeira, o açúcar começou a ser aí produzido em engenhos d'água, em grande quantidade; e sua distribuição na Europa tornou-se bem mais livre e mais fácil do que a do açúcar produzido no Mediterrâneo. Da Madeira, os portugueses levaram a cana ao Cabo Verde, aos Açores, a São Tomé. E, já principais produtores de açúcar no mundo de então e seus distribuidores, é que os mesmos portugueses trouxeram a cana para o Brasil. Parece que sua introdução verificou-se em Pernambuco, dadas evidências de que em 1526 já se produzia aqui açúcar que pagava imposto à alfândega de Lisboa. Oficialmente, o introdutor da cana-de-açúcar no Brasil foi Martim Afonso de Sousa; e a data exata dessa introdução, em São Vicente, 1532.

Levantado em Pernambuco um engenho de açúcar, em 1534, dois anos depois do erguido em São Vicente e que passa por ter sido, na história oficial do açúcar, no Brasil, o primeiro, dentro de pouco mais de meio século sabe-se ter Pernambuco ultrapassado São Vicente, em importância, como produtor de açúcar; São Vicente tinha apenas uns poucos engenhos; enquanto toda uma legião deles em Pernambuco já moíam cana e produziam açúcar. Foi a época, no Nordeste, dos senhores de engenho "muito grossos" a que se refere Gabriel Soares de Sousa.

Compreende-se que dado tão grande esplendor de vida, à sombra da economia do açúcar, o Nordeste atraísse a cobiça dos holandeses; que esta parte do Brasil fosse por eles ocupada com o fim de ser explorado o açúcar como artigo de comércio internacional; e que, dentro desse domínio do Nordeste açucareiro por norte-europeus, tivesse ocorrido o octênio Maurício de Nassau, com sua rara grandeza em vários setores de alta cultura: nas ciências, na pintura, no urbanismo, nas letras. Um dos mais belos capítulos da história do açúcar não só no Brasil como em qualquer parte do mundo. Repita-se que não foi preciso ter havido tal esplendor para o açúcar do Brasil projetar-se na Europa: projetou-se aí antes dos holandeses e com os portugueses. Data do século XVI essa projeção não só europeia como mundial do açúcar brasileiro. Data, ao que parece, desses dias remotos a universalização de palavras portuguesas ligadas ao açúcar do Brasil como *mascavo* e *marmelada*, que, assimiladas pela língua inglesa, nos seus começos da língua imperial, passaram a outras línguas.

É quase certo não ter havido nem com relação à arquitetura, nem com relação à culinária, em geral, e à doçaria, em particular, durante a ocupação holandesa ou norte-europeia do Nordeste, um contributo significativo para o desenvolvimento, na região, de formas de cultura de origem principalmente norte-europeia adaptadas às condições tropicais de ecologia. Contributo que, naqueles e noutros setores, excedesse em importância as artes dos portugueses que, desde os seus primeiros dias no Brasil – no trópico açucareiro –, vinham ensaiando, ou iniciando, de modo tão original, combinações corajosas, ao mesmo tempo que prudentemente realizadas, quer de arquitetura, quer de culinária. Pois é desses contatos com o trópico açucareiro, no Brasil, que datam estes dois começos de realizações culturais de lusos em terras brasileiras: a arquitetura das casas-grandes de engenho de açúcar – pintadas com tanta insistência pelo holandês Frans Post como centros de paisagens tropicais já europeizadas e, dada a presença das suas capelas, já cristianizadas; a culinária – particularmente a doçaria – nascida à sombra dessas casas-grandes, desses engenhos e dessas capelas a seu modo imperiais, sem que, entretanto, se desprezasse, na composição de quitutes e de doces, valores ameríndios e africanos. Ao contrário: utilizando-se grandemente, ecologicamente, teluricamente, tais valores.

Insistindo o diretor da Coleção Canavieira, do Instituto do Açúcar e do Álcool – coleção iniciada com o encantador *Prelúdio da cachaça, etnografia, história e sociologia da aguardente no Brasil*, de mestre Luís da Câmara Cascudo –, em incluir nas suas publicações o livro *Açúcar* – que, em primeira edição, apareceu no Rio de Janeiro, em 1939, lançado pelo editor José Olympio –, reconhece, num livro aparentemente só de receitas de doces e de bolos, este seu possível mérito: o de primeira tentativa, em qualquer país, de uma como sociologia do doce. Livro pioneiro,

Açúcar foi publicado, naquele ano já remoto, com o subtítulo *Algumas receitas de bolos e doces do Nordeste do Brasil* e enriquecido com numerosos desenhos de interesse etnográfico: fôrmas de bolo de variados modelos tradicionais na região; amostras de papel recortado ou rendilhado de uso também tradicional, no Nordeste, na decoração de bolos e doces; figurinhas já clássicas de alfenins regionais; utensílios empregados no preparo de alguns daqueles doces ou bolos. Trabalhos, tais desenhos de M. Bandeira, executados com mão de mestre conforme sugestões ou instruções do autor, alguns tendo apenas aprimorado os seus pobres rascunhos.

Que o autor desde menino se dá ao luxo de garatujar pessoas, coisas e animais que observe ou que estude; ou que simplesmente provoquem seu interesse. Daí quase sempre vir colaborando com os ilustradores – e os tem tido excelentes – dos seus livros. Daí, com relação a doces e bolos, os vir desde menino comendo com os olhos antes de os saborear com a boca.

Bolos e doces, coisas de doçaria, de pastelaria e de cozinha, estão entre as que o autor vem considerando mais atraentes do ponto de vista pictórico e não apenas gastronômico; do artístico e não apenas do sociológico – o sociológico sob que passou a vê-los e até a estudá-los desde que se tornou estudante de sociologia e de ciências afins. Mas não só desses pontos de vista os vem considerando: também do da chamada "poesia óptica". Ponto de vista, este, que se confunde com o pictórico, ultrapassando-o. Donde o alguma coisa de poético que há em formas, por vezes quase de mulher, de casas e de igrejas – sobretudo das barrocas; de barcos; de móveis. E também, em plano, é claro, mais modesto, em fôrmas de bolos, de doces, de pastéis, de tortas, algumas das quais reproduzem, sentimental ou romanticamente e, em certos casos, com intenções mágicas, símbolos válidos noutras artes, consideradas mais nobres: a da escultura, a da joia de mulher, a do adorno pessoal: corações, signos de salomão, estrelas, meias-luas, pombos, galos, chaves.

E também o fálus e os testículos, como nos doces ou bolos de São Gonçalo do Amarante dos quais têm havido, quanto a essas formas simbólicas, vagas reproduções no Brasil. Vagas mas significativas.

Como significativas – sociologicamente significativas, culturalmente interessantes – são as maiores ou menores predominâncias – maiores ou menores quanto a espaços e tempos – daquelas outras fôrmas de bolos e de doces no chamado "arquipélago cultural", que é o Brasil. Não só, porém, são diferentes as predominâncias estéticas e, por vezes, mágicas, de formas: também as de sabores, de combinações do sabor do açúcar com outros sabores, de usos e de abusos do açúcar no preparo de doces e de bolos brasileiros nas várias regiões do país.

O Nordeste do Brasil, pelo prestígio quatro vezes secular da sua sub-região açucareira não só no conjunto regional, como no país inteiro, se apresenta como área brasileira por excelência do açúcar. Não só do açúcar: também a área por excelência do bolo aristocrático, do doce fino, da sobremesa fidalga tanto – contraditoriamente – quanto do doce e do bolo de rua, do doce e do bolo de tabuleiro, da rapadura de feira rústica que o pobre gosta de saborear com farinha, juntando a sobremesa a alimento de substância.

Surpreendentemente, uma sub-região desligada do complexo açucareiro se apresenta rival do Nordeste – e do Rio de Janeiro também açucareiro – na tradição daqueles doces finos: a rio-grandense-do-sul dominada por Pelotas. E, no Pará, são numerosas as compotas de frutas agrestemente amazônicas com deliciosos nomes indígenas: compotas como que supertropicais no que nelas é sabor esquisito. Há, assim, no Brasil, uma geografia do doce em que a excelência da arte de sobremesa nem sempre corresponde à intensidade regional na produção de açúcar. A verdade, porém, é que essa correspondência é a regra. E, sociologicamente, a constante. E por essa constante, o primado da doçaria brasileira cabe ao Nordeste.

Na estética da apresentação do doce e do bolo e não apenas no seu difícil e delicado preparo, está uma das melhores tradições do Nordeste agrário do Brasil; a mais artisticamente ligada ao seu açúcar: ao seu melado, à sua rapadura, ao seu açúcar em torrão ou em pó – este, por sua vez, associado a outra arte: a do açucareiro de louça fina ou de prata lavrada, quase sempre bojudo, barroco, elegantemente gordo, completado por concha ou colherinha também de prata. Açucareiros de que o Museu do Açúcar, do Instituto do Açúcar e do Álcool, no Recife, possui uma das melhores coleções do mundo, enquanto de colherinhas de prata de mexer açúcar em *demi-tasse* a sra. Madalena Guedes Pereira de Melo Freyre vem juntando, na sua casa de Apipucos, também no Recife, exemplares de diversos países ou com brasões de várias cidades.

Quando o padre Antônio Vieira disse ser o Brasil, o açúcar, é possível que incluísse já, nessa identificação do Brasil inteiro com o valioso produto da cana, a doçaria dos dias coloniais. Doçaria por ele, talvez, saboreada, se não nos mais ascéticos colégios dos jesuítas, numa ou noutra casa de morador da Bahia, de Olinda ou do Maranhão, onde parasse nas suas muitas andanças.

O Nordeste do Brasil, começando a firmar-se econômica e socialmente com a cultura da cana, passou logo a completá-la com a indústria do açúcar; e à sombra dessa lavoura e dessa indústria, desenvolveu-se uma arte de doces que se situa entre as artes mais características da civilização brasileira. Inclusive do que nessa civilização – a mais importante civilização moderna estendida em espaço tropical – é, ou vem sendo, simbiose euro--tropical ou, mais especificamente, hispano ou luso-tropical.

Pois a cana-de-açúcar introduzida no Brasil pelo colonizador português alcançou um tal esplendor de viço no massapê do Nordeste – na então Nova Lusitânia – que o açúcar fabricado com o suco de cana regional nos engenhos do mesmo Nordeste projetou de súbito o Brasil no mercado europeu. O açúcar introduzido pelo português na sua colônia americana encontrara naquele massapê solo verdadeiramente ideal para a sua floração. Um casamento de amor uniu o adventício à terra umidamente tropical. À terra e ao ar em certos dias quase água, de tão úmido. O açúcar assim produzido logo superou, em importância, a madeira de tinta que vinha dando valor econômico ao Brasil na Europa; e que já lhe dera o próprio nome: Brasil. O açúcar passou a dar renome ao chamado Brasil. Mais do que nome: renome. O Brasil, terra do açúcar, tornou-se mais famoso que o Brasil, terra de madeira de tinta. Mais famoso, mais importante e mais sedutor: no açúcar estava uma fonte de riqueza quase igual ao ouro.

Outras uniões não tardaram a verificar-se à sombra da cana-de-açúcar: algumas delas na culinária. Entre o açúcar e a fruta do mato tropical, por exemplo. Entre o açúcar e a mandioca. Entre o açúcar e quanto produto do trópico foi se prestando a ser cozinhado em tachos até tornar-se doce ou quitute de uma nova espécie, alimento meio português, meio tropical, agradável ao paladar, além de nutritivo. Uniões a que foram sendo acrescentadas a canela do Oriente, o cravo, a noz-moscada.

Pode-se já falar de um paladar brasileiro histórico e – é possível – também tropical ou ecologicamente condicionado; e como tal, ao que parece, predisposto a estimar o doce e até o abuso do doce. Esse seu gosto de doce é, para outros paladares europeus – nórdicos, boreais, mediterrâneos, greco-romanos, calvinistas, clássicos –, excessivamente doce. Um doce – o da preferência brasileira – como que barroco e até rococó em termos que se transferissem das artes plásticas e da música à arte talvez mais sensual da sobremesa. Aliás, das gentes situadas em terras quentes ou em espaços tropicais, várias se apresentam com predisposições semelhantes à brasileira: árabes e mouros são famosos pelo seu gosto pelos alimentos ou regalos doces e até extremamente doces.

Daí a estrangeiros de outras procedências certos doces e sorvetes brasileiros parecerem sofrer precisamente deste defeito: o de doces exageradamente doces. Essa reação de paladar se vem verificando até em brasileiros, após longos períodos de residência no estrangeiro. Daí doces brasileiros como o de jaca, a baba de moça, o doce de goiaba em calda tornaram-se, para eles, de uma doçura excessiva. Enjoativa, portanto. Alguns desses estrangeiros vão ao extremo de se tornarem adeptos de doces que, sendo feitos com frutas brasileiríssimas, ou tropicalíssimas, como o jenipapo, são doces em que o gosto acre dessas frutas indígenas – ou o do tamarindo ou mesmo o da chamada "laranja-da-terra" – não se deixa vencer pela presença, mais insolitamente imperial, do açúcar. Ou do mel: o mel de abelha indígena, que segundo José de Alencar estava nos lábios de Iracema; mas poderia ter especificado: sem que esses lábios tivessem sido tocados por fruta do mato o seu tanto acre como a pitanga.

No Rio Grande do Sul, Atos Damasceno, em admirável estudo sobre a doçaria de Pelotas, tendo estendido sua análise do assunto a um pequeno inquérito sobre as atitudes de paladar do rio-grandense-do-sul de origem alemã – neobrasileiro, portanto – com relação aos doces tradicionalmente brasileiros, foi o que constatou: reação desfavorável à doçura, para eles excessiva, desses doces. É possível que constatasse reações semelhantes, da parte de neobrasileiros de outras origens europeias que não a germânica. Os próprios filhos de italianos e de franceses não parecem tão predispostos, quanto os de portugueses, espanhóis e sírios, ao entusiasmo pelos doces excessivamente doces. Quanto aos brasileiros de origem nipônica, é um estudo a fazer-se o que apure suas atitudes de paladar ante os doces tradicionais do Brasil.

Será que o brasileiro vem abusando do doce excessivamente doce na sua alimentação? Segundo alguns estudiosos do assunto, esta é a realidade. Um desses estudiosos, o professor Rui Coutinho, em livro cuja primeira edição apareceu no Rio de Janeiro em 1937, insiste à página 26 contra esse excesso: "Até o brasileiro de classe média se alimenta mal. Usa cereais e doces em excesso [...]. Não temos o hábito de comer saladas e os doces têm preferência sobre as frutas". O nutrólogo põe aí os doces em luta com as frutas como se os doces fossem demônios em luta com anjos bons; e como se os demônios viessem triunfando sobre os anjos bons, isto é, sobre as frutas frescas, virtuosas, paradisíacas. O que nos dá a lembrar aquele reparo atribuído a uma aristocrata francesa ao saborear o seu primeiro sorvete: "É tão bom que só sendo pecado". Dos doces brasileiros talvez se possa dizer que alguns são tão deliciosamente bons que se compreenda ser pecado – pecado anticientífico – preferi-lo alguém às virtuosas frutas frescas. Pecado contra a saúde, contra a dieta, contra a nutrição científica. Mas não pecado contra o paladar: não há abacaxi fresco que seja mais saboroso que um sorvete de abacaxi; nem banana crua que seja superior em gosto a uma banana assada com açúcar e canela; nem caju fresco, com seu inevitável ranço, maior ou menor, que dê mais prazer a um *gourmet* que um doce de caju em calda. Com a própria salada de frutas talvez possa competir aquele "bolo encantado" em que à massa de farinha do reino com ovos se misturem sucessivos sabores de chocolate, de castanha-de-caju, de goiabada: uma como orquestra de gostos de doce, cada qual doce a seu modo.

Não fique sem registro o fato de que há doces ou bolos que, depois de épocas de esplendor, caem da moda; ou que, esquecidos durante anos, voltam de repente à moda. Mas há também – em maior número – os que atravessam épocas sucessivas com o seu prestígio inalterado. São valores clássicos: superiores aos caprichos das modas ou aos frenesis dos momentos. O pão de ló é, no Brasil, como em Portugal, um clássico. O filhós é outro. O doce de rolo – no Brasil – vem sendo ainda outro. Já a castanha confeitada teve sua voga para ser, hoje, doce fora da moda, embora de modo algum desprezível. É o caso, também, da marmelada, que até sentido pejorativo vem adquirindo ultimamente naquela semântica em que nomes de doces ou de bolos se tornam símbolos de valores ou de antivalores noutras áreas que não a da doçaria: marmelada, com sentido pejorativo; doce de coco ou arroz-doce, com sentido positivo.

Há os doces com grande número de admiradores não só numa região como num país inteiro. O doce de coco é um deles, no Brasil. O de goiaba, outro. Já o doce de jenipapo tem raros entusiastas, mestre Roberto Burle Marx é um desses raros. Enquanto o doce de coco desde Machado de Assis a Rachel de Queiroz vem tendo admiradores entre requintados do paladar. É verdade que Rachel de Queiroz especifica ser seu maior entusiasmo pela cocada – doce mais de tabuleiro que de sobremesa fina – do que pelo doce de coco propriamente dito. É também, a cocada, doce mais estimado por meninos do que por adultos. O mesmo acontece, aliás, com o alfenim, com o suspiro, com o caramelo: são doces da preferência das crianças. A sociologia do doce não deixa de cruzar-se, em alguns pontos, com a sociologia das gerações, havendo quem, depois de adulto, perca o entusiasmo por bolos ou doces estimados em extremo na meninice: alféloa, por exemplo; ou cocada; ou alfenim. Acrescente-se a isto que meninos e velhos, netos e avós, parecem ter muito em comum em seus entusiasmos por doces, ou muito doces, ou mais de rua do que confeitaria; e estes são pouco apreciados pela gente de meia-idade. Não são poucos os indivíduos de meia-idade – estes grandes burgueses no tempo – que se envergonham de gostar de doces de tabuleiro ou de rua. Acomodam o paladar aos doces ortodoxamente de confeitaria, de pastelaria, de sobremesa fina.

Qual terá sido o doce nordestino – pois para o padre Vieira o Brasil foi principalmente o Nordeste – da preferência desse grande escritor da língua portuguesa no século XVII? Seria, aliás, interessante a pesquisa do pachorrento que se decidisse a recolher, da literatura, da tradição oral e dos testemunhos biográficos, registros de preferências por doces ou por quitutes feitos com açúcar, de escritores, de artistas, de brasileiros eminentes em setores diversos. Daí resultariam, talvez, sugestões quanto a possíveis correlações dessas preferências com os temperamentos ou as personalidades desses indivíduos ilustres. José de Alencar – que, como escritor, deu uma tão agreste doçura à língua portuguesa – que doce preferia? Qual terá sido a preferência, neste particular, de Joaquim Nabuco? A de Carlos Gomes? A do barão do Rio Branco – glutão, dos bons? A de Oliveira Lima era pelos sequilhos ou bolos de goma com que o regalava, em suas permanências em Pernambuco, a sogra, d. Henriqueta Cavalcanti, senhora do Engenho Cachoeirinha. De Rui Barbosa, ouviu o autor, na mocidade, de seu amigo Antônio Torres, que escutara o próprio Gigante de Haia dizer: "Gosto muito de doce de batata". De Machado de Assis – para cujo elogio do doce chamou gentilmente atenção do autor o acadêmico Josué Montello –, parece que o doce de sua preferência era o de coco.

Poucos – dentre os homens ilustres – os esquisitões que não têm, ou não têm tido, no Brasil, um doce ou bolo predileto. Ou que desdenhem da arte da doçaria; ou que deixem de admirar a perícia das doceiras que, no nosso país, vêm sendo, como as rendeiras, principalmente mulheres do Nordeste.

Se é certo que desde o século XVI plantou-se e moeu-se cana e fabricou-se açúcar em São Paulo – em São Vicente e noutras partes do Sul e do Centro do Brasil e também no Pará –, a verdade é que onde se definiu, na América portuguesa, uma civilização ecologicamente do açúcar e requintadamente do doce, repita-se que foi no litoral do Nordeste, da Bahia ao Maranhão, com o Rio de Janeiro, capitania e, depois, província, como um quase-Nordeste geograficamente desgarrado desse núcleo; mas sociologicamente mais vizinho ou mais parente dele do que de São Paulo ou de Minas Gerais.

Daí o que Machado de Assis escreveu do Rio de Janeiro poder ser aplicado, com ainda maior exatidão sociológica, ao Nordeste: a arte do doce teria alguma coisa de "princípio social". Esse "princípio social" foi, no Nordeste, não só o açúcar, da generalização do padre Antônio Vieira, mas, de modo específico, o doce, o bolo, o quindim feito com açúcar por aquelas mulheres que todos os dias faziam renda e, todas as semanas, faziam doce: umas nas suas casas-grandes ou nos seus sobrados; outras, nas suas casas de porta e janela e até nos seus simples mocambos.

Através do cotidiano ou quase cotidiano é que se fixam, nas culturas, os seus característicos e se firmam os seus valores. É que se consolidam nas sociedades as suas constantes. Quatro séculos do continuado esmero no preparo de doces, de bolos, de sobremesas com açúcar, asseguram ao Nordeste neste particular um primado, no Brasil, que é hoje um dos orgulhos tão gerais da cultura brasileira quanto a arte mineira de escultura em pedra-sabão (que culminou nas criações geniais do Aleijadinho) ou a música, de sabor principalmente carioca, que atingiu seu máximo no gênio de Villa-Lobos sem deixar de continuar e exprimir-se, uma, nos choros dos Pixinguinhas, outra, num barroco moderno mas, ao mesmo tempo, tradicionalmente brasileiro.

Doces, bolos, quindins de paladar e suas apresentações, seus enfeites, seus acompanhamentos mais ou menos estéticos são arte que não se compara à da escultura ou à da música ou à da pintura em virtude de solidez ou em capacidade de permanência, continua a exprimir-se em combinações de sabores acompanhadas de cores, formas, enfeites simbólicos. Socorrida, portanto, por outras artes.

Em compensação, através das receitas – algumas delas, segredos de família –, é uma arte que resiste a seu modo ao tempo, repetindo-se ou recriando-se, com a constância das suas excelências e até das suas sutilezas de sabor; afirmando-se, por essa repetição ou por essa recriação. Numa velha receita de doce ou de bolo há uma vida, uma constância, uma capacidade de vir vencendo o tempo sem vir transigindo com as modas nem capitulando, senão em pormenores, ante as inovações, que faltam às receitas de outros gêneros. Às receitas médicas, por exemplo. Uma receita médica de há um século é quase sempre um arcaísmo. Uma receita de bolo do tempo do padre Lopes Gama ou de doce dos dias de Machado de Assis que se tenha tornado um bolo ou um doce clássico – como o sequilho do padre ou o doce de coco do romancista – continua atual, moderna, em dia com o paladar, se não humano, brasileiro.

O motivo dessa constante mocidade das receitas dos bolos e dos doces que se têm tornado clássicos em doçarias nacionais – como, entre nós, o doce de coco, como o pudim de ameixa, entre os ingleses, como a torta de maçã, entre os franceses –, em contraste com a rápida deterioração que sofrem, com o tempo, as receitas médicas, é interessantíssimo; e a consideração, mesmo de passagem, que se faça dele, pode nos levar à metassociologia ou à antropologia filosófica. A receita médica depende, para sua sobrevivência, da constância daqueles princípios científicos que servem de base à arte dos clínicos. A receita de doce é quase que só arte: para sobreviver não depende das constantes alterações nas verdades científicas embora precise – é certo – de condicionar-se, em alguns de seus aspectos, a transformação de caráter sociocultural. Seus principais compromissos são, porém, com o paladar, com o olfato, com os olhos dos homens: com constantes que independem quase de modo completo do certo ou do errado estritamente científico. Pode a ciência dos nutrólogos nos advertir contra excessos neste ou naquele ingrediente que dê sabor a um doce. Contra excessos do próprio açúcar. Mas sem que a ciência, com suas frequentes inovações, chegue a desatualizar ou invalidar receitas de doces com a facilidade com que desatualiza e invalida receitas médicas. A ciência raramente consegue sobrepor-se de todo ao que é constante nas artes ou nas religiões ou nas filosofias.

Será, entretanto, a expressão do paladar de uma sociedade ou de uma época, no tocante a doces, um fenômeno apenas fisiológico – aqui nos recordamos todos do clássico *La physiologie du goût* [A fisiologia do gosto] – ou, mais que fisiológico, social e cultural? A resposta sociológica é evidente: mais que fisiológico, o fenômeno é sociocultural.

Donde pouco ter exagerado Machado de Assis quando, considerando o "doce de coco e a compota de marmelo [...] o princípio social do Rio de Janeiro" (quem chamou atenção do autor para este pronunciamento de Machado de Assis repita-se que foi o fino estudioso da filosofia e da arte do autor de *Brás Cubas* que é o acadêmico Josué Montello), escreveu: "No século passado e no anterior, as damas, uma vez por ano, dançavam o minute ou iam ver correr as argolinhas; mas todos os dias faziam doce [...]". Nota-se a ênfase na atividade, lúdica ou não, cotidiana: fazer doce.

Não há, com relação a doces, nem com relação a guisados, um gosto que, apenas fisiológico, seja especificamente universal: do Homem e não de homens situados; da sociedade humana e não de uma sociedade; de todas as sociedades e não de umas tantas sociedades. O que Marx impugnou em Hegel com relação à Ideia – que seria um princípio metafísico ou uma essência – poderia impugnar no teórico do Paladar que o considerasse expressão de um princípio apenas fisiológico, independente de circunstâncias, em vez de expressão, principalmente, de um "princípio social". Machado acertou. Revelou-se sociólogo dos que opõem à tirania do essencial a validade do existencial. Pois a verdade parece ser realmente esta: a das nossas preferências de paladar serem condicionadas, nas suas expressões específicas, pelas sociedades a que pertencemos, pelas culturas de que participamos, pelas ecologias em que vivemos os anos decisivos da nossa existência.

Quando outro homem de superior talento, ou, talvez, de gênio – o padre Antônio Vieira –, identificou o Brasil com o açúcar – ou com o negro a serviço do açúcar –, procedeu com igual sabedoria sociológica. Terra, durante anos decisivos, principalmente do açúcar, era natural que o açúcar influísse histórica e ecologicamente sobre o paladar do brasileiro, tornando-o entusiasta de doces e de bolos. Descendente de português, por sua vez mesclado, no sangue e na cultura, de árabe e de mouro, era igualmente de esperar que, desses antepassados, o brasileiro herdasse um gosto, é possível que excessivo, pelos doces e pelos bolos. Herdou-o. E onde essa ecologia, essa herança cultural, essa circunstância social mais fortemente se uniram para fazer do Brasil, nos dias decisivos de sua formação, uma terra condicionada em sua cultura, em geral, em sua doçaria, em particular, e também em sua paisagem, pela presença da cana, do engenho e da economia do açúcar, foi no Nordeste: tão do açúcar, tão do negro importado em função do açúcar, tão do engenho de açúcar introduzido pelo colonizador português.

Será – para voltarmos a este ponto – que o doce brasileiro, em face de reações europeias desfavoráveis aos seus extremos de doçura, tende a modificar-se e tornar-se menos doce? Não há evidências nesse sentido. Variantes regionais, sob o impacto de influências não ibéricas ou não africanas ou não ameríndias, sobre as tradições como que mais nordestinas de tempero de doce, parecem estar se definindo. Porém variantes; e não propriamente oposições ou contradições. Como um todo, o doce brasileiro – especialmente o do Nordeste: porventura o mais castiço de todos e o mais materno – continua a dar mostras de vir resistindo a influências desabrasileirantes no sentido de modificações do que, para alguns dos seus entusiastas, são suas qualidades, para uns tantos dos seus críticos, seus defeitos e, ainda para outros, nem entusiastas absolutos, nem críticos incompreensivos, são as qualidades dos seus defeitos ou os defeitos das suas qualidades. De qualquer modo, pode-se dizer do doce brasileiro que é parte importante de um complexo – a culinária através do qual, tanto como através da música, da arquitetura e do próprio futebol, a nação brasileira está já fazendo sentir sua presença no mundo moderno como uma presença culturalmente ativa e esteticamente criadora e não apenas sob o aspecto de uma vasta extensão geográfica ou de uma impressionante paisagem tropical. Como a música e a própria arquitetura e até o futebol, o doce mais caracteristicamente brasileiro tende a ser, também ele, expressão, cada dia menos, de divisões de classes, de raças e de culturas que por algum tempo se projetaram sobre os começos da cultura brasileira e, cada vez mais, do processo de interpenetração de etnias e de interpenetração de culturas e até de classes que vêm crescentemente caracterizando o desenvolvimento do Brasil. Seu desenvolvimento em amplo sistema de vivência e de convivência que o adjetivo *democrático* pode, quase sem retórica – tanto quanto esse adjetivo possa ser considerado sociologicamente válido –, qualificar. Os doces-sinhás e os doces de rua tendem, também eles, a sintetizar-se, no Brasil, em doces que, tendo, uns, origem aristocrática, outros, se não origem, conotação plebeia, são essencialmente brasileiros, sendo hoje já elegante, no Brasil, comer, como sobremesa, cocada e até rapadura. A rapadura que Assis Chateaubriand serviu em Londres, nos seus célebres jantares de embaixador do Brasil junto à Corte de St. James, ao lado do rico Bolo Cavalcanti ou dos finos Quindins de Sinhá.

À rapadura é preciso dar-se lugar à parte no que se considere o conjunto de doces mais ligados à cana-de-açúcar e mais característicos do Nordeste. Porque, em primeiro lugar, não se trata de produto da zona canavieira por excelência da região – a dos engenhos – e sim de outra, sua parenta pobre – a das engenhocas; em segundo lugar, não se trata de doce principalmente lúdico porém polivalente: lúdico sim, mas também alimentício, fator medicinal de resistência do homem sertanejo, quando em viagem por terras mais áridas, às asperezas do meio e do clima. Moraes Silva, no famoso *Dicionário*, ao definir rapadura como "massa dura de açúcar ainda não purgado, ou de mascavado ainda não coagulado", não parece definir doce, no sentido mais ameno da palavra, e sim simples subproduto prematuro do açúcar. E assim parece ter sido a rapadura nos começos da sua história: começos talvez canarinos, isto é, das Canárias, onde, aliás, tornou-se doce lúdico.

Em seu trabalho ora lançado, *Cana-de-açúcar e região. Aspectos socioculturais dos engenhos de rapadura nordestinos* – estudo que dá a quem leu em manuscrito a impressão de conter em si o gérmen de futuro e admirável clássico sobre o assunto –, o professor Sílvio Rabelo acentua que, no Nordeste, a rapadura "deixou de ser um subproduto e passou a ser preparada com vasilhame e fôrmas adequadas, continuando, porém, com suas qualidades essenciais – as mesmas do açúcar mascavo". O que apurou ter ocorrido também noutras áreas de açúcar: em Cuba, nas Honduras, no México, no Panamá, no Peru.

Que se tornou a rapadura no Nordeste do Brasil? Segundo o professor Sílvio Rabelo, "mais do que adoçante, como é o açúcar refinado [...] alimento considerado de alto valor nutritivo, substituindo a carne ou servindo de coadjuvante das refeições sertanejas, com outros muitos alimentos como a farinha, o feijão ou as frutas, sob a forma de 'doces'". E com esta virtude: a sua capacidade de conservação "sobretudo quando bem acondicionada em folhas secas da própria cana". Acompanhante de comidas de substância ao café, ao almoço, ao jantar – de carne de sol, da farofa, do jerimum, das batatas, da imbuzada, do cuscuz, da paçoca –, ela se torna lúdica, como doce de merenda ou simplesmente de regalo, de meninos e de gente grande. Além do quê, com rapadura é que se fazem no Nordeste sertanejo doces de banana, de goiaba, de araçá, de caju, de abacaxi, de laranja, de guabiraba, de buriti, de leite e ovos; e junto com mel de rapadura, isto é, rapadura derretida ao fogo, se saboreia, como no próprio Nordeste açucareiro, inhame ou macaxeira ou apenas farinha.

Conforme o professor Sílvio Rabelo, nos sertões do Nordeste, "há mesmo hábito de adoçar-se a boca antes de se beber a água, em regra salobra, dos potes domésticos [...]". O que dá sentido – acrescente-se a informe tão interessante – à frase popular registrada por dicionários, sob a palavra *doce*: "Fazer a boca doce". Ou a esta outra: "Doce nunca amarga". Ou ainda: "Quem ao filho agrada, a boca do pai adoça". Da primeira frase, observa-se no *Dicionário contemporâneo da língua portuguesa* (Lisboa, 1884): "Fazer a boca doce a alguém: ameigá-lo, acariciá-lo, ordinariamente para proveito próprio". Rapadura, mel – ou melado –, doces, bolos, todos vêm, no Brasil, desempenhando a função de adoçar, literalmente, bocas; e em sentido figurado ou simbolicamente, corações ou humores. Donde quase sempre aparecerem doces como o de leite – a velha união: leite e mel – no folclore e na poesia popular, quer de um Nordeste, quer do outro, como uma espécie de equivalentes sociólogos – não mais do que isto, é claro – do maná bíblico que matasse fomes, regalando o paladar dos famintos.

"Quem nunca comeu melado quando come se lambuza" é ditado que se aplica a uma multidão de situações figuradas, além da concreta. Uma delas a do ex-entusiasta disto que, passando a adepto do aquilo – o contrário de isto –, se exagera na adesão. O "direitista" que se torna "esquerdista" é um exemplo. Ele se lambuza de "esquerdismo" como de um mel nunca dantes experimentado. Come-o não só com a boca como com os olhos, com as mãos, com o nariz; com o rosto inteiro; com os próprios cabelos; derrama-o sobre a camisa e sobre a roupa; extravasa-o sobre a mesa; emporcalha a toalha.

O mel de engenho – ou melado –, que é o açúcar na sua primeira como que encarnação como sobremesa, é como o chá: é preciso que de pequeno o indivíduo aprenda a saboreá-lo como ele deve ser saboreado. Lentamente e com colher. Ou de garfo, quando misturado à farinha, ou de garfo e faca quando acompanhado de macaxeira ou de mandioca; de cará ou inhame; de pão ou de queijo; de inhamebu ou de fruta-pão. Que com qualquer desses acompanhantes é uma delícia de sobremesa. Delicioso é também o mel de engenho – ou melado – misturado a um pouco d'água sob a forma de garapa; ou acrescentado a um pouco de aguardente como cachimbo que, entretanto, na sua forma ortodoxa deve ser preparado com mel de abelha; ou como ingrediente de certas batidas: a de maracujá, por exemplo. E como bebidas de açúcar não devem ser esquecidos os dois tradicionais de cana: o doce e o picado.

Se em Portugal foi Emanuel Ribeiro, em *Doce nunca amargou...*, quem, como etnógrafo ilustre, deu dignidade científica à arte tradicional do papel recortado, para enfeite de doces e bolos, quer em pratos ou travessas ou bandejas, quer em tabuleiros ou cartuchos franjados, de rua – como os de farinha de castanha, por algum tempo popularíssimos, no Recife –, no Brasil foi o livro *Casa-grande & senzala* que primeiro pôs em relevo essa até então quase de todo desprezada perícia de velhas ou genuínas doceiras. Perícia quase rival da das rendeiras. Tais doceiras, como artistas, não consideravam completos os seus doces ou seus bolos sem esses enfeites; nem dignos os mesmos doces e bolos, dos gulosos mais finos, sem assumirem formas graciosas ou simbólicas de flores, bichos, figuras humanas – flores, bichos, figuras que no Brasil deixaram por vezes de ser os clássicos, europeus, para se tornarem os românticos, da terra. Não tanto as formas que fossem dadas por fôrmas, um tanto impessoais, mas as que se requintassem numa como escultura em que as mãos das doceiras se tornassem, muito individualmente, mãos de escultoras – precária escultura! – além de mãos de quituteiras.

Arte de "joia filigranada" – chamou-se já a essa arte muito mais efêmera que a das famosas rosas de Malherbe; mas nem por isso desprezível, tal a sua sutileza. Arte, como a do próprio doce e a do próprio bolo, em Portugal, saída, principalmente, dos conventos das freiras; e que, no Brasil – no Nordeste especialmente, mas também noutras áreas mais tocadas, direta ou indiretamente, pela influência do açúcar, como o Rio de Janeiro e, no Rio Grande do Sul, a subárea dominada por Pelotas (o intercâmbio charque-açúcar talvez explique, em parte, a afinidade, nesse e noutros particulares, dessa subárea com o Nordeste) –, desenvolveu-se tanto nos conventos como em casas particulares. Sobretudo quando trabalho de sinhás viúvas ou empobrecidas, fazedoras de doces e bolos para serem vendidos quase secretamente por suas mucamas; ou de "baianas" de tabuleiro, várias delas crias de casas fidalgas ou aprendizes dessas e de outras prendas nos conventos.

Na verdade, no Brasil, a valorização sociológica, além da estética, ou juntamente com a estética, das tradições regionais de doce e de bolo, data do movimento regionalista, tradicionalista e, a seu modo, modernista, que, na década 20-30 deste século, se definiu no Recife, para daí vir se prolongando, sob outros aspectos, por outros tempos e por outras regiões. Tanto que algumas das suas projeções chegam até os nossos dias. Que o digam um Henrique Mindlin quanto à arquitetura; um Instituto Nacional de Estudos Pedagógicos quanto aos seus centros regionais de pesquisas educacionais, lamentavelmente extinto na década de 1960; as superintendências regionais de desenvolvimento do tipo da do Nordeste quanto a planejamento e operações socioeconômicas de caráter regional; o Instituto do Açúcar e do Álcool com a sua revista; a Fundação Joaquim Nabuco, com o seu Museu do Homem do Nordeste; os modernos guias turísticos quanto ao relevo que dão às artes, paisagens, costumes e outras especializações regionais de vida e cultura; e, ainda, a voga de pratos e de doces regionais e tradicionais nos próprios restaurantes elegantes; os pintores e compositores de hoje que juntam o regional ao nacional ou ao universal; os poetas, romancistas e teatrólogos que estão fazendo esplendidamente o mesmo; os apelos a sentimentos regionais e o destaque dado a valores tradicionais em anúncios ou reclames de artigos tão diversos como imóveis, joias, plantas para jardins.

O início de uma valorização, além de estética, sociológica, da culinária tradicionalmente brasileira, em geral, e das tradições culinárias regionais do Brasil, em particular – inclusive as de doce e bolo –, vem também – repita-se – daquele movimento. A ênfase que foi dada ao assunto no Congresso Regionalista do Nordeste, reunido no Recife em 1926, reflete-se no relevo com que aparece a arte ou a tradição culinária no chamado *Manifesto regionalista do Nordeste*, agora em 6ª edição. Manifesto que é uma como tentativa de síntese das ideias e sentimentos que animavam a maioria dos promotores ou organizadores daquele movimento: homens de ideias diferentes e até antagônicas sobre certos assuntos, não se podendo esperar que houvesse sempre unanimidade absoluta de opinião entre eles.

Açúcar – livro aparecido em 1939 e reeditado em 1969 pelo Instituto do Açúcar e do Álcool – é uma das experiências mais características do esforço de valorização daquela arte ou daquela tradição – a culinária – em que se prolongou o interesse pioneiro, pelo assunto, dos regionalistas, tradicionalistas e, a seu modo, modernistas, do Recife. Atitude, para a época, um tanto corajosa. Pelo menos, escandalosa.

Tanto a importância atribuída por aqueles regionalistas à culinária, desde 1924, como a publicação, em 1939, de um livro de receitas de doces e bolos regionais, empreendida por escritor considerado também sociólogo ou antropólogo, foram, para o Brasil dos dias em que se verificaram aquele congresso e essa publicação, atos de coragem. De alguma coragem, pelo menos. O menos que se disse dos indivíduos empenhados na valorização de tradições culinárias e de artes regionais de doçaria, peculiares ao Brasil, foi que não passavam de *blagueurs*, de *snobs*, de arcaizantes. A repulsa às suas iniciativas assumiu, entretanto, coloridos mais fortes da parte de críticos mais convencionais e mais enfáticos. Por exemplo: que não se compreendia que intelectuais varonis cuidassem de matéria tão feminina como guisados, doces e – incluindo-se no rol das preocupações femininas outras artes – rendas e bordados, referência ao notável trabalho de Leite Oiticica sobre "A arte da renda no Nordeste", publicado no *Livro do Nordeste*, comemorativo do I Centenário do *Diário de Pernambuco*. Livro organizado por um daqueles regionalistas – que, com dificuldade, conseguiu do ilustre alagoano que versasse matéria tão interessante –, nele se encontram, também, em um dos ensaios que o compõem, referências às tradições culinárias da região nordestina, como um dos aspectos significativos da cultura regional, em particular, e da brasileira, em geral.

É este aliás o critério sob o qual foi escrito o livro *Açúcar*, que surge agora em 3ª edição: o de valorizar na doçaria ou na culinária uma expressão de arte que de regional pode passar a nacional e até a transnacional. Valorização em que se manifesta, ao mesmo tempo que alguma coisa de cientificamente sociológico, outro tanto de subjetivamente, se não etnocêntrico, cultural, no sentido de representar o zelo de participantes de um complexo cultural pelo que nesse complexo seja arte ou saber característico: estilo ecológico de casa; medicina popular e também ecológica; cozinha, doçaria e confeitaria em que se combinem, como na brasileira, heranças culturais diversas – portuguesa ou hispânica (inclusive árabe, moura e judaica), ameríndia, africana.

O fato de Blaise Cendrars ter considerado a cozinha brasileira a terceira, em importância, entre as grandes cozinhas do mundo – só a chinesa e a francesa se avantajando à nossa – é expressivo. Trata-se de testemunho idôneo: de intelectual francês viajadíssimo.

A verdade, porém, é que a cozinha brasileira, importante como é, sob o aspecto de conjunto nacional de cozinhas regionais – a amazônica, a maranhense, a sertaneja, a cearense, a pernambucana, a baiana, a mineira, a fluminense, a gaúcha –, vai além como conjunto cultural: é a parte hoje mais rica de um conjunto transnacional de cultura, isto é, o luso-tropical. Ou mesmo o hispano-tropical, com cozinhas e doçarias da riqueza de sabores da paraguaia, da cubana, da mexicana.

A base lusitana da cozinha brasileira é comum às demais cozinhas luso-tropicais, com diferentes ecologias e configurações culturais tropicais – a oriental, a africana, a ameríndia –, condicionando diferentes expressões de simbioses nesse setor. E o que se diz de cozinhas, em geral, pode-se dizer das doçarias, em particular.

Dada a projeção sobre diferentes ecologias e culturas tropicais daquela cultura europeia, de europeidade, desde dias remotos, afetada, no seu próprio reduto, por vigorosos impactos, sobre ela, de culturas não europeias – a árabe, a moura, a judaica –, compreende-se a importância que continua a ter, para quantos estudem aspectos dessa projeção e das reações que ela vem provocando, o fermento português, a tradição portuguesa, a presença portuguesa nessas diferentes cozinhas ou doçarias luso-tropicais, as quais, sendo diferentes, guardam semelhanças em seus característicos de preferências de paladar, de confecção, de apresentação artística, quer de guisados e assados, quer, principalmente, de doces, de bolos, de sobremesas.

Daí o muito que há de interessante, para quantos se entregam a tais estudos, em obras portuguesas, quer já clássicas, como publicações, quer antigas e de publicação mais recente, sobre o assunto: entre estas o *Livro de cozinha da infanta d. Maria de Portugal*, publicado pela Universidade de Coimbra, com prólogo, notas aos textos, glossário e índices de Giacinto Manupella e introdução histórica de Salvador Dias Arnaut.

Por essa introdução, primorosamente erudita, se vê que na Idade Média já era muito o uso que se fazia do açúcar na culinária portuguesa: nos *Inventários e contas da casa de d. Dinis* (respectivos a 1278-82), fala-se várias vezes de açúcar. No começo do século XV "cultivava-se no Algarve a cana sacarina [...]". Logo depois, seria o açúcar importado da Madeira. Até que o açúcar do Brasil se tornaria uma presença quase excessiva na doçaria portuguesa.

E com o açúcar tropical, outros produtos dos trópicos foram dando sabores exóticos à cozinha portuguesa desde aqueles remotos dias: inclusive ovos de ema idos para Portugal do Rio do Ouro.

No século XIV já muito se saboreava em Portugal – além de outros doces, açúcares e confeitos vendidos em boticas – alféloa, de origem árabe. No século seguinte, nas cortes de Évora, "representavam os povos" contra os alfeloeiros que, entre outros danos, faziam "os meninos chorar e pedir a seus pais mais dinheiro para comprarem dela dita alféloa [...]". Quanto ao alfenim, "já se fabricava na açucareira Madeira no começo do século XVI". E grande manjar português, desde esses velhos dias, foi a galinha com arroz a que se acrescentava muito açúcar.

Pode-se afirmar que, talvez por insuficiência árabe reforçada pelo contato com os trópicos orientais, a cozinha portuguesa que se transmitiu ao Brasil foi uma cozinha muito chegada ao açúcar; e, dentro dela, a doçaria ou a confeitaria que os brasileiros herdaram dos portugueses, e aqui vêm desenvolvendo, foi, desde os inícios dessa transmissão de valores, uma doçaria ou confeitaria açucaradíssima. Tendência que a fartura de açúcar em certas regiões brasileiras como a Nova Lusitânia só faria favorecer. O mesmo sucederia, aliás, na Louisiana; a fartura de cana favoreceu o desenvolvimento de toda uma série de bons-bocados de origem francesa ou espanhola. Aí o pecã, combinado com o açúcar, tornou famosa uma castanha confeitada com a qual rivaliza a castanha-de-caju, também confeitada, do Nordeste brasileiro: região, outrora, e um pouco ainda hoje, de grandes matas de cajueiros.

Recorde-se, de passagem, que parece ser de Lafcadio Hearn o delicioso livro sobre a cozinha da Louisiana que é *La cuisine créole*. Lafcadio era também um entusiasta dos doces "crioulos". E não só um entusiasta de doces ou quitutes tropicais: soube estudar *folkways of food* tanto na Louisiana como na Martinica com olhos quase de antropólogo ou sociólogo.

E quem hoje ignora o significado sociológico de doces ou quitutes como expressão de uma cultura regional ou nacional? Nos Estados Unidos, a Louisiana – terra norte-americana do açúcar – e a Virgínia – terra do presunto – impressionaram o conde de Keyserling como as províncias mais civilizadas da grande República, devido à excelência de seus quitutes e dos seus doces. E um sociólogo anglo-americano, Howard W. Odum, admite, em estudo de sociologia regional, a importância do que denomina, em seu *Southern regions*, "*prandial conviviality*", tornada possível por bons quitutes e por doces saborosos.

Tem a doçaria brasileira, em geral, a regional, do Nordeste, em particular, considerável interesse, quer para quem estude a história social e cultural do açúcar em seus aspectos mais delicados ou mais íntimos, quer para quem se empenhe em identificar, na cultura do Brasil de hoje, aquelas manifestações de arte simbiótica nas quais o açúcar vem juntando gostos tradicionalmente europeus a sabores tropicais, através da utilização, em confeitos, conservas, licores, doces em calda, compotas, rebuçados, pudins, bolos, pastéis, geleias, cremes, sorvetes, mingaus, papas, doces secos, de xaropes de frutas e de vegetais dos trópicos como que nascidos, vários deles, mais para serem, assim artisticamente, ou mesmo sofisticadamente, utilizados, do que saboreados ao natural. É o caso de frutas, para muita gente, quase sem graça, ao natural, que adquirem esquisitos encantos sob a forma de doces como o de groselha ou de sorvetes como o de tamarindo. Note-se ainda de certas sobremesas do Nordeste que combinam frutas ou raízes assadas, fritas ou cozidas – banana, macaxeira, cará, inhame, inhamebu, fruta-pão – com melado ou mel de engenho. Famoso é o queijo assado com açúcar e canela. Além do quê, caroços de jaca, batatas-doces assadas, castanhas-de-caju também assadas são comidos como sobremesas ou entram na composição de bolos.

Açúcar é para o que modestamente procura concorrer: para demonstrar, de modo prático, que essa utilização, documentada por um considerável número de receitas tradicionais, quase todas de origem nordestina ou características principalmente do Nordeste brasileiro, constitui um dos triunfos daquela arte simbólica em que, nos dias coloniais, a mulher mais do que o homem e, nos últimos tempos, o homem – confeiteiro ou doceiro ou cozinheiro – tanto quanto a mulher vêm sabendo unir, no Brasil, o paladar europeu ao tropical, em criações verdadeiramente notáveis sob a forma de pudins, bolos, doces, conservas, sorvetes. Certo é da maioria das receitas reunidas neste livro, que, vindas dos dias de esplendor patriarcal das casas-grandes de engenho na sub-região açucareira do Nordeste – esplendor patriarcal a que correspondeu, por vezes, um sutil domínio de sinhás, mucamas e cunhãs sobre os homens, através de quindins culinários –, sofrem dessa sua origem aristocrática: são excessivamente dispendiosas para os dias atuais. Fica para a arte – ou para a ciência – das modernas doceiras ou donas de casa a tarefa difícil, mas de modo algum impossível, de adaptações de tais receitas às circunstâncias de uma economia que não é mais a das casas-grandes do século XIX ou da época colonial.

Sucedeu, aliás, o mesmo na Europa quando o açúcar de cana dos trópicos, passando de artigo de botica a especiaria, invadiu cozinhas de gentes aristocráticas, tornando-se ingrediente importante não só de pudins, doces, sobremesas como de molhos ou acompanhamentos adocicados de carnes de carneiro e de pato: *mint sauce* na Inglaterra por exemplo. Receitas, para a moderna economia, extravagantes, de sobremesas, comuns na Europa ainda aristocrática ou já burguesa dos séculos XVII e XVIII, em que era comum associar-se a dúzias e dúzias de ovos açúcar em grandes quantidades, indicam que esse abuso de doce não foi só brasileiro. Quem quiser inteirar-se do fenômeno europeu, que leia o capítulo "The pudding age", do excelente livro de Rose M. Bradley *The English housewife in the 17th and 18th centuries* (Londres, 1912). Aliás, não só nos bolos e doces acentuou-se então a presença do açúcar: também em remédios. E principalmente em xaropes, depois que se começou a aplicar esse medicamento açucarado ao tratamento de tosses e bronquites. No Brasil se tornariam célebres as balas de doces de cambará, urucu e agrião, para tosses e constipações.

Note-se do açúcar que se tornou abundante na cozinha e na doçaria europeias, a partir do século XVI, que grande parte dele era de engenhos do Brasil. Tanto que a palavra, de uso tão brasileiro, *mascavo* tornou-se, desde então, inglesa. E a marmelada e a goiabada brasileiras ganharam, desde velhos dias, apreciadores europeus. Inclusive a goiabada apreciadíssima pela gente nordestina.

Atualmente, que pratos regionais de doces estão mais em voga no Recife, capital do Nordeste e não apenas de Pernambuco?

Que bebidas regionais, das que juntam o mel ou o açúcar à cachaça também regional? Que remédios em que o açúcar acompanha ervas medicinais da região?

Dentre as sobremesas semidoces devem ser destacados o mungunzá, a canjica, a pamonha, o angu doce – a canjica e a pamonha de milho-verde sendo pratos tão ortodoxos nas comemorações de Santo Antônio, São João e São Pedro quanto o filhós nos dias de Carnaval. Sobremesas tradicionais na região continuam a tapioca molhada, o pé de moleque, o bolo de mandioca, o arroz-doce. Dentre os doces: a velha goiabada, a goiaba em calda, a geleia de araçá, o doce de jaca, o doce de caju em calda, o doce de banana cortada em rodelas em calda, a cocada, o doce de coco verde, o doce de coco maduro ou sabongo. E mais: os sorvetes de mangaba, caju, cajá, abacaxi, maracujá, tamarindo, coração-da-índia ou graviola, coco, abacate, sapoti. E ainda: a cartola (preparada de modo especial no já antigo Restaurante Leite, do Recife), a baba de moça, o bolo de rolo. Sobre bolos e quitutes tropicais, em geral, do Nordeste do Brasil, em particular, o geógrafo Mauro Mota proferiu sugestiva conferência no Seminário de Tropicologia da Universidade Federal de Pernambuco, em 1966, enquanto da origem africana de certos quitutes ou alimentos brasileiros ocupou-se, em ensaio também sugestivo, o antropólogo cultural Luís da Câmara Cascudo.

Das bebidas regionais atualmente mais características do Nordeste destaquem-se: o caldo de cana doce, o caldo de cana picado; o licor de jenipapo; o vinho de caju; os refrescos de maracujá, de caju, de cajá, de pitanga, de carambola; o cachimbo (mel com cachaça), o bate-bate (maracujá com cachaça), a pitangada à moda de Apipucos: pitanga com cachaça em estado quase de conhaque tropical, que é uma bebida em que entram também um licor, de violeta ou de rosa, preparado por freiras de Garanhuns e canela reduzida a pó por d. Georgina Tasso, de Apipucos. Conta esse como que conhaque com entusiastas ilustres do seu sabor, na verdade complexo e, no sentido espanhol da palavra acrescentado ao português, esquisito: o presidente Costa e Silva, o cineasta Roberto Rossellini, o romancista John Dos Passos, os políticos Jânio Quadros e Carlos Lacerda, os diplomatas argentinos Carlos Muñiz e Mario Amadeo, o inglês sir John Russell, o almirante inglês Morgan. Vários outros.

Algumas combinações de pratos regionais de substância com sobremesas, também tradicionais, nas quais se destaque maior ou menor sabor de açúcar: com lagosta ao molho de coco, doce – dulcíssimo – de jaca; com fritada de caranguejo ou de siri, goiaba em calda; com goiamunzada (goiamum no chamado pirão d'água), ou moqueca com arroz de coco (outro prato de comida de rio ou de mar em que um ardor de pimenta se faça sentir pungentemente), abacaxi fresco ou salada de frutas doces da terra; com marisco ao molho de coco, sorvete de mangaba; com churrasco com molho picante, sorvete de coração-da-índia ou graviola; com agulha frita, cartola; com feijoada à moda pernambucana (verdura e legumes cozinhados juntos com o feijão e a carne, de gosto avivado por molho de pimenta dos brabos), doce de coco verde; com sarapatel (precedido, como a feijoada ou o próprio churrasco, de um calicezinho de aguardente da terra chamado abrideira), doce de banana em calda; com panelada (miúdos, vísceras, mocotó), também abacaxi fresco. De acordo com a tradição regional, deve-se evitar jaca ou manga após comidas fortes e regadas a bebidas também fortes. Tabu foi, por muito tempo, no Nordeste, a melancia, como fruta de mesa. A imbuzada é de gosto nordestino-sertanejo. Também é de gosto sertanejo o requeijão como substituto do queijo do reino, sob a forma de acompanhante de qualquer dos doces regionais.

O açúcar adoça muitos dos chás medicinais ainda hoje em uso no Nordeste: o de mastruço (para gripe, puxado, bronquite); o de capim-santo (para dores no fígado); o de folha de cidreira (para tosse); o de flor de sabugueiro (para indigestão); o de casca de catuaba (para impotência); o de flor de melancia (para dor nos rins); o de quebra-pedra (para dor no fígado); o de ipecacuanha (para febre); o de jurema-branca (também para puxado). Entretanto, é certo de alguns chás que para terem o efeito desejado pelos mestres de medicina popular precisam de ser amargos. Ou azedos. Ou agrestes. Sem a graça civilizadora do açúcar a quebrar neles o agreste de plantas mais de mato que de jardim.

A alféloa – felô, diz no Nordeste do Brasil a boca do povo –, o alfenim, a farinha de castanha-de-caju, o suspiro, a castanha – a de caju ou a castanha-do-pará – confeitada – doces para meninos de tradicional fabrico caseiro – já não têm, para os pequenos nordestinos, a sedução de outrora: confeitos, bombons, balas, pirulitos de fabrico industrial e a própria *chewing-gum* vêm substituindo esses velhos doces, os primeiros de origem árabe, os de castanha-de-caju, caracteristicamente luso-tropicais.

Continuam, entretanto, o Recife e o Nordeste, uma cidade e uma região em cuja alimentação o açúcar é uma espécie de rival do próprio sal. No folclore regional, o açúcar, o doce, o bolo aparecem como símbolos do que Mário de Andrade chamaria "gostosura" ou do próprio gozo sexual. Daí ser tão corrente entre os nordestinos a frase: "Dou-lhe um doce" como desafio a resposta certa ou inteligente a alguma pergunta mais difícil. Por exemplo: "Dou-lhe um doce se me disser o que acabo de receber de Paris". Ou: "Dou-lhe um doce se me disser o que decidi fazer com aquele meu paletó velho".

É muito da região a graça de chamar o namorado à bem-amada seu "doce de coco"; e da moça muito dengosa se diz que é alfenim "em quem não se pode tocar com o dedo assim". Também se diz que com "bananas e bolos se enganam os tolos". Há, decerto, vários outros ditos populares e expressões de sabedoria tradicional em torno de frutos e de doces da região. Aos frutos ácidos se opõem os doces como símbolos de aspereza, uns, de ternura, outros.

A cultura regional do Nordeste está, assim, impregnada de sugestões do que nos seus vários frutos – e não apenas na cana-de-açúcar – é doce ou agradável ao paladar. Sem açúcar – seja do mais refinado ao mascavo, ao bruto ou de rapadura – não se compreende o homem do Nordeste. Sua doçaria é a mais açucarada do país; e dos seus frutos muitos parecem fazer concorrência, no próprio estado natural, à cana, em doçura de sabor. É famosa a manga de Itamaracá e famosos são os sapotis dos quais o povo costuma dizer que são "doces como torrões de açúcar". O açúcar de cana é o padrão regional de doçura, com uma variedade de doces, de bolos, de pudins, de compotas como expressões de sutilezas de arte culinária desenvolvidas em torno desse já clássico valor nordestino.

Não nos esqueçamos, porém, da brasileiríssima mandioca: das suas várias alianças de indígena com o açúcar importado. Alianças que dão sabores muito regionais à doçaria do Nordeste, constituindo-se num dos característicos dessa doçaria sob a forma, não só de combinações de macaxeira com mel de engenho, como de uma série de bolos, de pudins, de sobremesas finas muito do Nordeste; e pouco de outras subárcas brasileiras que têm, também, seus doces requintados: uma delas, a que tem Pelotas, no Rio Grande do Sul, por centro. Que aí a arte do doce rivaliza com a do Nordeste.

A mandioca está presente de forma muito ecológica e sociologicamente significativa tanto na culinária de sobremesa como na da mesa, mais características não só do Nordeste, em particular, como do Brasil, em geral. Mas, sobretudo, na culinária e na sobremesa do Nordeste. Impõe-se aqui recordar o quase lírico e, com certeza, veemente louvor à mandioca que faz o sociólogo Nestor dos Santos Lima no seu livro *A terceira América. Ensaio sobre a individualidade continental do Brasil* (Rio de Janeiro, 1967). "Essa utilíssima raiz", escreve ele, "ajudará a América luso-brasileira a assumir suas características próprias no quadro de sua geografia tropical pela valorização crescente das respostas mais adequadas ao desafio proposto pelo seu meio ao seu homem e à sua trajetória". O pensar e o sentir do autor de *A terceira América* coincidem, em vários pontos – na própria importância que atribui à assimilação cultural que se faça no Brasil, de recursos ou elementos de natureza tropical suscetíveis de aculturação –, com o pensar e o sentir do autor de *Açúcar*; e o louvor que ele faz, com alguma retórica, mas com muito maior apreço pela ciência, à mandioca – já exaltada, aliás, ou reabilitada, por médicos do valor de um professor Silva Melo – poderia ser estendido, com igual base científica, ao milho, ao caju, à pitanga, ao abacaxi, ao cacau, ao café, ao maracujá, ao cajuaçu, ao açaí, ao guaraná, ao mate e a outros produtos do trópico que entram, com o açúcar, na composição ou no preparo de sobremesas e de doces, cremes, sorvetes, refrescos brasileiros, se não com seus plenos valores nutritivos, com a delícia dos seus sabores e dos seus aromas.

Tratando-se de sobremesas, estes característicos estéticos são tão válidos quanto os que interessam tão somente à nutrição ou à alimentação do indivíduo ou da gente que delas se sirva ou com elas, ludicamente, se regale. Da mandioca destaque-se ainda que, como farinha, é muito apreciada em sua mistura ao mel de engenho, ou melado, ao doce de coco, à própria calda de goiaba; e muito, pelos meninos mais castiçamente brasileiros, em mistura com açúcar e polpa de coco: mistura comida na própria quenga e não em prato.

Fala-se muito, atualmente, num "novo Nordeste" como se fala numa "nova Igreja", num novo *isto*, num novo *aquilo*. Haverá, no chamado "novo Nordeste", uma nova atitude para com o doce? Para com a sobremesa com açúcar? Para com o bolo? E as freiras da "nova Igreja", no mesmo Nordeste, estarão todas repudiando a arte do doce como sobrevivência do catolicismo medieval – ou feudal – indigna dos tempos modernos?

De modo significativo, parece que não. O "bolo de noiva", por exemplo, continua uma instituição vivíssima. O seu raio de ação vem até se ampliando nos últimos anos: de burguês tem passado a outras áreas sociais. Há hoje um maior número de casamentos com bolo de noiva. Como há uma generalização do costume do bolo de aniversário, com velas simbólicas espetadas no manjar: velas que se apagam com os convivas cantando "Parabéns pra você". Trata-se – o rito das velas e o canto "parabéns pra você" – de um exotismo já nordestinizado ou abrasileirado; e acrescentado à tradição dos bolos e doces de aniversário, no preparo e no enfeite dos quais há peritas de talento, não só religiosas – as freiras do Bom Pastor de Garanhuns (Pernambuco) continuam famosas pelos seus doces e pelos seus licores de rosa e de violeta –, como leigas.

Devem-se também registrar programas de televisão em que aparecem quituteiras ensinando o telespectador ou a telespectadora a assar tanto bolo como carne; a preparar doces, pudins e sobremesas. São receitas, algumas delas, estrangeiras e novas para o paladar do brasileiro ou do nordestino. Outras, porém, são tradicionais. Saudosistas, até.

Paradoxalmente, há programas de rádio e de televisão de expressão saudosista a contrastar com a modernidade dessas técnicas de comunicação. E há saudosismo no setor do paladar de doce como no setor da música: as "horas de saudade" musicais têm numerosos apreciadores. As horas de ensinamento, pela televisão, de doces ou quitutes tradicionais e regionais, também. Em certas festas elegantes da região, está havendo, com relação a doces e bolos, certo *"retour aux sources"*: certo regresso saudosista, sentimental, romântico, a doces regionais e a bolos tradicionais. O que implica repúdio a estrangeirices, americanices, francesices, modernices que estiveram, por algum tempo, muito em voga no Nordeste, no setor do paladar, juntamente com o móvel, a arquitetura, o jazz, estrangeiros, nesses outros setores.

Como, entretanto, o Nordeste do Brasil atravessa fase de transição que, sob certos aspectos, vem pondo em conflito efeitos dos impactos da industrialização e da urbanização com tradições preponderantemente rurais da região, será interessante apurar-se, através de pesquisas sociológicas, como essa transição está afetando o doce ou o bolo tradicional não só no seu aspecto econômico – o doce ou bolo demasiado caro para as circunstâncias atuais e de elaboração mais ou menos difícil, dada a crescente dificuldade na aquisição de ovos, leite, hortelã, canela, outrora mais ou menos fáceis de ser obtidos pela gente média, num Nordeste mais rural, mais agreste, mais telúrico, menos urbano, menos industrializado, menos asfaltado – como na sua estética, no seu paladar, no seu possivelmente menor abuso do açúcar. Pois também o açúcar tem subido de preço: o fino e também a rapadura; o mel de engenho ou melado e o mel chamado de furo, que outrora era vendido nas ruas do Recife e comprado pela gente pobre para seus regalos de adultos, como o felô ou a alféloa pelas crianças tanto pobres como ricas.

Assim como a região e o país, em geral, tiveram remédios de botica, alguns, importados da Europa, dos quais, até nos anúncios de jornais, se discriminavam uns tantos, para fidalgos e brancos, e, por isto, caros, diferenciando-se dos rústicos e dos destinados a negros, escravos, plebeus, não só pela apresentação, como pelos sabores, pelos odores, pelos nomes – diferenciação que o autor de *Açúcar* antecipou-se em identificar noutros de seus livros –, o doce, no Nordeste, chegou aos nossos dias, em boa parte, diferenciado de maneira semelhante à daqueles remédios, isto é, em doce fino e em doce popular, tendo chegado a haver dois tipos de doces com característicos definidos quanto a sabores, cores, odores, apresentação, preço ou valor de ingredientes. Algumas dessas diferenças – culturais em geral, étnico-culturais, algumas, e especificamente econômicas, várias – vêm desaparecendo, de todo, ou sendo substituídas por outras, de caráter apenas econômico. Estas se manifestam, principalmente, nos preços de doces e de bolos de confeitaria e de loja de bombons ou de produtos industrializados – biscoitos, por exemplo – vendidos a preços demasiadamente altos para a população pobre. Note-se, entretanto, que essa mesma industrialização, por outro lado, vem tornando possível o barateamento de caramelos, havendo assim uma área em que a democratização do doce para párvulos se vem processando com a produção industrial em massa de produtos atraentes para os olhos e o paladar de crianças em geral: ricas e pobres.

O que vem sucedendo, porém, com essa industrialização em massa de doces e com o relativo barateamento de seus preços é que são muitos deles, doces – caramelos, balas, confeitos – de paladar incaracterístico ou internacional, tanto do ponto de vista tradicional como do regional. O que põe em perigo, neste particular, tradições regionais. Perigo, entretanto, que pode ser atenuado ou vencido por industriais que se decidam a juntar à produção em massa de tais gulodices maior valorização de gostos e de ingredientes tradicionais que, segundo ecológicos, sejam também econômicos. Essa valorização já ocorre com sorvetes e refrescos, nos quais é considerável, no Recife e noutras cidades do Nordeste, o uso de sucos de frutas regionais como o abacaxi, o maracujá, a mangaba, a pitanga, o coração-da-índia. São sorvetes que atualmente competem com os de baunilha, de morango e de chocolate e cujo consumo é feito por crianças e adultos indistintamente quanto a suas condições étnico-culturais, culturais e, em particular, econômicas – excluída, é claro, a parte miserável, e não somente pobre, das populações nordestinas.

Seria interessante apurar-se a maior ou menor importância que tradições regionais ou nacionais de paladar e ingredientes também regionais e tradicionais de bolos e de doces estão recebendo, atualmente, no Nordeste, de autoridades ou de nutricionistas responsáveis pela dieta, ou pela alimentação, de grupos maciços e específicos da população, quer infantil, quer adulta, da região: operários a quem fábricas ou indústrias dão almoço ou outra refeição; internos de orfanatos, reformatórios, colégios; soldados do exército e das polícias militares; marinheiros. E fora desses grupos, de alimentação regulamentada, seria igualmente interessante apurar-se, em colégios, escolas, fábricas, indústrias, quais os doces ou bolos atualmente preferidos por esses grupos também específicos da população regional, que são relativamente livres para escolherem seus doces ou seus bolos, quer nutritivos quer simplesmente hedônicos ou lúdicos ou recreativos – admitindo-se que haja uma recreação ou um gozo do paladar com prazeres desinteressados de fins especificamente nutritivos. Os quais não são prazeres de modo algum desprezíveis, dada a sua importância psicocultural, além da sua realidade fisiológica. Pois nos complexos formados, nos vários grupos humanos, por variantes ou especializações de paladar, de dança, de música, talvez de sexo, ao fator fisiológico se juntam os psicossociais e os psicoculturais, sem o fisiológico poder ser eliminado. A expressão clássica *"physiologie du goût"* continua a ser, até certo ponto, válida.

A propósito do quê, cabe a pergunta: não haverá, da parte de certos apreciadores de "doces ácidos", certo masoquismo do paladar? Não será, para eles, o doce, simples pretexto para sofrerem o "delicioso pungir do acerbo espinho" que, seria, no caso, a acidez, o gosto acre, o sabor azedo do tamarindo ou da groselha com aparência de "doce"?

Observações em torno desses aspectos da chamada "fisiologia do gosto" que talvez seja menos fisiologia pura do que fisiologia condicionada pela cultura, ninguém espera encontrá-la naqueles livros de receitas de doces em que o material culinário é apresentado sem outros objetivos que o de serem as receitas postas em prática. A verdade, porém, é que, em torno das mesmas receitas, pode dizer-se que existe, além de prosa simplesmente prosa, *à la* Jourdain, alguma etnografia, um pouco de história e até um tanto de sociologia.

Quando Paul Reboux escreveu, em livro célebre, dos *"livres vulgaires de cuisine"*: "são compostos frequentemente por uns velhotes que trabalham na Biblioteca Nacional, copiando outros livros, que por sua vez serão imitados mais tarde", tocou num ponto importante. O erudito autor de *Plats nouveaux. Essai de gastronomie moderne* (Paris, 1927) destacou a necessidade de os livros de culinária – assados, guisados, doces, pudins, cremes – resultarem menos de simples e pachorrentas cópias de uns livros pelos outros do que de contatos diretos dos autores com as fontes: com as tradições orais; com os segredos de família; com os manuscritos guardados a sete chaves por herdeiros de tais segredos; com os doceiros ou os quituteiros analfabetos. Que é arte, a do doce, em que as invenções aristocráticas ou eruditas e as tradições populares vêm se encontrando para desses encontros resultarem combinações que não são nem expressões de arte erudita, pura, nem expressões de simples arte popular. E sim misturas, mesclas, interpenetrações. Também combinações de ingredientes familiares com os exóticos, entre os exóticos estando, para o paladar europeu, os tropicais, e para o paladar das gentes tropicais, os europeus.

Nós, brasileiros, nem sempre sabemos o que é exótico para o nosso paladar: se o europeu, se o tropical. Continuamos, muitos de nós, vítimas daquela indecisão a que se referiu Joaquim Nabuco em página famosa.

É possível que para uns tantos brasileiros, como para os franceses, "*la confiture de noix de coco*" faça "*voyager l'imagination*", como nota Paul Reboux desse valor tropical-oriental. Mas o mais ecologicamente exato será o brasileiro considerar exóticos, para o seu paladar, doces como os de morango, de pêssego, de pera, de maçã, enquanto o abacaxi, o coco, a manga, a jaca, o chocolate, a banana, são produtos dos trópicos de que se fazem os seus doces crescentemente nacionais, familiares, cotidianos.

Note-se que as preferências por vasilhame de material tradicional – barro, por exemplo – ou por colheres grandes de pau, para com elas mexer-se o alimento em preparo ou tomar-se o seu ponto, não se limitariam a alimentos dos chamados de resistência: estendem-se a doces de frutas, canjica, sobremesas de milho. Também neste setor, supõe-se, dentro de velha tradição brasileira, em geral, nordestina, em particular, conservar o vasilhame, pela natureza como que telúrica, ecológica, do seu material, aquele "teor gustativo" a que se referem especialistas em nuances de paladar. No extremo Norte do país, as doceiras tradicionais se considerariam indignas de sua arte se fossem obrigadas a usar na feitura do açaí, por exemplo, outras vasilhas que não fossem a panela ou o alguidar de barro. No Nordeste, do doce mexido, durante sua feitura, com outra colher que não seja a de pau, dizem as doceiras tradicionais que corre o risco de não adquirir seu verdadeiro gosto. Há, assim, uma íntima aliança entre a parte da doçaria nordestina mais regional, além de mais tradicional, e o vasilhame e, sobretudo, a colher de mexer – ortodoxamente, a de pau – que se empreguem no seu preparo. Nas feiras da região, a colher de pau, como a cuia e a farinheira, também de pau, o alguidar e a panela de barro continuam a ter compradores não só rústicos como sofisticados. Os sofisticados, pelo fato de reconhecerem que, neste particular, para o resguardo do sabor castiço de certos alimentos, quer na sua feitura quer na sua conservação, a razão está com os adeptos do vasilhame e das colheres telúricas.

Compreende-se que estando ainda vivas, entre alguns brasileiros do Nordeste, tais tradições, sintam eles uma invencível repugnância pelo doce de lata; e só compreendam como verdadeiro doce o feito em casa e com aquele material telúrico e segundo ritos até litúrgicos que, no preparo de vários doces, são ritos quase religiosos.

Que é doce, afinal? Dizem os dicionários que é aquilo que tem um sabor como o de açúcar ou de mel; e que, assim sacarino, não é amargo, nem salgado, nem picante; e – ainda – a composição que é temperada com açúcar, mel ou outro ingrediente sacarino. À base dessas composições é que, para o sociólogo da cultura, há uma doçaria, uma confeitaria, uma pastelaria, uma estética de sobremesa com implicações socioculturais: toda uma parte da arte-ciência da culinária com um estilo, uma etiqueta, uma forma de ser alimentação sendo também recreação que a diferencia da outra; que se vem constituindo em objeto autônomo de estudo etnológico e de estudo histórico para começar a ser já – mais do que isto – objeto de estudo sociológico. Há uma sociologia do doce à parte de uma sociologia de arte da cozinha e do que esta arte – mais vasta – implica de sociocultural.

"Fazer a boca doce a alguém" repita-se que é velha expressão, na língua portuguesa, que se associa ao significado sensual do doce como alimento ou regalo do paladar; pois significa "ameigar ou acariciar esse alguém". "Quem a meu filho agrada, a minha boca adoça" acentue-se que é outra. Ainda outra, o qualificativo de "doce" que se dá à pessoa querida ou à mulher admirada; ou ao móvel voluptuoso – tal o "fofo sofá" louvado por Garrett, em página célebre, como "trono de amor" a convidar o sensual a "doce agitação"; ou ao tempo agradável, quer pela temperatura – "doce tarde de outono" – quer pelo ritmo: "doce manhã de repouso". E Camões, amigo dos paradoxos verbais, fala, num dos seus versos, em "doce pena". "Doce pena" a que bem pode ser comparada a saudade: "o delicioso pungir de acerbo espinho", da caracterização de Garrett, que poderia dizer o mesmo do gosto de certos doces em que à delícia de pura doçura se junta um pungir, não de espinho, mas de acidez ou de travo, muito apreciados por certos – repita-se – como que masoquistas do paladar. Os voluptuosos do doce de tamarindo, por exemplo. Ou da compota de laranja não da Bahia, mas "da terra": uma laranja irmã do limão na acidez.

Outras expressões populares ligadas ao doce são: "Com bananas e bolos, enganam-se os tolos"; "Alfenim que não se pode tocar com o dedo assim"; "Cavalo carregado de açúcar, até o rabo é doce".

Seria interessante fazer-se o rol dos muitos nomes de biscoitos e de bolachas doces que hoje se consomem no Brasil e que já não são produtos de doceiras mas de fábricas, como a já tradicional Pilar, do Recife: bolacha Maria, bolacha Pio X, biscoito Aimoré são nomes típicos, um de mulher, outro, de papa, um terceiro, de tribo indígena. Outros são, aliás, banais: Delícia, Raiva, Marisa, São Luís, Pilar, Brasília. Isto sem nos esquecermos dos tarecos: pioneiros, no Nordeste, do biscoito de fábrica.

São nomes, entretanto, os de doces de fábrica, que parece nunca se tornarem irônicos, maliciosos, fesceninos ou anedóticos como os de cachaças ou aguardentes. Que o digam os recolhidos de rótulos de produtos dessa indústria, em pequeno trabalho intitulado *Aguardente* (Recife, 1967), de Fernando José Vanderlei, do Museu do Açúcar do Recife: Passa Raiva, Pecadora, Escandalosa, Amansa Sogra, Bode Preto, Boa Vida.

Os biscoitos e doces industriais destinam-se a um paladar e a um público muito diferente daqueles a que se destinam as aguardentes. Têm antepassado ou avó comum – o açúcar de cana –, mas são primos ou parentes que quase não se falam. Separados. Antagônicos. Odeiam-se, até. Ninguém bebe cachaça comendo bolo, doce ou biscoito. Sabe-se haver mesmo certa aversão do bebedor inveterado de aguardente a tudo quanto seja doce ou comida açucarada. Doces, biscoitos, bolos são saboreados entre goles de chá, café, chocolate, leite, mate, refresco, água: nunca entre goles de cachaça. As únicas bebidas alcoólicas que, segundo a tradição brasileira, em geral, nordestina, em particular, podem acompanhar doces, bolos e biscoitos, são os vinhos do Porto, Madeira, Málaga; ou os licores. Nunca cachaças, runs, conhaques, uísques. Nos coquetéis os salgadinhos se opõem aos doces.

Interessante de observar-se é que a certos doces, vendidos por ambulantes, estão associados, no Nordeste, sons que, como o da campainha de Pavlov, em cachorros, despertam em meninos e adultos predisposições específicas de paladar: o som do triângulo dos chamados cavaquinhos, por exemplo; o apito do vendedor matinal e, por vezes, madrugador de cuscuz; o pregão do vendedor de sorvete vespertino ou noturno de maracujá com o prolongado "a-a-a" da sílaba final. São interessantes, nesse casos, não só as associações de sons a gostos como as associações psicológicas de tempos – madrugada, manhã, tarde, noite – à venda desses doces e às suas diferenças de paladar.

Como interessante é a associação de azuis, róseos, verdes, amarelos, por meio de anilina, a outros doces, de modo a torná-los vistosos e como que irresistíveis aos olhos de meninos e de adultos: tais os doces que o jovem pesquisador Marcos Albuquerque, da Divisão de Antropologia Tropical do Instituto de Filosofia e Ciências do Homem da Universidade Federal de Pernambuco, notou serem os mais comprados por "devotos de padre Cícero" ou romeiros ou peregrinos que ainda andam léguas, ou viajam, de caminhão, longas distâncias, para visitarem a casa ou o túmulo do Padrinho, no Ceará. Ao mesmo pesquisador preocupa o crescente desaparecimento dos tabuleiros especiais em que eram tradicionalmente vendidos cuscuz, arroz--doce, o chamado "doce japonês" – segundo sua perspicaz observação, vendido em caixas redondas, no Recife, e quadradas na Bahia –, sem que o Museu (Histórico) do Açúcar ou o Museu (Etnográfico) do Instituto Joaquim Nabuco recolha exemplares desses tabuleiros e as facas especiais de servirem os vendedores os respectivos doces aos compradores: omissão corrigida quando os dois museus se reuniram no Museu do Homem do Nordeste.

Na fase de transição do doce feito em casa para o industrializado – continuando a ser regional e tradicional, em vez de imitado do estrangeiro –, fase que o Nordeste há anos atravessa, já tendo na indústria anglo-recifense dos biscoitos Pilar uma indústria pioneira, nesse setor, e outra, na goiabada Peixe, podem animar aos nordestinos exemplos de grandes triunfos como os que nos chegam da atual Espanha. Em número de 18 de dezembro de 1967 de *España Semanal*, que se publica em Madri, encontra--se o informe de haver na Espanha 310 fábricas nas quais se produzem 15 milhões do mel chamado *turrón* – mescla de amêndoas *marconas* com mel de *azahar*, açúcar, ovos e canela, de tão remoto consumo pelos habitantes da península que os cartagineses já o encontraram ao desembarcarem naquelas terras. O consumo do tradicional doce, há anos industrializado, vem aumentando de ano a ano, sendo o *turrón* saboreado principalmente pela gente de Barcelona mas também pela da Catalunha em geral, pela de Madri, pela do Levante, pela da Andaluzia, numa afirmação de transregionalidade que lhe dá caráter de doce que, de regional, passou a pan-espanhol. E de pan-espanhol, vai passando a ter um consumo mundial ou, pelo menos, europeu.

Com efeito, sua exportação já chega a cerca de 2,5 milhões de quilos, rivalizando, assim, com a passa doce de Málaga no triunfo que ambas representam para aquela presença espanhola na Europa tão desejada por Unamuno e que contrabalançasse, nesse setor – acrescente-se ao mestre de Salamanca –, a presença norte-europeia na Espanha sob a forma de *marrom-glacê*, de chocolates suíços e de biscoitos ingleses. No preparo atual de *turrón* empregam-se 4 mil toneladas de amêndoas, 3 mil de açúcar, 1.200 de mel, 300 mil dúzias de ovos. E numerosos operários, pois as indústrias como a do doce estão entre as mais rebeldes à automatização.

Não se poderia, no chamado "novo Nordeste", isto é, o que se industrializa, cuidar de dar impulso à produção industrializada de doces da região equivalentes ao *turrón* espanhol e capazes tanto de conquistar mercados brasileiros como estrangeiros? Não se poderia restringi-la à área nordestina – a de melhores terras –, ainda sacrificada à produção antieconômica do açúcar, fazendo, em partes cuidadosamente escolhidas dessas áreas, plantações sistemáticas de frutos nordestinos suscetíveis de ser, tanto quanto, há dezenas de anos, a goiaba, industrializados em doces capazes de sensibilizar, tanto quanto o *turrón*, o paladar de suecos, de italianos, de anglo-americanos? O açúcar regional seria aproveitado na produção desses doces tanto quanto de licores de frutas regionais, suscetíveis de alcançarem triunfos semelhantes. É claro que essa industrialização e essa comercialização de doces nordestinos implicaria tanto esforços sistemáticos, metódicos, científicos de fruticultura, como inteligente obra de propaganda de seus sabores tropicais entre europeus e americanos de países frios, atualmente propensos a uma valorização quase lírica ou romântica de produtos dos trópicos – castanhas, temperos, frutas secas, passas, doces, licores, essências para o preparo de sorvetes. Semelhante propaganda levaria, a europeus e norte-americanos, sugestões de terras quentes, de vegetações cálidas e até de culinárias ardentes. Pois o que aqui se sugere para o Nordeste poderia estender-se ao extremo Norte do Brasil.

Os mexicanos estão, tanto neste particular – a propaganda de seus doces – como com relação à música e à pintura, levando vantagens sobre os brasileiros sem que, entretanto, pelos seus recursos e pelas suas artes, quer no setor da culinária, em geral, quer com relação à doçaria, em particular, sejam superiores aos seus parentes de fala portuguesa. O que eles sabem é fazer propaganda tanto desses seus produtos, dessas suas artes como do seu tipo especialíssimo de democracia, com um talento, um desassombro, uma sistemática que vem faltando aos brasileiros demasiadamente boêmios uns, outros, discretos ou excessivamente apolíneos, neste particular. Só dois ilustres brasileiros souberam, até hoje, fazer propaganda no estrangeiro de valores brasileiros: o barão do Rio Branco – que soube dar brilho à figura de Rui Barbosa como Águia de Haia, à de Santos Dumont como Pioneiro de Aviação, ao Rio de Janeiro como "a mais bela cidade do mundo" – e Lourival Fontes, que, nos dias de Getúlio Vargas, tanto fez para impedir que, nos Estados Unidos, o simplismo jornalístico igualasse de todo Getúlio Vargas a caudilhos de baixa extração, tendo também lançado, nos mesmos Estados Unidos, o brasileiro Cândido Portinari, como pintor moderno de alto porte.

Gilberto Freyre
Santo Antônio de Apipucos,
setembro de 1968-julho de 1986

Introdução

No meio dos graves problemas sociais cuja solução buscam os espíritos investigadores no nosso século, a publicação de um manual de confeitaria só pode parecer vulgar a espíritos vulgares; na realidade, é um fenômeno eminentemente significativo. Digamos todo o nosso pensamento: é uma restauração, é a restauração do nosso princípio social.

Machado de Assis, *Crônicas*, vol. IV, p. 10

Introdução

O açúcar – que se fez acompanhar sempre do negro – adoçou tantos aspectos da vida brasileira que não se pode separar dele a civilização nacional. Deu-nos as sinhás de engenho. As mulatas dengosas. Os diplomatas maneirosos, tipo barão de Penedo, barão de Itamaracá, Sérgio Teixeira. Os políticos baianos – os mais melífluos e finos do Brasil. As toadas dos cambiteiros. Os cantos das almanjarras. As variações brasileiras da arte do papel rendilhado de tabuleiro de bolo e do doce de dia de festa. Os poetas de madrigais mais suaves. Alguns pregões brasileiríssimos: "Sorvete, iaiá! É de maracujá!"; "Sorvete, sinhá! É de cajá!". Uma multidão de brasileirismos, muitos deles de origem africana, que só faltam se desmanchar na boca da gente: banguê, ioiô, efó, felô, quindim, Xangô, Dondon, dendê. E quem já ouviu canto brasileiro mais bonito que os velhos cantos de tangedores de almanjarra?

> *Pomba avoou, meu camarada,*
> *Avoou, que hei de fazer?*

Mas toda essa influência indireta do açúcar no sentido de adoçar maneiras, gestos, palavras, no sentido de adoçar a própria língua portuguesa, não nos deve fazer esquecer sua influência direta, que foi sobre a comida, sobre a cozinha, sobre as tradições portuguesas de bolo e de doce.

Fôrmas tradicionais de bolos e doces

Nas terras de cana do Brasil essas tradições ganharam sabores tão novos, misturando-se com as frutas dos índios e com os quitutes dos negros, que tomaram uma expressão verdadeiramente brasileira. Não há arte mais autenticamente brasileira que a do doce e a do bolo dos engenhos do Nordeste e do extremo Norte.

O açúcar recortou no Nordeste e em certo trecho do Sul do Brasil que é quase um pedaço do Nordeste uma verdadeira área de cultura. Dessa área ele foi o artigo dominante e às vezes exclusivo da produção econômica e elemento característico da dieta. Dieta que entre a gente mais pobre do Nordeste iria a extremos de deficiência, não fosse o consumo, por muitos, de rapadura ou de mel de engenho mais ordinário – o chamado mel de furo – com farinha ou macaxeira.

A herança recolhida de Portugal e sobretudo dos mouros pela doçaria brasileira dos engenhos não foi uma herança pequena e sem importância. Os doces de freiras foram um dos maiores encantos da velha civilização portuguesa, que antes aprendera com os mouros a fabricar açúcar e a fazer mel, doce e bolo.

O cosmopolitismo dos portugueses do século XVI serviu para enriquecer a mesa dos seus reis, dos seus bispos, dos seus fidalgos, de suas abadessas, de gulodices que só depois se propagaram por outros reinos. O cuscuz dos árabes, por exemplo. O alfenim. A alféloa ou felô. Os filhós ou filhoses. E muita coisa que hoje nos parece brasileira que nem doce de caju é portuguesa da Silva e do tempo dos Afonsinhos. Tal o bolo da bacia, que muitos supõem brasileiro e novo. Outros quitutes com aparência de brasileiros são franceses e refletem o francesismo que desde o século XVIII invadiu a cozinha portuguesa: a cabidela, por exemplo. A galinha de molho pardo.

O bolo de bacia já vem no mais velho dos livros portugueses de receitas de cozinha: o de mestre Rodrigues.

Formas mais comuns de alfenim

Cestinha com flores

Homem

Menina

Cachimbo

Chave

Sapatinho de noiva

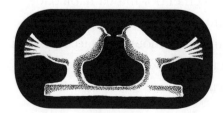
Pombinhos

Galinha chocando

Amasse-se [diz o mestre] 1/2 quarta de farinha com água fria temperada de sal desfeito, 2 gemas de ovos, pouca manteiga e água de flor, depois de muito bem sovada esta massa sobre o duro (como para folhado) corte-se em planos e estenda-se fazendo-se folhas delgadas do tamanho da bacia; na qual depois de muito bem untada com manteiga de vaca ponha-se em uma folha e sobre ela 1 arrátel de amêndoas pisadas feitas em maçapão [...]

Ao lado do bolo de bacia, pão de ló, os sonhos, o arroz-doce, que devia se fazer com água de flor: "1 arrátel de arroz e depois casa-se com 1 camada de leite e 1 arrátel de açúcar e água de flor...".

Os melindres também: doce português do século XVIII. Talvez ainda mais antigo. Deviam ser feitos com um tacho "com 1/2 arrátel de açúcar em pó da ilha de Madeira" e "10 gemas de ovos". Engrossando o açúcar, "façam-se os melindres, deitando-se com uma colher sobre papéis e sejam do tamanho de pastilhas, cozam-se em fogo brando para que chamusquem e corados mandem-se à mesa". Isto vem no tratado de Domingos Rodrigues publicado em Lisboa: *Arte de cozinha [...] composta e terceira vez acrescentada por Domingos Rodrigues, mestre da cozinha de Sua Majestade que Deus guarde e dedicada terceira vez ao conde de Vimioso* (Lisboa, 1692).

Tratado portuguesíssimo: o útil reunido ao agradável. Às receitas de melindres e bolos, de sopas e manjares tradicionais, seguem-se muito lusitanamente – o português sempre foi o homem da horta emendando com o jardim, a negação da arte pela arte – a de caldo de víboras para purificar o sangue ou a de caldo de rãs e caracóis para curar tosses secas. E tudo obra castiça do tal mestre Rodrigues, português velho e às direitas. "Todas as cousas que nela ensino", diz o autor da *Arte de cozinha*, "experimentei por minha mão e as mais delas inventei por minha habilidade". A parte inventada parece, entretanto, bem menor do que a recolhida da tradição – inclusive da tradição mourisca, tão rica em Portugal e na Espanha; de influência tão notável sobre a culinária como sobre a arquitetura peninsular.

O livro de mestre Rodrigues foi para a época um acontecimento de significação patriótica, que a pessoa encarregada por el-rei de dar parecer sobre a obra não deixou de destacar, embora achando perigosos todos os incentivos à gula; mesmo os incentivos patrióticos:

> Dous livros vi impressos desta *Arte de cozinha* ambos castelhanos, um de Pedro Moreto, outro de Francisco Martines Montino e confesso que senti muito que corressem em Portugal mas antes parecerá conveniente que se fizesse lei em que se proibissem pelo prejuízo que redunda à República e ainda ao serviço de Deus destes incentivos à gula [...]

Depois de mestre Rodrigues e em oposição ao seu tradicionalismo ou casticismo – com o venerável arroz-doce no centro – viria mestre Lucas Rigaud, de quem data o afrancesamento da cozinha e da doçaria portuguesas, tão lamentado mais tarde por Eça de Queirós e Ramalho Ortigão; e também por Antônio Sardinha – meu bom e saudoso amigo – e pelos integralistas portugueses, com os quais não devem ser confundidos os brasileiros.

Para mestre Rigaud o trabalho de mestre Rodrigues era um amontoado de erros: "O que me obrigou a dar à luz esta obra foi ver um pequeno livro que corre com o título de *Arte de cozinha* escrito no idioma português o qual é tão defeituoso", diz Rigaud no seu afrancesado *Cozinheiro moderno ou nova arte de cozinhar* [...] *dado à luz por Lucas Rigaud, um dos chefes da cozinha de Suas Majestades Fidelíssimas* etc. (Lisboa, 1798). E, a tantos defeitos, ele opõe as graças da cozinha francesa, que alcançariam vitória tão grande sobre a boa e sólida cozinha portuguesa de peixe cozido e do arroz-doce, encarnada por mestre Rodrigues, pelas abadessas, pelas freiras quituteiras, pelas mouras e negras que, no século XVI, já vendiam quitutes pelas ruas de Lisboa, apregoando em voz alta ou cantada as virtudes dos seus doces.

No Brasil, as tradições portuguesas de bolo e de doce tinham se instalado tão bem instaladas nos fornos das casas-grandes de engenho e de alguns conventos de freiras (como o das ursulinas da Bahia, onde mais de um estrangeiro ilustre se regalou de confeitos), que a influência francesa só as atingiria de maneira mais viva no século XIX, quando os confeiteiros franceses começaram a se tornar chiques na Corte e no Recife, e os seus doces, mais elegantes que os bolos feitos em casa pelas sinhás pálidas ou pelas negras quituteiras. Declínio do patriarcalismo: tão brasileiro e tão abrasileirante.

As influências que desde o século XVI corromperam aqui – corromperam ou enriqueceram: questão de ponto de vista – as tradições portuguesas de bolo e de doce foram as indígenas; mais tarde, as africanas.

Mas tudo condicionado pela realidade tremenda da escravidão. Sem a escravidão não se explica o desenvolvimento, no Brasil, de uma arte de doce, de uma técnica de confeitaria, de uma estética de mesa, de sobremesa e de tabuleiro tão cheias de complicações e até de sutilezas e exigindo tanto vagar, tanto lazer, tanta demora, tanto trabalho no preparo e no enfeite dos doces, dos bolos, dos pratos, das toalhas e das mesas. Só o grande lazer das sinhás ricas e o trabalho fácil das negras e das molecas explicam as exigências de certas receitas das antigas famílias das casas-grandes e dos sobrados; receitas quase impossíveis para os dias de hoje.

Gabriel Soares tem páginas, no seu *Roteiro do Brasil*, que parecem de um livro de doceiro, tantas são as minúcias, os vagares de regalão, com que o senhor de engenho da Bahia do século XVI explica invenções das senhoras portuguesas, primeiras donas de casa na Colônia: combinações de temperos antigos de Portugal, ou dos modos tradicionalmente portugueses de fazer doces e conservas, com as frutas da terra, com a mandioca, com o milho, com a castanha-de-caju, com a macaxeira ou com o cará. "Da massa destes carás", informa o cronista, "fazem os portugueses muitos manjares com açúcar [...]". E dos amendões: "Desta fruta fazem as mulheres portuguesas todas as castas de doces que fazem de amêndoas e cortadas as fazem cobertas de açúcar de mistura com confeitos". Assim nasceu a castanha confeitada.

A marmelada, o caju e a goiabada tornaram-se, desde os tempos coloniais, os grandes doces das casas-grandes. A banana assada ou frita com canela, uma das sobremesas mais estimadas nas casas patriarcais, ao lado do mel de engenho com farinha de mandioca, com cará, com macaxeira; ao lado do sabongo e do doce de coco verde e mais tarde do doce com queijo – combinação tão saborosamente brasileira.

Quando apareceu o gelo, no Brasil, as frutas brasileiras de que já se faziam tantos doces, tantas geleias, tantas conservas, tantos pudins servidos ainda quentes, tornaram-se também sorvetes e gelados. Cremes deliciosos nos dias de calor. Radiguet, que era epicurista, foi um dos primeiros europeus a provar desses gelados de frutas brasileiras a fazer-lhes o elogio: "As mais deliciosas e perfumadas frutas", diz ele. Cremes gostosíssimos que agradavam ao olfato tanto quanto ao paladar. Mas já não eram expressões do patriarcalismo dos engenhos – criador de tanta guloseima boa – e sim das primeiras confeitarias das cidades.

Se o livro *Doceira brasileira*, de d. Constança Olívia de Lima, aparecido na corte nos meados do século XIX, vem cheio de receitas de sorvetes requintados – sorvetes de violeta, de zéfiro, de marasquino, de baunilha –, é que a figura do confeiteiro francês ou italiano já começava a criar maior importância entre a gente da alta sociedade no Império do que a doceira de casa, iaiá ou negra gorda. O sorvete tornou-se mesmo uma espécie de símbolo da dissolução da sobremesa patriarcal – quase sempre quente – e até dos serões em volta do chá fumegante com sequilhos, com bolo de goma, com queijo do sertão, com pão torrado – o pão torrado na hora. Nos anúncios de jornal da primeira metade do século XIX o sorvete começa a aparecer com certo gosto de pecado. Quase só franqueado aos homens nas confeitarias: a "rapaziada", como se lê em certos anúncios de jornais da primeira metade do século XIX.

Mas já no tempo de Radiguet – 1840 – as moças elegantes do Rio iam toda sexta-feira à Capela Imperial não somente ouvir música religiosa mas também tomar sorvete e conversar com os rapazes: "Ao longo de todo esse concerto religioso, as mulheres acocoradas em suas tapeçarias de fibra de coco tomavam sem escrúpulo sorvetes e cremes gelados com os rapazes que vinham conversar com elas no lugar santo". As igrejas católicas no Brasil se antecipavam às modernas igrejas protestantes dos Estados Unidos como centros de sociabilidade e até de namoro, em torno do sorvete ou do creme gelado.

O chá teve no Brasil as suas zonas alegres, em que foi o companheiro de bolos, de doces, de gulodices de açúcar servidas à ceia pelas molecas em pratos da China e da Índia e, ao mesmo tempo, as suas zonas tristes, onde até quase nossos dias não passou de remédio vendido nas boticas para os incômodos dos velhos e para as doenças dos meninos e das senhoras. As zonas alegres do chá foram precisamente as da maior produção do açúcar – o Rio de Janeiro, Pernambuco, a Bahia. As zonas mais aristocráticas e, em certo sentido, mais europeizadas. No Rio de Janeiro, em 1827, o chá era considerado "gênero de primeira necessidade". E pela mesma época, em Pernambuco, a avó de padre Lopes Gama servia chá na sala de visitas com torradas, bolinhos e sequilhos, segundo os melhores estilos ingleses.

Mas o chá verdadeiramente brasileiro foi o de ceia patriarcal acompanhado de bolo, doce, canjica, angu, cuscuz, tapioca, beiju, cará, fruta-pão com manteiga, mel de engenho com farinha e até peixe frito com farofa.

Dificilmente se exagera o muito que a doçaria brasileira deve às donas de casa, às negras de cozinha e aos pretos doceiros. A origem dos doces mais verdadeiramente brasileiros é patriarcal e seu preparo foi sempre um dos rituais mais sérios da antiga vida de família das casas-grandes e dos sobrados, embora não faltassem freiras quituteiras que aqui continuassem a tradição dos conventos portugueses. Daí muito doce brasileiro com nome seráfico: *papos de anjo* e *manjar do céu*, por exemplo.

Inventaram-se nas casas-grandes do Norte doces e bolos que tomaram nomes de família ou de engenho – Sousa Leão, Guararapes, dr. Constâncio, Cavalcanti, tia Sinhá, d. Dondon, major Fonseca Ramos – e cujas receitas se conservaram por muito tempo em segredo, às vezes passando de mãe a filha. Houve no Brasil uma maçonaria das mulheres ao lado da maçonaria dos homens, a das mulheres se especializando nisto: em guardar segredo das receitas de doces e bolos de família.

Foram precisamente as receitas de alguns desses doces patriarcais de Pernambuco, de Alagoas, da Paraíba, que procurei recolher e que aparecem nas páginas que se seguem. Fazendo-o – e não foi tarefa fácil –, segui o conselho que vem no livro do já citado mestre Rodrigues: "Fiar-se da memória sem estudo é querer perder facilmente o que se sabe sepultando voluntariamente no esquecimento o de que preciosamente se necessita".

Há um gosto todo especial em fazer preparar um pudim ou um bolo por uma receita velha de avó. Sentir que o doce cujo sabor alegra o menino ou a moça de hoje já alegrou o paladar da dindinha morta que apenas se conhece de algum retrato pálido mas que foi também menina, moça e alegre. Que é um doce de pedigree, e não um doce improvisado ou imitado dos estrangeiros. Que tem história. Que tem passado. Que já é profundamente nosso. Profundamente brasileiro. Gostado, saboreado, consagrado por várias gerações brasileiras. Amaciado pelo paladar dos nossos avós. Servido em potes indígenas, em terrinas patriarcais; enfeitado de papel azul, cor-de-rosa, amarelo, verde, picado ou rendilhado segundo modelos de outros séculos; recortado em corações, meias-luas, estrelas, cavalinhos, patinhos, vaquinhas, segundo velhas fôrmas sentimentais.

Se este livro parecer demasiadamente frívolo ao leitor que não goste de doce, que ele se recorde daquele conceito de Eduardo Prado sobre o paladar, citado por Oliveira Lima nas suas *Memórias*. O paladar defende no homem a sua personalidade nacional. E dentro da personalidade nacional, a regional, que prende o indivíduo de modo tão íntimo às arvores, às águas, às igrejas velhas do lugar onde ele nasceu, onde brincou menino, onde comeu os primeiros frutos e os primeiros doces, inclusive os doces e os frutos proibidos. Os próprios judeus conservam a sua personalidade de nação, flutuante no espaço mas sólida através do tempo, guardando os pratos, os doces e os pastéis que mais lhes recordam as palmeiras e as oliveiras dos seus primeiros dias de povo e cujo preparo apresenta tanta coisa de ritual ou de litúrgico. Por insistirem em comer alguns desses quitutes proibidos, vários judeus no Brasil colonial foram denunciados à Inquisição e presos. Mártires do paladar e ao mesmo tempo da fé.

Ao brasileiro – que, se não flutua no espaço internacional por tanto tempo como antes do Estado de Israel flutuou o judeu, ainda flutua no tempo e um pouco no próprio espaço nacional, vago, indefinido, e na Amazônia, anfíbio – impõe-se o balanço dos seus recursos regionais de cozinha e de doçaria, para que resulte mais claro, mais nítido e mais concreto do que por simples conhecimento de oitiva o que já podemos apresentar como verdadeiramente nosso, em assuntos de mesa e de sobremesa. Também a nossa estética de cozinha, de mesa e de sobremesa precisa de ser estudada; inventariada essa parte nada desprezível do nosso patrimônio artístico. Toda a série de cabaças e cuias de que os índios faziam, segundo Gabriel Soares, a "sua porcelana" e de que as donas de casa coloniais foram se aproveitando. Toda a arte, que aqui se desenvolveu, de farinheiras de madeira, de pilão, de coco de beber água. Toda a arte de enfeite de papel de bolos e doces dos dias de festa e dos tabuleiros das baianas – às vezes maravilhas de imaginação e de corte que se devem a mãos de negras e de baianas, a tesouras de analfabetas. A arte do recorte de alfenim, em alguns casos verdadeira escultura em açúcar com motivos regionais. A arte das fôrmas de bolo – os tais corações, as tais meias-luas, as tais estrelas tradicionais. A das pirâmides para centro de mesa. A do rendilhado de toalhas.

A cultura da cana-de-açúcar, que foi tão intensa e tão absorvente em certos trechos do país, principalmente no litoral, da

Bahia ao Maranhão, criou aqui uma riqueza regional de doces e de bolos cujo inventário, mesmo rápido, está nos fazendo falta. Do mesmo modo que está nos fazendo falta o estudo de outras cozinhas e doçarias regionais: a de São Paulo e Minas, com seu lombo de porco, seu tutu, suas geleias, seus doces de leite, seus queijos. A da Bahia – propriamente dita –, que é a mais opulenta das cozinhas brasileiras e acerca da qual existe apenas um tênue mas sugestivo fascículo, trabalho de Manuel Querino sobre os quitutes de origem africana. A do extremo Norte – de que Araújo Lima já nos deu alguns traços tão curiosos, especialmente sobre os manjares de origem indígena, e que é assunto com que está hoje em namoro o pesquisador Leandro Tocantins. A do extremo Sul. A do Rio de Janeiro. A do Maranhão – acerca da qual Nina Rodrigues escreveu o seu primeiro trabalho.

Nos começos do reinado de D. Pedro II apareceu entre nós um livro profundamente significativo para a história da cultura brasileira: o *Cozinheiro nacional*. Primeira tentativa no sentido de nos fazer conhecer pratos e quitutes cuja matéria-prima – por assim dizer – eram os bichos e as frutas das matas brasileiras. Espécie de indianismo culinário correspondendo ao literário: correspondendo ao primeiro romance nacional de Alencar ou ao primeiro poema brasileiro de Gonçalves Dias. Espécie de *Dicionário* de Moraes recolhendo os brasileirismos à língua portuguesa, dando-lhes todo o relevo, destacando-lhes todo o sabor. No *Cozinheiro nacional* se recolheram também brasileirismos à língua portuguesa, embora fossem outros os *brasileirismos* e outra a *língua*. Brasileirismos não menos importantes que os reunidos tão pachorrentamente pelo senhor de engenho de Muribeca.

É certo que já Santa Rita Durão e outros poetas da era colonial haviam cantado e exaltado as frutas brasileiras e os animais das nossas matas. Mas é nesse *Cozinheiro nacional* que aparecem primeiro, em letra de fôrma, receitas de guisados e assados de lagarto, de paca, da capivara.

Enfeites tradicionais de papel de bolo

O naturalista Hasting Charles Dent, que aqui esteve no tempo do Império, leu o livro e se espantou diante de tanta receita exótica: assados e guisados de toda a espécie de bichos brasileiros. Até de formigas humildes.

Dent saboreou um lagarto assado e achou a carne ótima: alva, tenra, um gostinho bom de carne de porco. E não quis deixar de provar a formiga ou a tanajura frita. "Tendo lido em meu livro de culinária uma receita de tanajuras fritas, uma espécie de formiga", escreve Dent, "fiquei ansioso por conseguir o inseto e experimentar o prato."

Um dia – era 30 de setembro – o ar se encheu de nuvens de tanajuras gordas. O naturalista reservou algumas para a coleção e as outras não teve dúvida em juntar para uma ceia bem à brasileira. (Foi isto nos tempos idílicos do indianismo: Gonçalves Dias estava brilhando na poesia, José de Alencar no romance; e o *Cozinheiro nacional* tentando os estrangeiros românticos da marca de Dent a provarem tanajura com farofa na ceia ou no almoço.) Dent pegou uma centena de tanajuras, botou-as em água fervendo e arrancou-lhes as partes gordas, que pôs então a frigir em banha, com sal e pimenta. "Confesso", diz ele, "que provei minhas primeiras tanajuras com muita reserva, mas achei excelente depois de comer meia dúzia e acabei comendo a porção toda." Era uma delícia.

Ao mesmo tempo que a tanajura, tão amada pelos caboclos, e depois pelos doutores, pelos barões e até pelos ingleses ou americanos românticos, as frutinhas do mato como a brasileiríssima pitanga, o maracujá, a groselha, o coração-da-índia, a carambola, a goiaba, o guajiru, o cajá, o araçá, a mangaba, o imbu, tiveram sua fase de esplendor à mesa patriarcal, servidas como doce, como geleia, como sorvete. Também o mamão, a jabuticaba, o sapoti. Só a melancia ficou até quase os nossos dias com fama de fruta que faz mal.

O livro de d. Constança traz muita receita de doce de fruta do mato em que se sente a influência romântica do indianismo ou do nativismo político sobre os gostos elegantes de sobremesa: doce de abacaxi à moda de Pernambuco, doce de caju à moda de Pernambuco, doce de guajiru de Pernambuco, doce de babosa, de bacuri, da mangaba, de sapoti, e até de pitomba, tudo de Pernambuco.

É verdade que a tradição da cozinha de Pernambuco parece representar menos um nativismo extremado ou um indianismo agressivo nos seus sabores agrestes e crus – como o da cozinha no extremo Norte – e, menos ainda, um africanismo oleoso, empapando tudo de azeite de dendê, como o da cozinha afro-baiana, que o equilíbrio das três tradições: a portuguesa, a indígena e a africana. A medida, o equilíbrio, a temperança que Nabuco sentia no próprio ar de Pernambuco, parece exprimir-se no que a cozinha pernambucana tem de mais característico e de mais seu: na sua contemporização quase perfeita da tradição europeia com a indígena e com a africana.

Não haveria aqui o predomínio da tradição africana, como na Bahia, nem o da tradição indígena, como no Pará e no Amazonas – as outras duas cozinhas regionais mais ricas do Brasil, sendo que nenhuma pode comparar-se à baiana em opulência, em sedução, em variedade. Também não se afirmaria em Pernambuco nenhum exclusivismo de tradição europeia, que artificializasse a cozinha dos senhores de engenho numa cozinha à parte da formação brasileira: simples cozinha de capitães-generais ou de vice-reis, de fidalgotes de além-mar e de ricaços também europeus; expressão aristocrática, mas de um aristocratismo transoceânico, sem nenhuma raiz na nova terra.

O que se verificou em Pernambuco foi antes a contemporização das três tradições, sem sacrifício dos valores mais finos da maioria de origem europeia aos valores mais crus da maioria indígena ou africana. O resultado foi uma cozinha menos opulenta que a baianas porém mais equilibrada.

Creio que o equilíbrio culinário cm Pernambuco se explica pelo fato de ter sido maior na Nova Lusitânia a ação da mulher dona de casa, isto é, da mulher branca, portuguesa, esposa cristã do colono. Duarte Coelho veio para os seus domínios não só com muitos solteiros como com numerosas famílias. Com famílias e não simplesmente com solteirões aventureiros, que ao sentirem a vontade ou a necessidade de se arredondar em pais de família se unissem com índias ou cunhãs, peritas em comidas de mandioca, ou então com pretas-minas, boas quituteiras mas lambuzando tudo de azeite de dendê, ignorando as tradições e a técnica de cozinha dos europeus.

Às mães de família vindas de Portugal – algumas talvez educadas nos recolhimentos, dentro da tradição opulenta das freiras quituteiras – deve-se, em grande parte, à situação de prestígio em que se conservaram os estilos portugueses de cozinha nas casas-grandes dos engenhos pernambucanos, paraibanos, alagoanos, maranhenses, mais tarde, nos sobrados de azulejos do Recife, de São Luís do Maranhão e de Maceió. As cozinheiras negras foram aqui colaboradoras de grande importância na formação de uma cozinha regional, mas não dominadoras absolutas dos fornos e dos fogões. Seu domínio foi menor do que na Bahia. Aí a figura dengosa da sinhazinha branca quase se sumiu da cozinha: mal se sente nos bolsos e nos guisados baianos o paladar da mulher pálida da casa-grande provando o ponto dos quitutes, moderando neles os ardores de condimentação africana que lhes davam as mulheres de cor.

Acrescente-se a isto a maior facilidade de contatos com a Europa de que gozou Pernambuco – o Nordeste, portanto – através do primeiro século de desenvolvimento de sua civilização açucareira e que contribuiu para manter mais viva aqui do que noutros pontos da colônia portuguesa da América a tradição europeia do doce, da comida, do vinho puro. Os primeiros senhores de engenho da Nova Lusitânia sabe-se que se davam ao luxo de importar de Portugal e das ilhas iguarias e vinhos. Durante o domínio holandês continuou o mesmo luxo de importação de biscoito, de queijo, de peixe, de vinho. Tanto que a única palavra holandesa que até hoje se identificou na língua do Nordeste é um nome de comida: *brote*. Um tipo de biscoito.

Esse apego aos estilos europeus de cozinha daria ao pernambucano elementos com que atravessar o período de maior segregação da Colônia, da Europa, que foi o século XVIII, sem resvalar para os excessos de africanismo ou de indianismo. A influência europeia sobre a mesa pernambucana, se empalideceu durante aquele século – na verdade desde a segunda metade do século XVII –, foi para reavivar-se nos princípios do século XIX, através dos favores especialíssimos concedidos pela Coroa portuguesa aos negociantes britânicos e de que um grupo considerável se aproveitou vindo estabelecer-se no Recife com seus armazéns de pano, com suas casas importadoras de presunto, de chá, de biscoito, com seu gosto pelo pão e pelo bife, com seus engenheiros, seus médicos, seus remédios, seu padre, sua igreja, seu cemitério.

A cozinha das casas-grandes de Pernambuco pode-se dizer que nasceu debaixo dos cajueiros e se desenvolveu à sombra dos coqueiros, com o canavial sempre de lado a lhe fornecer açúcar em abundância; e perto – na água do mar, na do rio, na das lagoas, no mangue, na horta, na mata –, quase ao alcance da mão da cozinheira, "o melhor pitu do mundo" (o pitu do rio Una), a cavala, a perna-de-moça, a cioba, o caranguejo, o siri, o goiamum, o sururu, a curimã, a carapeba, o araçá, o jenipapo, a manga-jasmim, o maracujá, a goiaba, o abacaxi, a canela, a fruta-pão, a jaca, o sapoti, o abacate, o tamarindo, o quiabo, a macaxeira, o jerimum.

O cajueiro, tão ligado à vida indígena, deu à cozinha pernambucana, em particular, nordestina, em geral, das casas-grandes alguns dos seus melhores sabores: a castanha, que, confeitada, ou dentro do bolo, da cocada, do doce, do peru, se tornaria tão característica dos quitutes da região; o doce em calda e o doce seco do próprio caju; o licor e o vinho – quase simbólicos da hospitalidade patriarcal do Nordeste.

O coqueiro deu a essa boa mesa patriarcal o feijão de coco e o peixe de coco; e a sobremesa, a tapioca seca, a tapioca molhada, o beiju, o doce de coco verde, o sabongo, a cocada, o sorvete de coco, uma variedade de bolos em que o gosto do coco se faz sentir junto com o de açúcar ou do mel de engenho.

Sobre esses elementos, a cozinha pernambucana se desenvolveu – repita-se – harmonicamente, sem nunca se afastar da tradição europeia a ponto de se tornar inteiramente exótica; sem se deixar alagar de azeite de dendê nem de banha de tartaruga. Mesmo nos tabuleiros das "baianas" de peixe frito, de grude, de cocada, de farinha de castanha, de alfenim, de bolo de coco, de arroz de leite, o elemento europeu enriquecido pelo árabe conservou-se sempre muito vivo em Pernambuco, amaciando as cruezas do indígena ou do negro. Neste sentido, a influência inglesa e a francesa – consideráveis no Recife do século XIX – reforçaram a portuguesa.

Como em tudo o mais, custou a ser chique entre nós, brasileiros, o manjar ou o simples tempero africano trazido pelo negro para as cozinhas das casas-grandes. No século XVIII, o mestre régio Vilhena se levantava na própria Bahia contra os quitutes africanos que se vendiam em tabuleiros pelas ruas da boa cidade de Tomé de Sousa. Para o seu paladar clássico de professor de grego eram umas comidas repugnantes. Mas apesar de todos os brados dos Vilhenas contra os manjares vindos da África; contra os temperos, os quiabos, as ervas dos negros; apesar do fato de muito mazombo mandar vir de Portugal cozinheiro para lhe preparar a comida à portuguesa – os quitutes africanos foram ganhando, não tanto a sobremesa, como a mesa, das casas-grandes e dos sobrados patriarcais, principalmente na Bahia. Até que no século XIX o caruru, o vatapá, o acarajé já se podiam considerar pratos nacionais.

Os princípios desse século foram aliás dias de reação contra tudo que fosse português: contra o caldo verde, contra a farinha de trigo, o queijo do reino, o vinho do Porto. Em Pernambuco, o padre João Ribeiro – uma das figuras mais doces que já passaram pela história do Brasil – fazia questão de levantar seus brindes com aguardente de cana, em vez de vinho do Porto. Era a exaltação patriótica e romântica da cana-de-açúcar. Outros patriotas pernambucanos de 1817 substituíram o pão pela farinha de mandioca. Sob tais estímulos patrióticos, era natural que se desenvolvesse entre nós o gosto pelos quitutes indígenas e africanos. Só mais tarde viria nova reação a favor da Europa, atingindo menos a mesa que a sobremesa: o gosto pelos doces dos confeiteiros franceses e italianos que foram se estabelecendo nas ruas elegantes da Corte e do Recife, com anúncios espaventosos nos jornais e nos almanaques.

Já estava, entretanto, firmado o prestígio de certos doces brasileiros de Pernambuco ou do Nordeste: o de goiaba, o de araçá, o de coco, o de cajá. Firmado o prestígio do mel de engenho com farinha, macaxeira, cará ou fruta-pão. O arroz-doce já se abrasileirara em arroz com leite de coco. A tapioca já se servia à mesa do chá patriarcal, do mesmo modo que o bolo de goma, a pamonha, o manuê, o beiju, o cuscuz de farinha de mandioca ou de milho, a castanha de caju confeitada, a cocada, o sabongo. Tempo de São João – o bolo ortodoxo era o pé de moleque com castanhas-de-caju; e apareciam também, dentro do ritual, a canjica e os bolos de milho. Nos dias de Carnaval, os velhos filhoses portugueses com mel de engenho.

Na área de influência mais intensa do açúcar – a que teve por metrópole Olinda e depois o Recife: metrópole regional – foi onde a goiaba, a geleia de araçá, o doce de caju seco ou em calda, o sabongo, a cocada resistiram melhor ao pastel italiano e ao confeito francês. É que já se tornara a área brasileira de doçaria tradicional mais característica e pode-se mesmo dizer mais opulenta. O açúcar, desde o século XVI, fixou-se aqui numa série de doces caracteristicamente brasileiros – talvez demasiado doces para o gosto europeu, como notou Mansfield em Pernambuco no meado do século XIX e como observara antes o naturalista Gardner. Mas não para o brasileiro, sobretudo o do Nordeste, que nasce sentindo o cheiro e quase o gosto de açúcar no ar: o "aroma de mel" de que fala Joaquim Nabuco.

Para os outros, nada mais fácil do que diminuir nas receitas tradicionais a quantidade de açúcar: o gosto da fruta dominará então o manjar, dando-lhe o pico exótico ou tropical, tão procurado pelos europeus nos doces brasileiros.

O meu velho e grande mestre de antropologia na Universidade de Colúmbia, o professor Franz Boas, ao estudar as comidas preparadas com azeite pelos Kwakiutl, recolheu dessa população, no Noroeste da América, um volume inteiro de receitas de quitutes de peixe. Receitas, observou ele, que ao gosto europeu se apresentam monótonas: sempre o mesmo gosto de peixe no azeite. Mas não assim para os nativos; sobre sua diversidade assenta mesmo uma etiqueta social, à qual se assemelha a que assenta sobre a diversidade de doces e bolos do Nordeste, quer os tradicionalmente portugueses que aqui se aclimataram melhor, quer os peculiares à região: uns destinados ao almoço, outros mais doces, ao jantar; uns às festas de casamento, outros às de aniversário; uns às ceias de São João, outros às de Natal, ou de Reis, ou às de Ano-Bom, ou ao Carnaval. Tudo açúcar; mas dentro do gosto de açúcar uma grande diversidade, variedade e até hierarquia.

Andrey Richards, no decorrer das pesquisas antropológicas de que resultou o seu *Hunger and work in a savage tribe* – um dos livros mais notáveis sobre a sociologia da alimentação –, soube de discussões ardentes, entre africanos, por motivo de diferenças de gosto em quitutes que, preparados sobre a mesma base, pareciam idênticos, no sabor, ao europeu. Para os africanos eram mais que diversos.

No Brasil, os europeus e norte-americanos são unânimes em achar que, nos nossos doces, o gosto do açúcar reduz à insignificância o das frutas, o do milho, o da mandioca; pelo que esses estrangeiros se declaram incapazes de distinguir bem a geleia de araçá da de goiaba; o doce de manga do de jaca; a pamonha da canjica; o doce de banana comum do de banana-comprida. Entretanto, ao nativo da região ou ao indivíduo de paladar especializado nesses doces e quitutes, as diferenças parecem enormes.

Fato curioso, o passado com o bolo Sousa Leão, um dos nossos bolos da família mais tradicionais. Consegui várias receitas desse manjar, mas todas se contradizem, a ponto de me fazerem duvidar da existência de um bolo Sousa Leão ortodoxo. Consegui-as quase como quem violasse segredos maçônicos. Também veio parar às minhas mãos esta preciosidade: o velho caderno de receitas do dr. Gerôncio Dias de Arruda Falcão, o último senhor do Engenho Noruega.

Diante das receitas numerosas e contraditórias do bolo Sousa Leão pensei no que disse uma vez o Anatole: que, em história, a dúvida começa com a abundância dos documentos. Os fatos tranquilos são os pobremente documentados.

Pelo estudo das peças de cozinha das velhas casas patriarcais do Nordeste – o Nordeste dos engenhos e dos canaviais – pode-se avaliar a importância do doce e do bolo no sistema de alimentação regional da classe alta. O vasilhame de cozinha consagrado ao doce é talvez o que acusa maior especialização regional de técnica culinária: maior diferenciação da de Portugal. Com esta, entretanto, as semelhanças do conjunto conservaram-se as mais fortes no Nordeste, como noutras regiões brasileiras: principalmente naquelas onde foi mais profunda a formação patriarcal da sociedade brasileira sobre a base da grande lavoura. Quando não é a cana-de-açúcar, o café.

Visitando, certa vez, com o conde de São Mamede e Paulo Inglês de Sousa a copa e cozinha da Casa da Pimenta, em Lisboa, onde o casal Jorge Graça conservava com tanto carinho velha casa fidalga de portugueses, pude, ainda uma vez, observar aquelas semelhanças. Evidência de quanto foi poderosa, dentro da intimidade doméstica, a ação colonizadora da dona de casa, da mulher ou da senhora portuguesa, nas áreas brasileiras de colonização menos escoteira e mais integralmente patriarcal, isto é, iniciada, de modo definitivo, por famílias vindas do Reino. As semelhanças de vasilhame de cozinha – o das casas patriarcais do Brasil com o das de Portugal – podem ser observadas não só pelo confronto de cozinhas de velhas casas particulares mais características, nos dois países, como pelo estudo das excelentes reconstituições de interiores de casas típicas das várias regiões portuguesas tanto no Museu do Porto como no Museu Etnológico de Lisboa. Museu, o de Lisboa, por algum tempo dirigido pelo sábio J. Leite de Vasconcelos, a quem tanto devemos, todos os que nos interessamos por assuntos de história cultural, no Brasil, como em Portugal. Mas ao lado das semelhanças devem ser notadas, no Brasil, especializações regionais de vasilhame, de técnica e de liturgia de cozinha e de mesa.

No Nordeste são peças regionais ou tradicionais ligadas ao preparo e à apresentação de doces e bolos: o pilão de pau, o grande para pilar milho e o pequeno, para machucar temperos; a colher de pau – a grande e a pequena –, considerada insubstituível para mexer certos doces; o quengo de coco; o raspador de coco; o ralo; a urupema; a peneira de taquara; o abano. A folha de bananeira é indispensável na apresentação ortodoxa da tapioca molhada; a palha de milho, na apresentação da pamonha.

Perdeu-se no Nordeste – como era natural que se perdesse, dada a diferença considerável de clima – a tradição da chaminé grande de cozinha portuguesa – ou antes francesa e adotada já tarde pelos portugueses, segundo pensa J. Leite de Vasconcelos – à qual se prendem peças de arte, de técnica ou de liturgia culinária que não se comunicaram de Portugal ao Brasil. Dentre outras o morilho, ou moril, e as chamadas "bonecas". Mas são em grande número as peças de cozinha, os objetos de mesa e os adornos de sobremesa que a colonização portuguesa transmitiu ao Brasil, e que aqui conservaram o mesmo feitio patriarcal e às vezes um tanto lírico que nas casas nobres e nos conventos portugueses, tão dados à arte da cozinha e aos regalos da sobremesa. As receitas mais velhas de doces dos velhos engenhos do Nordeste estão cheias de "medidas" que recordam as antigas cozinhas portuguesas, do tipo da do convento de Alcobaça: palanganas, tigelas, gamelas de pau. Cheias, também, das expressões: "farinha do reino" e "queijo do reino". E as fôrmas de bolo conservaram-se também as mesmas do Reino, gordas e largas, embora acusando algumas o sentimentalismo amoroso e até o erotismo que em Portugal andou sempre misturado à arte do bolo e do doce – à plebeia, ou da gente do povo, como à das casas nobres e às dos conventos: corações, peixes, meias-luas, estrelas, flores, passarinhos, borboletas. Também se conservou no Brasil a tendência – a observada pelo professor Afrânio Peixoto – para as sugestões fesceninas e ao mesmo tempo místicas na denominação de doces, tantos deles especialidade de freiras ou de conventos.

Conservou-se ainda no Brasil o uso do palito para prender, à maneira de alfinetes, certas composições mais delicadas de culinária e de confeitaria. E não deve ser esquecida a arte do paliteiro, de louça e às vezes de prata, tão saliente na mesa patriarcal do Brasil quanto na de Portugal.

Os doces com feitio de homem e de animal, sempre muito encontrados nas feiras portuguesas, e dos quais Leite de Vasconcelos já escreveu que parecem "relacionar-se com antigas formas cultuais", comunicaram-se ao Brasil, sobrevivendo nos mata-fomes de tabuleiro e nos alfenins. Os mata-fomes em forma de cavalo, camelo, camaleão, homem ou mané-gostoso; os alfenins, em forma também de homem, menina, galinha, galinha chocando, pombinho, cavalo. Doces hoje raros mas que ainda se encontram no Nordeste.

Do que não tenho notícias, nem no Nordeste nem noutra região brasileira, é de doces de formas, e não apenas de nomes, que denunciem, ou indiquem claramente, extintos cultos fálicos, como as passarinhas e os sardões referidos por estudiosas do folclore português – Luís Chaves, Emanuel Ribeiro recentemente e Rodnei Gallop – e que ainda hoje se encontram em algumas regiões de Portugal. Emanuel Ribeiro escreve que ainda "é costume em Parada de Infanção (Bragança) o fazerem-se dois bolos, um reproduzindo os órgãos sexuais masculinos e o outro os femininos". No dia do casamento o noivo, "à saída da igreja, ergue o bolo, o mesmo fazendo a noiva. Os rapazes e as raparigas tentam tirá-los das mãos dos noivos; quem o conseguir casa breve".

Numa das minhas muitas viagens a Portugal inteirei-me de um uso da Beira, ligado à liturgia do doce, que suponho não ter repercutido no Brasil. Refiro-me ao costume de Monte Real, por ocasião da festa da Rainha Santa Isabel, que ali se realiza todos os anos no mês de junho: o de encherem as prateleiras dos andores de procissão de frutas, vinhos e toucinho, e também de bolos de farinha de trigo, canela, erva-doce e açúcar, modelados na forma de ex--votos, representando animais, mãos, pés etc. É uma sobrevivência que me parece de grande interesse para confirmar a interpretação que, em trabalho anterior, procurei dar ao cristianismo português e ao brasileiro: uma expressão lírica de religiosidade. De interesse é também o culto português, de que não encontro no Brasil senão traços vagos, de uma Nossa Senhora do Fastio à qual se fazem promessas para dar apetite, sendo o pagamento em "malguitas e colheres de pau ou de folha de lata".

O costume de Monte Real parace ter passado despercebido a J. Leite de Vasconcelos que, entretanto, em sua viagem aos Açores em 1924 notaria na Horta que em certas festas de santo, uma delas a de Santo Amaro, advogado das lesões, "fazem oblatas de figuras de massa doce, braços, cabeças, indivíduos inteiros e porquinhos; o que tudo é arrematado de tarde e comido por quem arremata ou por pessoas das relações desta". Nas festas de pátio de igreja do Nordeste do Brasil e de outras regiões do país minhas conhecidas, o que se encontra de mais aproximado desse costume de populações portuguesas da Europa e dos Açores são os rosários de castanha-de-caju, que, entretanto, estão longe de ter a significação religiosa daqueles doces.

Conservou-se no Brasil colonial a tradição de acompanharem as procissões pessoas conduzindo tabuleiros ou caixas de doces, que iam oferecendo generosamente, se não a penitentes que se flagelavam – como em Portugal –, a indivíduos que representavam figuras da Paixão ou da História Sagrada. Uma das primeiras denúncias brasileiras ao Santo Ofício refere-se a certo indivíduo suspeito de judaísmo por oferecer, durante o percurso de uma procissão, doces ou confeitos a outro que representava figura de judeu, inimigo de Nosso Senhor.

Também se comunicaram de Portugal e da Madeira ao Brasil modelos de bolos de noiva e pirâmides de açúcar de centro de mesa, modelos de "relevos de açúcar" para enfeite de bolos, a tradição das letras ou desenhos de canela sobre o arroz-doce servido em travessas, modelos de bordado de toalhas e de guardanapos finos para mesas de chá com sequilhos, modelos de caixas e bocetas de doces, modelos de ornamentos de bolos e doces de papéis recortados. Papéis recortados pacientemente à tesoura:

rosas, como os chamam em Évora; retalhos em Viseu; rendas de papel, ouvi-os chamar na Bahia uma negra velha que em 1930 ainda se dava ao trabalho de apresentar seus doces e seu tabuleiro enfeitados quase religiosamente desses papéis de cor recortados e sobre toalhas tão alvas que pareciam panos de missa. Eram enfeites de papel em forma de franja que tornavam outrora particularmente atraentes aos olhos dos meninos do Recife os cartuchos de farinha de castanha.

Embora não se tenha perdido de todo a arte do enfeite de caixas de doces ou de bolos de festa com papel recortado, é uma arte francamente em declínio no Brasil, a da renda em papel; em declínio também em Portugal, segundo afirma Emanuel Ribeiro. Aí os motivos principais da arte dos papéis recortados conservam-se – conforme o mesmo folclorista –, os corações, passarinhos, frutos e flores, sentindo-se em alguns "a influência dos bordados sobre linho". "As recortadoras", diz-nos Ribeiro, "possuem arquivada na memória uma séric de motivos e ritmos decorativos aos quais associam a sua inspiração de momento dando-nos às vezes improvisos deliciosos." Tem razão o pesquisador português em afirmar que os papéis arrendados ou recortados podem considerar-se como uma das "mais belas manifestações de arte popular" em seu país. Afirmava que ele próprio deu-se ao trabalho de documentar com valiosa coleção de papéis arrendados em que estão representadas as várias regiões portuguesas e da qual algumas peças vêm descritas no *Catálogo da Exposição de Arte Popular Portuguesa* (1936). Falta-nos, no Brasil, um estudo especializado do assunto – estudo já hoje difícil, com o declínio da arte popular de papel arrendado – que indicasse os motivos portugueses que mais se conservaram entre nós e salientasse os novos – de flores e animais, principalmente –, que as recortadoras brasileiras acrescentaram à herança lusitana. Em livro publicado em 1933, clamei pela urgência de um estudo etnográfico que surpreendesse ainda viva, no Nordeste brasileiro, arte tão interessante.

Nota-se que, no Nordeste do Brasil, os beijos, bolinhos de doce em que predomina o coco e que, dentro da liturgia social do açúcar, aparecem nas festas de casamento, aniversário, batizado, sendo levados pelos convidados como lembrança – outrora os convidados levavam para casa, como recordações das festas, não só beijos, como fatias de vários bolos, enroladas no lenço –, pedem ornamentos especiais para a sua apresentação: são envoltos em papéis finos, de cor, e franjados; às vezes apresentados dentro de cestinhas, bandolinzinhos, violõezinhos de papelão dourado ou prateado. Também as castanhas-de-caju confeitadas são às vezes vendidas em tabuleiro em cestinhas; a farinha de castanha-de-caju, em cartucho enfeitado com tufos de papel de cor; a queimadinha, também, é vendida em cartucho; as castanhas-de-caju, em rosários. Só o mata-fome – em forma de cavalo, camaleão, palmatória, coração, camelo – é vendido sem enfeite nenhum.

Deve-se ainda salientar: a forma irônica de palmatória, de certos bolos mais apreciados pelos meninos; o estilo de enrolar-se a alféloa, ou "alfelô", ou felô e de presentear-se o rebuçado; as formas mais prosaicas de alfenim: chave, sapato de noiva, pilãozinho, cachimbo. Tudo isso está desaparecendo. Tornando-se mera curiosidade etnográfica.

Parece que nas melhores cozinhas do Nordeste predominou, nos tempos coloniais, a panela de barro, contrastando esse primitivismo com a fartura de porcelana do Oriente e até de bules e vasos de prata nos aparadores e guarda-louças das salas de jantar. Até nas ruas dizem as tradições que se vendia arroz-doce no Recife em grandes pratos finos da Índia ou da China, um dos quais foi conservado até o fim dos seus dias pelo meu amigo Eduardo de Moraes Gomes Ferreira, no seu sobrado do Pátio de São Pedro, em Olinda. Por outro lado, certos quitutes pareciam só ter gosto – o gosto ortodoxo – preparados em vasilha de barro ou gamela de pau e mexidos, com igual primitivismo, com colher de pau, provados com quengo de coco. Recorde-se aqui ter Azorín notado o mesmo na Espanha, em relação a certos quitutes regionais.

Depois da maior influência inglesa no Brasil é que se teria alterado essa predominância da panela de barro, por um lado, e da louça fina do oriente, por outro, começando o império da louça inglesa, caracteristicamente burguesa ou média. Os anúncios de jornais – os das gazetas coloniais como os das folhas dos primeiros anos do Império – marcam essa ascendência da louça inglesa, a partir dos começos do século XIX. E em 1819, nos seus *Elementos de higiene*, o dr. Francisco de Melo Franco aconselhava que se usasse nas cozinhas a folha de flandres e, para algumas coisas, os vasos vidrados: de vidrado que tivesse por base o óxido de estanho. Conselho que se harmonizava, de certo modo, com as vitórias paleotécnicas na esfera do vasilhame de cozinha e de mesa e sobremesa.

Mas até 1845 havia quem, escrevendo sobre a *Arte do cozinheiro e do copeiro*, para donas de casa de Portugal e do Brasil, divergisse da moda inglesa e francesa da panela de cobre estanhado – de que fizera propaganda ardente, em trabalho célebre sobre assuntos de mesa e sobremesa, mme. Aglaé Adanson – para aconselhar a velha louça de barro. "O único utensílio de cozinha sadio é o de barro", escrevia o autor da *Arte, isto é, um amigo dos progressos da civilização* que, apesar desse apego todo ao "progresso da civilização", não era nenhum neófito extremado. "O único utensílio de cozinha sadio é o de barro; assim é que toma mau cheiro com o tempo porque se repassa de gordura, e com o contato do ar e do fogo se faz rançoso; mas não importa que se gaste uma panela cada semana, bem baratas são, e a vida vale mais."

O açúcar no Nordeste entra também, de forma notável, na medicina popular. Alguns remédios regionais parecem gulodices, de tão doces. Em inquérito entre vendedores de ervas do Mercado de São José, das feiras de Arruda e largo da Paz (Recife), um dos meus auxiliares, em velhos dias, de pesquisa etnográfica – o então estudante de medicina e hoje mestre de sociologia da arte, Clarival Valadares – pôde observar o emprego do "açúcar de cana com o fim de modificar o meio físico em diversos preparados".

> Talvez seja por isso [conclui aquele jovem pesquisador] que o vendedor LF, na preparação do seu principal produto, que é uma garrafa composta de *carrapicho de agulha, de pega-pinto, de batata de bonina branca e banana-de-papagaio,* dissolvidas em vinho de jurubeba ou de jenipapo, empregue para tornar o efeito do preparado mais forte ou mais fraco, o açúcar bruto, o mel de engenho ou mesmo o açúcar branco derivado da cana-de-açúcar [...]

Vários chás da medicina popular são fortemente açucarados visando certos efeitos: o chá de erva-cidreira, o de folha de abacate, o de folha de laranja, para efeito diurético. Quando destinado à má digestão é que o chá de erva-cidreira não deve levar açúcar. Mas é lícito supor que em grande número de preparados de medicina popular regional o açúcar entre para atenuar o gosto mau ou amargo de certas ervas ou sementes. Noutros, por uma espécie de mística do açúcar.

O professor Luís da Câmara Cascudo, em comunicação ao I Congresso Afro-Brasileiro reunido pioneira e escandalosamente no Recife em 1934 – o então ardoroso "direitista" Alceu Amoroso Lima (Tristão de Ataíde) recomendou-o à atenção da Polícia Política como perigosamente subversivo –, revelou curiosa receita do remédio do Rio Grande do Norte, e suponho que doutras partes do Brasil, contra feridas ou úlceras, conhecido por Sete Massas e "misteriosamente preparado e vendido com segredos e recomendações cabalísticas". Nessa receita entram cem gramas de açúcar branco. Além do quê, feita a mistura, toma-se dela duas colheres de sopa por dia, de manhã cedo, "com mel de açúcar".

E convém não esquecer as bolas ou balas de cambará:

Bolas de cambará
Urucu e agrião
Pra tosse e constipação
Dez balas por um tostão.

As imprecisões de algumas receitas mais antigas – quanto à quantidade exata de ingredientes e o modo de preparar o bolo ou o doce – talvez reflitam o privatismo excessivo das casas-grandes ou das famílias de engenho donas dos segredos de certos quitutes. Quando os anotavam, era sempre guardando alguma coisa: não revelando tudo. Outras imprecisões devem-se atribuir à pouca instrução das antigas iaiás de engenho.

Várias formas de mata-fome

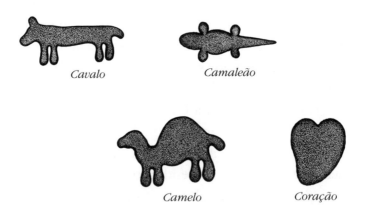

Cavalo　　　Camaleão

Camelo　　　Coração

Os anúncios de negros fugidos nas gazetas do tempo do Império estão cheios de negros, de negras, e de moleques vendedores de frutas, de bolos, de doces: alguns fugiam com tabuleiros de bolo, com balaios de frutas, com latas de doces: tal a crioula de nome Simoa, vendedeira de bolinhos, negra fula, bem--falante, estatura regular, que um belo dia do ano de 1837 fugiu dos Aflitos, no Recife, da casa de um sr. Pimentel. Eram bolos e doces feitos em casa, muitos por senhoras brancas e até ricas – contra o que, no século XVIII, já se insurgia na Bahia o pedagogo Vilhena; outros, por iaiás brancas, mas pobres – solteironas e viúvas sem outro meio de vida; e ainda outros por negros ou negras forras.

Um costume conservado de Lisboa do século XVI foi o de negras com panelas, balaios e tabuleiros de doce, que saíam pelas ruas do Rio, da Bahia, do Recife apregoando sua alféloa, seu alfenim, seu doce. Também o de venderem o seu cuscuz ou seu arroz-doce – no Brasil, à sombra de alguma gameleira grande, sobre tabuleiros apoiados em armações de pau abertos em X. Um manuscrito português do século XVI fala de vendedoras de doces acordando os meninos de Lisboa com seus pregões: "Como os meninos as ouvem da cama, se levantam chorando por dinheiro a seus pais e mães". Exatamente isso se repetiria no Brasil, geração após geração, até os nossos dias. As negras cantando: "Eh! Alfenim" ou "Eh! Bolo"; os meninos chorando por dinheiro para comprar alfenim e bolo. É pena que não exista o registro musical dos pregões brasileiros – ou afro-brasileiros – de doces, de bolos, de frutas: assunto para um estudo interessantíssimo, não só do ponto de vista folclórico como sociológico, além de psicológico. Pregões, muito deles, meio tristonhos, as últimas vogais se arrastando moles, sem ânimo, no silêncio dos meios-dias ou dos fins da tarde. "Geleia! É de araçááá!", "Sorvete! É de maracujááá!". Mas com essa tristeza toda, alvoroçando os meninos e até os velhos gulosos: "Eh, vem o freguês!".

Os anúncios de jornais nos levam também à casa de muita doceira, muita boleira, muita quituteira; alguns nos fazem adivinhar solteironas tristonhas, em nenhuma outra ocupação senão a de enfeitar santo Antônio e fazer doces para vender. Doces tão bonitos, tão enfeitados como os próprios santos. Doces de casamento, de batizado, de aniversário.

A 26 de abril de 1850, o *Diário de Pernambuco* anunciava que na rua Direita, nº 33, "sobrado de um andar, ao pé da botica", havia para vender doce seco de várias qualidades; também doce de calda. No mesmo sobradinho (que alguma coisa me diz habitado por duas irmãs solteironas, semelhantes às boas velhotas que depois se tornaram célebres pelos seus bolos, na rua do Cotovelo), se faziam bolinhos e se preparavam bandejas de bolos "enfeitados com ramos, flores, figuras e títulos, com graciosa perfeição"; também "pastéis de nata e de carne, pudins, tortas, pastelões, empadas, arroz de leite, geleias de sustância e doce de ovos". Fica-se, porém, sem saber se no sobradinho da rua Direita se preparavam pirâmides de açúcar para centro de mesa, das que uma doceira de Santo Antão, a sra. d. Isabel, mandou uma vez de presente ao capitão-mor Tomé de Jesus, do Engenho Noruega, junto com uma vasta encomenda – cuja conta descobri entre os papéis daquele senhor dos tempos coloniais – de "bolinhos de raiva, pudim de milho, pão de ló, bolinhos de manteiga, suspiros, bolinhos de ovos, queijadinhas de alfenim e ovos, tortilhas, tapiocas de ovos, pastéis de coalhada, cocadinhas de ovos, laranjas secas, cajus secos, limão de calda". É pena que não tenham resistido ao tempo e ao cupim as receitas de tantos doces coloniais.

Pelos meados do século XIX, já as sinhás doceiras, os negros quituteiros e os mulatos boleiros de fala fina sofriam da competição de pasteleiros e confeiteiros franceses. No Recife, como no Rio, os pasteleiros e doceiros franceses começam a aparecer nos anúncios dos jornais dos primeiros anos do Império, juntamente com as caixas de passas, as latas de figos, os boiões de ameixas vindos da Europa. Auguste, "cozinheiro francês", não se contenta em instalar-se no Recife, muito ancho e triunfante de si, com sua arte europeia cheia de requififes, brilhante de atrativos para os aristocratas da Madalena e para os fidalgos dos sobrados grandes do Poço da Panela, gente, agora, de olhar voltado para a França: trata de fazer escola. Em 1830 – por sinal que abaixo do "aviso particular" em que o padre Joaquim Eufrásio da Cruz comunica com a mais cristã das ternuras a José Alves da Silva Freire que, "tendo-o procurado em sua casa [em Olinda] por várias vezes, não o tem achado, por isso no dia 16 de abril do corrente ano fará obséquio de mandar a chave da casa da rua de S. Francisco nº 3 que lhe fez arrendamento por tempo de um ano, cuja casa é o patrimônio do anunciante, para onde vai o mesmo residir" – Auguste participa ao público, pelo *Diário de Pernambuco*, que, "pelas muitas ocupações que tem", decide "tomar alguns discípulos para ensinar o seu ofício". É possível, assim, que mestre Auguste tenha feito escola de cozinha e confeitaria francesa no Recife: justamente por essa época, com a ascensão de Francisco do Rego Barros – depois conde de Boa Vista – à presidência da província, o Recife ia afrancesar-se em todos os seus estilos de vida. "Tudo se quer à francesa", dizem uns versos de 1840 publicados no *Carapuceiro*. Auguste parece que adivinhara a época do afrancesamento, estimulado por um fidalgo pernambucano que se educara na Paris da Restauração.

É interessante notar que os nomes de alguns bolos e doces do Nordeste recordam acontecimentos políticos de certas épocas, datas ou figuras gloriosas, grandes feitos de brasileiros. Assim "Bolo Cabano", que lembra o movimento político-social que por anos agitou o Nordeste; "Bolo Legalista", "D. Pedro II", "Santos Dumont", "Treze de Maio", "Bolo Republicano". Os antagonismos políticos várias vezes se refletiam nos nomes dos bolos.

No preparo do caderno de receitas, de que estas notas são a introdução, servi-me de muito documento virgem: papéis soltos e livros manuscritos de receitas, como os do dr. Gerôncio do Engenho Noruega; o de d. Águeda Pontual; os de meu velho parente Félix Cavalcanti de Albuquerque (Papai Outro), que muito patriarcalmente anotava tudo: casamentos, batizados, mudanças de casa, remédios, receitas; de muita informação de quituteiras velhas como a boa Maria Bernarda; de alguns segredos conservados em família – em famílias antigas de engenhos pernambucanos, alagoanos, paraibanos. Também reproduzo oito ou dez receitas do livro, hoje raro, de d. Constança Olívia. Num ou noutro caso é possível que a receita publicada apareça, com palavras semelhantes, em livros recentes de confeitaria brasileira.

A d. Cármem Magarinos de Sousa Leão e suas filhas – principalmente Odete e Hilda – devo a mais gentil e inteligente das colaborações no preparo destas notas, sendo que a Odete de Sousa Leão, o trabalho delicado de uniformizar as medidas das receitas. A d. Alice de Barros Ribeiro, a d. Angelina Barros de Andrade Lima, à srta. Henriqueta Ribeiro Freire, a d. Carolina Baltar – última diretora da extinta Escola Doméstica de Pernambuco – e, ainda, a d. Francisca de Melo Freyre, a d. Gasparina Freyre Costa e principalmente a d. Vera Pereira – de quem este trabalho recebeu a melhor e a mais minuciosa das críticas – deixo aqui o meu agradecimento pelo auxílio valioso que me prestaram no preparo de um livro difícil de organizar dentro do critério regional e de tradição brasileira que procurei seguir. De M. Bandeira, recebi a colaboração dos desenhos, como sempre, primorosos e, neste caso, de raro valor como documentação. A meu pedido e sob minha orientação, M. Bandeira fixou vasilhas e peças tradicionais e regionais de cozinha, fôrmas de bolo e de doce, recortes de papel de ornamentação de doces, enfim, uma série de coisas ligadas ao preparo de doces, bolos e quitutes do Nordeste, algumas já arcaicas ou quase arcaicas e outras, desaparecidas.

A Daniel Pereira, meus agradecimentos pelo índice das receitas, aparecido na 1ª edição e adaptado a esta.

Mesmo com tão boa e inteligente colaboração devem ser muitas as falhas e as deficiências deste caderno número 1 de regionalismo culinário especializado em doçaria. Que as pessoas verdadeiramente interessadas no assunto concorram para atenuar as faltas, trazendo ao autor ou ao editor deste livro as suas sugestões e os seus reparos.

G. F.
Rio, 1937
Recife, 1938
Recife (Santo Antônio de Apipucos), 1968-1986

Alguns bolos

Bolo Cabano

Leite de 2 cocos com 1 xícara d'água morna bem cheia. 8 ovos, sendo 3 com as claras e 5 sem claras. Os ovos devem ser muito batidos. 1 libra (500 g) de açúcar e 1 de farinha. A farinha só no instante de ir o bolo para o forno é que deve ser misturada ligeiramente com o resto da massa. O forno deve ser quente.

Bolo Cavalcanti

12 ovos, sendo 6 com as claras e 6 sem elas. 3 xícaras de açúcar refinado. Bate-se como para pão de ló. Juntam-se então 3 xícaras de massa de mandioca[1] bem lavada e seca ao sol, passada em peneira bem fina. Depois de tudo bem batido deita-se 1 xícara de manteiga e torna-se a bater; bota-se canela, cravo, erva-doce, deita-se a massa em folhas de bananeira bem verdes e aos bocadinhos e vai se assar.

Bolo Guararapes[2]

12 ovos. 1 libra (500 g) de açúcar. 1 de manteiga. Depois de bem batidos os ovos com açúcar, bota-se 1 xícara de leite de coco, bem grosso, manteiga a gosto, 1 libra de massa de mandioca bem espremida e torna-se a bater bem batido.

---

[1] A massa de mandioca é encontrada à venda. Querendo preparar em casa, corta-se a mandioca descascada, põe-se dentro de um saco e lava-se muito bem em água corrente. Depois deixa-se de molho durante alguns dias, trocando sempre a água para não dar mau cheiro. Estando a mandioca bem desmanchada, seca-se ao sol e passa-se em peneira. Essa é a massa de mandioca fresca. Pode-se guardar em lata e, quando se precisar dela fresca, deixar de molho na véspera para usar no dia seguinte.

[2] Engenho Guararapes (Pernambuco).

Bolo Dr. Constâncio[3]

Toma-se 1 libra (500 g) de açúcar em ponto de fio. Estando bem frio esse mel deitam-se nele 1 quarta (120 g) de manteiga inglesa[4] e 6 ovos batidos, sendo 3 com clara e 3 sem ela, 1 xícara de leite de coco sem água e 1 quarta (120 g) de farinha do reino (farinha de trigo). Depois de estar tudo bem batido deita-se na fôrma e vai ao forno quente.

Bolo Fonseca Ramos[5]

1 libra (500 g) de manteiga bem batida e 1/2 (250 g) de açúcar. Depois juntam-se 4 ovos – só as gemas – e torna-se a bater por algum tempo até que se acrescentam as claras bem batidas, 6 colheres de leite, 1/2 libra (250 g) de farinha de trigo e sumo de limão. Vai para o forno.

Beijos de D. Dondon e Preferência[6]

2 1/2 xícaras de açúcar refinado a que se juntam 3 de leite de coco. Vai ao fogo para tomar ponto fraco. Tira-se do fogo. Junta-se um pouco de castanhas-de-caju piladas e bate-se até ficar em ponto de enrolar no açúcar refinado.

---

[3] Receita conservada pelas famílias Pontual, Santos Dias e Arruda Falcão, informando o sr. Gerôncio Dias de Arruda Falcão, senhor do Engenho Dois Leões, ser tradição na sua família que o dr. Constâncio Pontual teria trazido a receita deste da Bahia.

[4] Por "manteiga inglesa", expressão tradicional no Nordeste, deve-se entender "manteiga fina, de mesa". A "manteiga de tempero", mais salgada, chama-se "francesa".

[5] Do livro antigo de receitas do Engenho Jundiá (Pernambuco).

[6] Engenho Preferência (Pernambuco).

Bolo do Mato

Toma-se 1 prato de fubá mimoso, 1 colher (50 g) de manteiga, erva-doce, água de flor de laranja. Junte-se tudo isto até ficar uma massa. Põe-se depois a massa em fôrma ou em folhas de bananeira bem verdinhas e leva-se ao forno.

Bolo Divino

1 libra (500 g) de açúcar, 24 ovos (sendo 12 sem as claras), 1/4 (120 g) de manteiga. Bate-se como para pão de ló; junta-se 1 coco ralado e continua-se a bater; engrossa-se com farinha de trigo. Vai ao forno em fôrma untada com manteiga.

Bolo Toalha Felpuda

9 ovos (5 com gemas), 250 g de açúcar, 250 g de farinha de trigo, 500 g de manteiga. Bate-se tudo muito bem batido e leva-se ao forno numa folha de flandres untada com manteiga. Forno regular. Depois de assado, cobre-se com suspiro e polvilha-se com coco ralado. Vai ao sol a enxugar.

Bolo de São Bartolomeu[7]

Em 3 garrafas de calda tão rala como garapa põe-se sal, canela, erva-doce, 2 litros de massa de mandioca[8] bem lavada, 1 garrafa

---

[7] Cópia da receita da criadora deste bolo, d. Rita de Paula de Sousa Leão Bezerra Cavalcanti, esposa do coronel Agostinho Bezerra da Silva Cavalcanti, que foi senhor do Engenho São Bartolomeu, em Muribeca (Pernambuco).

[8] Ver nota à página 99.

de leite de coco sem levar água, 1/2 libra (250 g) de castanhas-de-caju bem pisadas e 30 gemas.

Feito isto passa-se em uma peneira bem fina. Acrescenta-se então 1/4 (120 g) de manteiga derretida.

Vai para o forno quente em fôrma untada com manteiga.

Bolo de Estouro

7 ovos, sendo 4 com claras, 2 pires (270 g) de açúcar, 1/4 (120 g) de manteiga e leite puro de 4 cocos, 7 colheres (160 g) de farinha de trigo e 1/2 colherinha de soda. (Compra-se a soda nas farmácias.) Este bolo fica com o ponto de pão de ló. Leva-se ao forno em uma fôrma untada com manteiga.

Bolo de Mandioca

3 pires (300 g) de massa de mandioca, 3/4 (360 g) de manteiga bem batida, 12 ovos batidos com 1 libra (500 g) de açúcar. Depois de bem batida, a mandioca com a manteiga, mistura-se com os ovos e torna-se a bater bem. Leva-se ao forno em uma fôrma untada com manteiga.

Bolo dos Namorados

12 colheres (270 g) de fubá de arroz, 12 ditas (150 g) de açúcar, 3 ditas (270 g) de manteiga, 1 xícara (chá) de leite de coco e 4 ovos. Batem-se as claras, juntam-se as gemas, a manteiga, o açúcar, o fubá e por último o leite de coco. Deve ser tudo bem batido, indo ao forno regular em fôrma untada com manteiga.

Bolo Engorda-marido

12 ovos batidos como para pão de ló, 1 libra (500 g) de farinha de trigo, 1 libra de manteiga, leite de 2 cocos espremidos com um pouco d'água morna e 1 colher (chá) de canela em pó. Vai ao forno em uma fôrma untada com manteiga. Forno quente.

Bolo Manuê

1 1/2 litro de massa de mandioca[9] fresca, leite de 1 coco tirado com 3 xícaras d'água, 1 colher (50 g) de manteiga, um pouco de erva-doce e um pouco de cravo. Açúcar a gosto. Espreme-se a massa, juntam-se todos os ingredientes e amassa-se tudo até que se possa enrolar, o que se faz em folhas de bananeira cortadas retangularmente. Assa-se em forno quente.

Bolo de Milho

Escolhem-se 12 espigas de milho maduro: rala-se o milho e em seguida passa-se numa peneira de arame. Faz-se um angu da massa com o leite de 1 coco (tirado com água), 1 colher (50 g) de manteiga, um pouco de erva-doce e açúcar a gosto. Feito isto põe-se o angu numa caçarola e leva-se ao forno para cozinhar. Depois de cozido deixa-se esfriar na mesma caçarola. Quando estiver frio batem-se 4 ovos como para pão de ló e mistura-se ao angu. Em seguida põe-se o bolo numa fôrma untada com manteiga deitando-se por cima 1 colher de leite de coco puro. Leva-se ao forno quente para assar.

---

[9] Ver nota à página 99.

Bolo de Macaxeira[10]

Descascam-se 3 macaxeiras grandes, lavam-se, ralam-se, espremem-se num pano e passa-se a massa numa peneira de arame; depois junta-se o leite de 1 coco tirado sem água, uma pitada de sal e 1 colher (50 g) de manteiga. Leva-se ao forno quente para assar numa fôrma untada com manteiga.

Bolo de Bacia Pernambuco

12 ovos; 1 litro de massa de mandioca;[11] 4 xícaras de açúcar; 1 libra (500 g) de manteiga; leite de 1 coco. Batem-se separadamente 6 claras de ovos. Depois de bem batidas, juntam-se 12 gemas e continua-se batendo bem. À parte, bate-se o açúcar com a manteiga e junta-se aos ovos; em seguida espreme-se bem a massa para tirar a água e peneira-se; depois junta-se a massa aos outros ingredientes e leva-se ao forno quente para assar numa fôrma untada com manteiga.

Sequilhos

12 gemas de ovos, 360 g de açúcar e 1/2 quilo de farinha de trigo. Batem-se os ovos com açúcar e vai-se botando a farinha até ficar em ponto de abrir em folhas. Fazem-se os bolinhos cortando-os com carretilha. São levados ao forno para assar em folhas de flandres untadas com manteiga.

---

[10] A macaxeira é chamada "aipim" no Rio, "mandioca" em São Paulo e Minas.

[11] Ver nota à página 99.

Bolo de Amor

Toma-se 1/2 quilo de açúcar em calda no ponto do espelho (calda grossa), no qual se deitam 18 gemas de ovos mexendo-se sempre até ficar em massa compacta; quando estiver frio, fazem-se os bolinhos que se polvilham com farinha de trigo ou fubá mimoso. Estes bolinhos vão ao forno em tabuleiros de folhas de flandres. Depois de prontos, polvilham-se os bolos com açúcar e canela.

Bolo de São João

1 tigela de massa de mandioca[12] lavada; 14 gemas de ovos, 1/2 quilo de açúcar. Quando estiverem os ovos bem batidos, batem-se 120 g de manteiga e 1 xícara de leite de coco sem água. Junta-se tudo e continua-se a bater até que ligue bem. Vai ao forno regular numa fôrma untada com manteiga.

Bolo Paraibano

4 xícaras (680 g) de açúcar com 2 (460 g) de manteiga. Em seguida vai-se botando o açúcar com a manteiga e botam-se 10 claras de uma em uma, batendo-se sempre. Botam-se 6 xícaras (700 g) de farinha de trigo; 2 de leite de coco ou de gado (vaca), sem água, e 1 colherinha de soda. Junta-se tudo e leva-se ao forno quente numa fôrma untada com manteiga.

---

[12] Ver nota à página 99.

Bolo Republicano

6 ovos bem batidos com 1/2 quilo de açúcar; junta-se 1/2 quilo de farinha de trigo; 1/2 tigela de leite de coco tirado sem água; 120 g de manteiga derretida e fria. Leva-se para assar em forno quente numa fôrma untada com manteiga.

Bolo Santos Dumont

8 ovos, 1/2 quilo de açúcar, 360 g de farinha de trigo, leite puro de 2 cocos. Bate-se bem e vai ao forno regular em fôrma untada com manteiga.

Bolinhos de Goma

1 litro de goma seca (polvilho), leite de 2 cocos sem água, 1 colher (50 g) de manteiga, açúcar a gosto, 2 gemas de ovos. Machuca-se tudo bem machucado até que se possam fazer os bolinhos. Recortam-se enfeites com os dentes de um garfo. Leva-se ao forno quente para assar em folhas de flandres pulverizadas com goma.

Broas de Goma

Leite de 1 coco sem água, açúcar à vontade, 250 g de manteiga, 12 ovos (sem as claras e se quiser fazer com ovos) e goma (polvilho). Mistura-se tudo e depois de tudo bem machucado fazem-se os bolinhos que se levam ao forno em folhas de flandres.

Charutos

1 litro de goma seca, 3 ovos, sendo 1 clara e 3 gemas, açúcar a gosto. Mistura-se tudo e amassa-se até que se possam fazer os bolinhos; o que se faz procurando imitar a forma de charuto. Frita-se na banha de porco derretida.

Pé de Moleque à Moda de Pernambuco

4 ovos, 6 xícaras de massa de mandioca,[13] 1/2 quilo de açúcar de segunda, 1 xícara de castanhas-de-caju pisadas, 1 coco, 3 colheres de manteiga, erva-doce, cravo e sal.
Espreme-se a massa, passa-se numa peneira, depois junta-se o leite de coco tirado com um pouco d'água. Em seguida, os ovos, a manteiga e o açúcar, as castanhas picadas, 1 colherinha de sal e outra de cravo e erva-doce pisados.
Leva-se ao forno numa fôrma untada e põem-se em cima algumas castanhas-de-caju inteiras.

Bolo Luís Filipe[14]

10 ovos, sendo 4 com as claras, 2 1/2 xícaras de farinha de trigo, 3 colheres de queijo do reino ralado, leite de 1 coco com pouca água, 3 colheres de manteiga, 5 xícaras de açúcar para fazer mel que fique em ponto de fio.
Depois de se juntar os ingredientes põe-se sobre eles mel quente e vai-se mexendo. Unta-se a fôrma e leva-se ao forno.

---

[13] Ver nota à página 99.

[14] Receita conservada por um ramo da família Sousa Leão.

Bolo de Festa

7 ovos, 1/2 libra (250 g) de açúcar, 1/2 coco ralado, 1 pires pequeno de queijo ralado, 1/2 pires (60 g) de farinha de trigo, 1/2 colher (25 g) de manteiga, um pouco de canela. Vai ao fogo em forminhas untadas com manteiga.

Bolo Espirradeira

6 ovos sendo 3 sem claras, 1 1/2 xícara (260 g) de açúcar. Bate-se como para pão de ló, sem seguida deita-se leite de 1 coco e 1/2 libra (250 g) de farinha. Leva-se ao forno em fôrma untada com manteiga.

Raminhos

1/2 quilo de açúcar, 9 gemas de ovos, 50 g de manteiga, leite de 1 coco, 1 colher (chá) de bicarbonato, 1 quilo de farinha de trigo. Junta-se tudo e amassa-se. Abre-se com o rolo e corta-se em forma de palminhas com a carretilha. Leva-se a assar em folhas de flandres untadas com manteiga. Forno regular.

Bolo de Batata

1/2 quilo de açúcar em calda grossa, 1 quilo de batatas cozidas, moídas e peneiradas (basta cozinhar as batatas e passar no espremedor próprio), 250 g de farinha de trigo, leite de 1 coco, 100 g de manteiga. Junta-se tudo, põe-se numa fôrma untada com manteiga e leva-se para assar em forno quente.

Bolo Ouro e Prata

15 ovos, 1/2 quilo de açúcar, 1/2 quilo de farinha de trigo, leite de 2 cocos, 250 g de manteiga. Divide-se o açúcar: metade bate-se com as claras e a outra metade com as gemas. Depois de bem batido, põe-se leite de coco, manteiga e farinha de trigo, metade nas claras e metade nas gemas. Assa-se separadamente em fôrmas untadas com manteiga. Depois de assadas, junta-se, cobre-se com suspiro e leva-se ao forno muito brando para secar.

Sequilhos de Manteiga

1 prato de açúcar, 1 dito de polvilho, 8 gemas e 4 claras, 2 colheres bem cheias (100 g) de manteiga, cravo, canela, erva-doce em pó.[15] Amassa-se até ficar a massa muito dura. Deitam-se mais 1 ou 2 gemas e, ao contrário, se ficar muito mole, mais araruta. Fazem-se os biscoitos que se assam em forno brando.

Broinhas de Coco

500 g de açúcar em ponto de pasta; deita-se 1 coco ralado e 14 gemas de ovos, mexendo-se sempre no fogo até que possa enrolar nas mãos. Tira-se do fogo para esfriar. Feito isto, forram-se as mãos com farinha de trigo, fazem-se os bolinhos, a que se dá forma arredondada, e se assam em latas forradas com papel.

---

[15] Aquece-se a erva-doce no forno ou na chapa e pisa-se no almofariz, ou enrolada num pano, batendo-se com um martelo, até ficar em pó.

Bolo Sem Nome

12 ovos, 5 xícaras (850 g) de açúcar. Bate-se bem. Depois bota-se 1/2 libra (250 g) de manteiga, junta-se e torna-se a bater. Depois ralam-se 2 cocos, tira-se o leite, mistura-se tudo e leva-se ao forno brando numa fôrma untada com manteiga.

Cricri

5 colheres (90 g) de farinha de trigo, 8 ditas (200 g) de açúcar, 1 dita (50 g) de manteiga, água de flor, 4 ovos sendo 2 sem claras, leite de 1 coco; bate-se bem a massa que vai ao forno brando numa fôrma untada com manteiga.

Bolo de Fruta-pão

Cozinha-se a fruta-pão, descasca-se e passa-se na máquina; depois juntam-se 1 copo de leite fervido, 2 colheres (100 g) de manteiga e açúcar a gosto. Bate-se bastante; depois põe-se o bolo numa fôrma untada com manteiga.

Biscoitos de Milho

500 g de fubá de milho-branco e amarelo, 500 g de manteiga, 500 g de açúcar, 5 gemas de ovos, 1/2 garrafa de leite. Dá-se a forma que se deseja e leva-se ao forno para assar em folhas de flandres untadas com manteiga.

Biscoitos de Farinha

2 pratos de polvilho, 1 prato de farinha de milho peneirada bem fina, 12 ovos, 1/2 libra (250 g) de banha derretida, canela e erva-doce moída. Forno regular.

Bolos Fritos do Piauí[16]

Tomam-se 300 g de tapioca (goma) peneirada. Escalda-se num pouco d'água fervendo. Em seguida amassa-se com 2 ovos e sal – o suficiente – juntando-se um pouco d'água até que o bolo fique em ponto de ser enrolado. Leva-se então ao fogo uma frigideira de cabo, bastante espaçosa e com muita gordura (banha ou azeite de coco). Quando começar a ferver já devem estar enrolados os bolos, que vão se arrumando dentro da frigideira de modo que não fiquem unidos porque incham muito. Pega-se então o cabo da frigideira e vai-se fazendo o movimento preciso para que os bolos virem dentro da gordura fervendo e em fogo brando. Isto até que eles tomem uma cor alourada e estejam resistentes ao meter-se um garfo.
Retirados os primeiros, tira-se do fogo a frigideira para que a gordura não aqueça demasiado. Se a gordura for pouca, bota-se mais e leva-se a ferver e procede-se da mesma maneira até que se tenham feito todos os bolos.
Não se devem deixar os bolos ao fogo sem se mexer, porque costuma espoucar e queimar a pessoa que os esteja fazendo sem cuidado.

---

[16] Esta receita foi colhida em velha fazenda do Piauí, à margem da área açucareira do Nordeste, pelo dr. Paulo Barreto.

Bolinhos de Graxa

1/2 quilo de farinha de trigo, 250 g de batata, 2 colheres (100 g) de manteiga, 8 ovos, 250 g de açúcar, 2 xícaras de leite. Frita-se em banha quente.

Tigelinhas Douradas

10 gemas, 1 coco ralado, açúcar a gosto, 2 colheres bem cheias (100 g bem pesadas) de manteiga. Forminhas untadas com manteiga. Forno quente. Tira-se com muito cuidado da fôrma porque é bolo muito dengoso.

Bolo de Milho Seco

1 libra (500 g) de açúcar, 12 ovos, sendo 6 com claras e 6 sem elas, 1 libra (500 g) de manteiga, 10 colheres de fubá de milho, 10 colheres de farinha de trigo. Forno quente. Fôrma amanteigada.

Bolo Novo de Macaxeira

1 prato raso de macaxeira (aipim, mandioca), crua e ralada, espremida em um pano grosso, leite de 2 cocos tirado sem água e 1 coco ralado. Mistura-se a macaxeira com o leite do coco e com o coco ralado, 250 g de manteiga e açúcar à vontade. Vai ao forno quente. Deixa-se um pouquinho de leite de coco para se cobrir o bolo quando este estiver cozido.

Bolinhos de Coco

1/2 quilo de açúcar, 1 coco ralado em ralo fino, 12 ovos (só as gemas), 2 colheres (100 g) de manteiga. Amassa-se o açúcar com o coco misturando-se devagar 1 colher de açúcar e outra de coco até ficar bem melado. Põem-se as gemas uma por uma, sem bater absolutamente nada (só misturando). Depois põe-se a manteiga do mesmo modo, deixando-se descansar um pouco a massa. Vai então ao forno esperto em forminhas untadas com manteiga.

Bolo Fino de Massa de Mandioca

1 libra (500 g) de massa de mandioca;[17] 1 libra de manteiga; 1 libra de açúcar; 12 ovos. Juntam-se os ovos com o açúcar e bate-se como para pão de ló. Outra pessoa deve estar batendo a massa com a manteiga. Estando tudo bem batido, deitam-se os ovos dentro da massa e depois de tudo misturado pode ir para o forno.

Broinhas de Fubá de Milho

250 g de fubá de milho; 250 g de açúcar; 6 ovos com claras e sem bater; 1 colher de amoníaco; 1 colher (50 g) de manteiga. Amassa-se tudo e fazem-se as broinhas.

Broa de Midubi[18]

Mistura-se 1 prato de midubi torrado com igual quantidade de farinha de milho. Soca-se e passa-se em peneira fina. Faz-se uma calda

---

[17] Ver nota à página 99.

[18] Amendoim.

com 1 prato de açúcar (400 g), ponto de fio. Mistura-se a farinha e deixa-se até o dia seguinte. No dia seguinte, juntam-se 4 ovos e cravo moído. Se ficar mole para enrolar, põe-se um pouco mais de farinha. Deve-se assar uma para experimentar a massa.

Biscoitos Baianos

Leite de 1 coco sem água, 2 gemas, 1 colher (50 g) de manteiga, sal e açúcar à vontade, polvilho fino até a massa não pegar nos dedos. Asse-se em tabuleiro ligeiramente forrado com polvilho.

Bolo de Milho D. Sinhá

1 libra (500 g) de fubá de milho bem fino, 1 quarta (120 g) de farinha de trigo, 1 libra de açúcar, 1 libra de manteiga, leite de 2 cocos sem água, 18 gemas e 4 claras. Bate-se a manteiga com o leite de coco, enquanto outra pessoa bate o açúcar com as 18 gemas. Estando bem batidas, reúne-se a manteiga e junta-se logo o fubá que se misturou com a farinha de trigo e, em último lugar, as 4 claras em neve. Vai então ao forno.

Bolinhos Legalistas

1 coco ralado, 250 g de açúcar, 4 gemas e 3 claras, 125 g de farinha de trigo e 2 colheres (100 g) de manteiga.
Mexe-se tudo e põe-se em fôrmas untadas com manteiga e bota-se para assar em forno quente.

Bolo de Milho Pau-d'alho

Faz-se um angu, despejando-se farinha de milho dentro de água fervendo com um pouco de leite. Depois, deita-se no angu, quando estiver frio: leite de coco, açúcar a gosto, erva-doce, canela, e um pouquinho de manteiga. Depois de tudo bem misturado bota-se em fôrma grande e depois no forno para assar.

Biscoitinhos de Milho

2 libras (1 quilo) de fubá, 3/4 (360 g) de farinha de trigo, 1 libra de manteiga, 1 libra (500 g) de açúcar refinado, 6 ovos com as claras e 3 sem as claras e um pouco de erva-doce.
Amassa-se tudo e fazem-se os biscoitos, que vão assar em assadeiras.

Biscoitos de Coco

1 pão para fermento,[19] 4 xícaras (460 g) de farinha de trigo e 1 1/2 xícara (260 g) de açúcar, 9 ovos sendo 1 só com a clara. Metade de 1/2 xícara (60 g) de manteiga, leite de 1 coco sem levar água, metade de 1 colher pequena de canela.
Bota-se a farinha e o açúcar dentro do fermento; depois o leite de coco. Vão-se deitando então as gemas, uma por uma. Bota-se então para crescer em lugar que seja bem abafado. Depois que está bem crescido, vão-se fazendo os rolos para se ir partindo a massa em biscoitos.

---

[19] Duas colherinhas (chá) de pó moderno, de lata.

Bolo de Coco Sinhá-Dona

Botam-se 2 pães, para fermento, dentro de 8 xícaras (920 g) de farinha de trigo. Depois, 20 gemas de ovos. Se o fermento estiver duro, botam-se 2 ou 4 ovos com as claras. Amassa-se tudo muito bem amassado e quando a massa estiver boa começa-se a botar a manteiga que não passe de 1/2 xícara reforçada. Vai-se botando a manteiga aos poucos, 3 xícaras (510 g) de açúcar cheias, que se devem misturar com a farinha para então começar a deitar os ovos. Deita-se também 1 ou 1/2 colher de canela ralada dentro da farinha, antes de amassar. Cobre-se bem coberto para poder crescer bem. Então fazem-se os bolos e botam-se nas fôrmas com farinha do reino (farinha de trigo).

Bolo Padre João

1/2 libra (250 g) de manteiga, 18 ovos (só as gemas), 1/2 libra de açúcar, 1/2 libra de massa de mandioca.[20]
Bota-se a massa com a manteiga e os ovos com o açúcar. Depois de bem batidos junta-se tudo e pode ir assar.

Brincadeira

8 gemas de ovos, 1 libra (500 g) de açúcar, 2 cocos, 6 colheres (200 g) de farinha de trigo, noz-moscada bem ralada, 1 cálice de água de flor de laranja e um pouco de sal fino. Ralam-se os cocos e tira-se o leite todo, lavando-se com 3 copos d'água a fim de tirar todo o leite; bota-se em uma tigela um pouco deste leite e nele desmancham-se as gemas, mexendo-se sempre até ligar. Junta-se a farinha na outra porção de leite. Reúne-se depois tudo e tem-

---

[20] Ver nota à página 99.

pera-se com açúcar, água de flor de laranja e noz-moscada. Cozinha-se em uma caçarola mexendo sempre para não encaroçar. Depois de pronto, pulveriza-se com açúcar e canela.

Bolinhos de Goma à Moda do Dr. Gerôncio[21]

Toma-se 1 xícara de açúcar com manteiga e bate-se com 6 ovos sem claras. Junta-se leite de coco sem água, deita-se goma[22] e fazem-se os bolinhos.

Bolo Brasileiro

1 libra (500 g) de açúcar, 3 colheres de sopa de manteiga inglesa,[23] leite de 4 cocos tirado com 1 xícara d'água, 1 libra de farinha de trigo, 6 ovos sendo 3 com claras.
Bate-se em primeiro lugar a manteiga com açúcar, depois os ovos, o leite de coco e por último a farinha de trigo.

Bolo de Rolo Pernambucano

Tomam-se 250 g de manteiga, 210 g de açúcar, 250 g de farinha de trigo, 1/2 lata de goiabada e 5 ovos.
Bate-se o açúcar com a manteiga. Depois de bem batido vão-se botando os ovos, um a um, e por último a farinha de trigo.
Depois de bater bem, bota-se a massa na assadeira que deve estar bem untada de manteiga.

---

[21] O dr. Gerôncio Dias de Arruda Falcão, que foi senhor do Engenho Noruega, onde continuou a tradição de *gourmet* do capitão-mor Manuel Tomé de Jesus e do barão de Jundiá.

[22] O bastante para dar consistência aos bolinhos. Goma é polvilho.

[23] Ver nota à página 100.

Tira-se do forno, despeja-se num guardanapo e deita-se sobre a massa uma camada de doce, que já deve estar derretido. Enrola-se depressa a massa sobre o doce. Forno quente.

Bolo D. Luzia

1 libra (500 g) de mel (calda) em ponto de pasta, 10 gemas de ovos, 2 xícaras de farinha de trigo, leite de 1 coco sem água, 1/2 quarta (60 g) de manteiga francesa.[24]
Mistura-se o leite de coco com o mel, juntando-se a manteiga, a farinha e os ovos, que devem ser batidos à parte.

Bolo de Mandioca à Moda do Dr. Gerôncio

1 tigela de massa fina de mandioca,[25] 1 libra (500 g) de açúcar, 18 ovos, 6 sendo com claras, 1 libra de manteiga francesa.
Deita-se o leite de coco num alguidar, depois bota-se a manteiga. Bem batida a manteiga, bota-se o açúcar. Bate-se mais e deitam-se os ovos, que devem ser bem batidos, separados, e por último a massa, canela e cravo. Forno regular.

Bolo Treze de Maio

1/2 libra (250 g) de açúcar, 1/2 libra de manteiga francesa (manteiga salgada), 6 ovos e 1 coco ralado.
Bate-se o açúcar com as gemas, depois o coco e em seguida a farinha e as claras. Leva-se então ao forno.

---

[24] Manteiga de tempero, salgada.

[25] Ver nota à página 99.

Bolo de Castanha-de-caju

1 libra (500 g) de castanhas-de-caju bem pisadas. Junta-se outro tanto de açúcar pisado e peneirado com um punhado de farinha de trigo, amassa-se um pouco, deita-se 1/2 libra (120 g) de manteiga às colheres, amassa-se até que baste e depois se formam os bolinhos, que se vão assando em bacias bem forradas de farinha de trigo ou massa fina. Forno quente.

Suspiros de Noruega[26]

Tomam-se claras de ovos frescos, batem-se bem batidas até que fiquem todas em espuma muito grossa. Açúcar refinado até engrossar. Deitam-se as cascas de limão verde, deita-se também sumo de limão. Tiram-se as cascas e cozem-se os suspiros em bacia forrada de papel fazendo-se os bolinhos. São assados em calor brando.

Bolinhos de Milho

Deitam-se ovos em uma vasilha, quantos se queira, uns com claras, outros sem elas; deita-se açúcar, canela e erva-doce, tudo em quantidade que parecer conveniente. Bate-se bem tudo com colher de pau. Depois de batido, deita-se farinha de milho de modo que a massa fique um pouco mole; depois lança-se farinha de trigo até ficar dura a massa. Depois de deitar-se a farinha de milho, deita-se também uma porção de banha de porco misturada com manteiga derretida, fazendo-se a massa dura como para biscoitos. Sova-se bem sobre uma mesa. Estendem-se e arrumam-se os biscoitos em bacias para irem ao forno.

---

[26] Nome de velho engenho patriarcal de Pernambuco, célebre pelos seus doces e bolos.

Colchão de Noiva

1 libra (500 g) de manteiga inglesa (manteiga sem sal), 1 libra (500 g) de açúcar, 12 ovos, 3/4 (360 g) de farinha de trigo, 120 g de chocolate.

Rala-se o chocolate e deixa-se à parte, bate-se a manteiga, a qual deve estar bem lavada, com as 12 gemas de ovos e a libra de açúcar. Batem-se à parte as 12 claras e então vão-se botando as gemas já batidas com a manteiga e o açúcar, 1 colher de clara e 1 de farinha de trigo, e vai-se batendo assim até acabar a clara e a farinha. Depois de tudo bem batido, bota-se metade dessa massa preparada em três fôrmas. A outra metade junta-se ao chocolate ralado, bate-se e bota-se nas outras três fôrmas e levam-se ao forno as seis fôrmas. Depois de assado, arruma-se o bolo, alternando uma camada de chocolate e outra branca. Enfeita-se com suspiro.

Bolo Sousa Leão[27]

Sobre 2 cocos raspados deitam-se 2 xícaras d'água fervendo e um pouquinho de sal. Abafa-se tudo por espaço de 10 minutos e espreme-se.

Derrete-se separadamente 1 colher de manteiga e depois de fria reúne-se ao leite de coco.

Juntam-se 12 gemas apenas desmanchadas, 3 xícaras de massa de mandioca,[28] 1/2 quilo de açúcar. Passa-se tudo em uma peneira e por fim deita-se um punhado de castanhas-de-caju e vai ao forno quente em fôrma untada com manteiga.

---

[27] Receita conservada muito em segredo, por um ramo da família Sousa Leão.

[28] Ver nota à página 99.

Bolo Sousa Leão – Pontual[29]

Tigela e meia de mandioca fresca, 2 xícaras de mel de açúcar (calda) em ponto fraco, 2 colheres de manteiga derretida bem cheias, 10 ovos, sendo 1 com clara, leite de 2 cocos. Mistura-se em uma urupema fina a massa de mandioca com leite de coco. Depois deitam-se os ovos já batidos e a manteiga. Passa-se tudo na urupema. O bolo deve ficar bem mole para assar melhor. Forno quente. Fôrma forrada de papel e untada de manteiga.

Bolo Sousa Leão à Moda de Noruega

1 quilo de massa de mandioca,[30] 20 ovos sem claras, 1 libra (500 g) de manteiga, leite de 3 cocos com 1 xícara de água morna, 1 quilo de açúcar feito mel (calda).
Desmancha-se a massa de mandioca com o leite de coco. Depois deitam-se na massa 20 gemas de ovos tiradas sem as claras.
Mistura-se a manteiga com o mel ainda meio quente e depois junta-se tudo, passa-se numa peneira bem fina e vai para o forno quente.

Ciúmes

1 libra (500 g) de açúcar feito de mel em ponto de calda (ou meio ponto), 1 coco ralado bem miúdo, 3 ovos, 1 quarta (120 g) de manteiga lavada, canela, erva-doce, 1 xícara d'água e 1 de farinha de trigo. Amassa-se bem a manteiga com o coco, depois os ovos,

---

[29] Receita fornecida pela velha quituteira Maria Bernarda (por muito tempo do Engenho Batateiras), segundo a tradição do Engenho Jundiá.

[30] Ver nota à página 99.

a canela, a erva-doce e a água. Estando tudo bem misturado, deixa-
-se ligar e deita-se a massa nas forminhas untadas de manteiga.

Beijos de Cabocla à Moda de Noruega

De 1 coco bem ralado tira-se bem o leite. 200 g de açúcar em
ponto de fio e depois de fria a calda, 50 g de manteiga sem sal,
30 g de farinha de trigo, 1 ovo com clara e 2 gemas batidas
levemente.
Junta-se a isto o leite de coco, mistura-se tudo bem misturado e
leva-se a assar em forminhas, em forno regular. Depois de tudo
frio, despeja-se sobre os pratos, tendo o cuidado de não pôr um
por cima do outro.

Bolinhos de Iaiá

Tomam-se 5 colheres de farinha de trigo, 8 de açúcar, 1 de manteiga, 4 ovos, sendo 2 com claras, e leite de 1 coco.
Bota-se tudo numa vasilha, e depois de bem batido, deita-se em
forminhas untadas de manteiga e vai ao forno.

Bolo Baeta

6 ovos com claras, 1 quarta (120 g) de manteiga, 1/2 libra (250 g)
de açúcar, 1/2 libra de farinha de trigo, leite de 2 cocos, sumo de
limão.
Batem-se os ovos com o açúcar, depois o leite de coco com a
manteiga e por último a farinha.

Argolinhas de Amor [31]

Tomam-se 6 gemas de ovos bem batidas com 3 xícaras de açúcar, 1 quarta (120 g) de manteiga, 1 quarta de amêndoas raladas. Depois junta-se polvilho de mandioca ou araruta, e também um pouco de farinha de trigo até ficar consistente. Fazem-se então as argolinhas rolando um pouco da massa em farinha de trigo. Achata-se a massa nas mãos e recortam-se as rodinhas.
Por esta receita podem-se fazer outros biscoitos substituindo a quarta de amêndoas por quantidade igual de queijo, de chocolate, de castanhas-de-caju, de nozes ou coco ralado.

Filhoses à Pernambucana

Deita-se numa caçarola 1 xícara d'água, ajunta-se 1 grão de sal, 1 colherinha de manteiga, outra de açúcar e casca de limão. Leva-se ao fogo. Quando começar a ferver tire-se a massa do fogo e misturem-se 125 g de farinha de trigo peneirada, desmanchados bem os caroços. Leve-se de novo ao fogo, mexendo bem por mais alguns minutos. Despeje-se noutra vasilha e deixe-se esfriar por 2 minutos. Ajuntem-se então 4 ovos bem batidos, deitando-os aos poucos e mexendo-se sempre a massa. Já deve estar no fogo uma caçarola nova com bastante banha e quando começar a ferver vai se deitando a massa às colheradas. Tampa-se bem a vasilha até estarem cozidos os filhoses. Na ocasião de servir, cobrem-se os filhoses com calda.

---

[31] Do livro antigo de receitas do Engenho Jundiá (Pernambuco), onde esse bolo foi uma das especialidades de sobremesa. Jundiá foi outro centro de boa doçaria de Pernambuco. Aí é tradição ter se hospedado lorde Carnarvon – o de Tutancâmon – quando esteve – se é que esteve – no interior de Pernambuco.

Bolo D. Pedro II

1 libra (500 g) de massa de mandioca[32] peneirada, 1 libra de manteiga, 1 libra de açúcar, 16 ovos, sendo 4 com claras.
Junta-se o açúcar à massa num alguidar. Não precisa ser muito amassado. Junte-se a manteiga e bata-se com uma colher até ficar bem alva. Depois juntem-se os 16 ovos que já devem estar bem batidos (à parte) como para pão de ló. Em último lugar, ponha-se 1 1/2 cálice de leite de coco sem água. Vai imediatamente ao forno.

Bolo Senhora Condessa

Toma-se 1/2 libra (250 g) de açúcar refinado, com 5 gemas de ovos, 1 quarta (120 g) de manteiga e quanto baste de canela, erva-doce. Mexe-se tudo muito bem mexido e depois junta-se 1 libra de farinha de trigo e mistura-se tudo. Quando essa massa estiver enxuta, fazem-se as bolas nas mãos untadas de manteiga. Depois, passa-se por cima uma leve capa de gemas de ovos batidas, e metem-se em tabuleiros também untados de manteiga. Põem-se então no forno a cozinhar.

Bolo de Bacia à Moda de Pernambuco

Batem-se 12 gemas de ovos com 20 colheres de açúcar; depois de tudo bem batido, põe-se 1/2 libra de manteiga, leite de 2 cocos e deita-se massa de mandioca[33] até ficar em boa consistência de assar. A massa deve ser bem seca.

[32 e 33] Ver nota à página 99.

Bolo Tia Sinhá[34]

30 gemas de ovos, 2 libras (1 quilo) de manteiga inglesa (sem sal) com 6 xícaras de açúcar. Depois de bem batidas, põem-se 9 xícaras de massa de mandioca peneirada e continua-se a bater e antes de ir para o forno misturam-se as gemas.
O forno deve ser quente.

Bolo Fino[35]

38 ovos, sendo 8 com as claras, bate-se como pão de ló; 3 palanganas grandes com massa que se reúne a 2 libras (1 quilo) de manteiga. Amassa-se bem, depois põem-se 2 libras de açúcar e amassa-se ainda e reúne-se a massa aos ovos e por último põe-se leite de 8 cocos, extraído sem água.
A massa é de mandioca[36] e deve ser bem lavada, fina e passada em peneira.

Bolinhos Cavalcanti[37]

Espreme-se a massa de mandioca e peneira-se em urupema bem fina; depois leva-se ao fogo brando para torrar e deixa-se esfriar. Faz-se mel (calda) com canela, cravo e erva-doce e quando estiver

---

[34] D. Maria Freyre de Barros, que foi senhora do Engenho Goiabeira (Pernambuco).

[35] Copiado de um livro manuscrito muito antigo, que foi talvez do capitão-mor Manuel Tomé de Jesus, de Santo Antão (Pernambuco). Nota-se que o bolo é caracteristicamente patriarcal: feito com palanganas de massa e 38 ovos!

[36] Ver nota à página 99.

[37] Receita antiga, de engenho de Pernambuco, conservada por d. Feliciana Freyre de Barros (née Rocha Vanderlei, do Engenho Mangueira, de Água Preta).

fervendo põe-se na massa; deixa-se a massa chupar todo o mel e abafa-se. Depois de crescer, mistura-se leite grosso de 2 cocos (extraído sem água), 4 ovos, sendo 2 com claras, e 2 colheres de manteiga de ambas as qualidades.[38] Quando estiver tudo bem amassado, fazem-se os bolinhos e com uma pena de galinha passa-se leite grosso por cima deles.

Enfeitam-se os bolinhos com o sarrambi[39] e quando forem tirados do forno, torna-se a passar o leite grosso por cima deles.

Tapioca Molhada de Pernambuco[40]

Bota-se de véspera 1 1/2 litro de goma (polvilho) de molho. No dia seguinte escorre-se a água, e para secar a goma, coloca-se sobre ela um pano para absorver a umidade.

Feito isto, passa-se a goma numa peneira fina e põe-se um pouquinho de sal.

Depois fazem-se várias tapiocas iguais em uma frigideira, deixando-se esfriar completamente. Para fazer cada tapioca põe-se ao fogo a frigideira e vai-se deixando cair através da peneira um pouco de goma até que cubra o fundo da frigideira. A tapioca é essa camada fina de massa que se forma; retira-se com uma escumadeira.

Tira-se o leite de 1 coco (com água, açúcar e um pouquinho de sal), vai-se derramando o mesmo aos poucos sobre cada tapioca à proporção que se for pondo uma sobre a outra. Pronta deste modo a tapioca, coloca-se um pouco de canela, em pitadinhas salteadas. Cada tapioca deve ser estendida sobre um pedaço de folha bem verde de bananeira.

---

[38] Isto é, de mesa e de tempero.

[39] Sarrambi ou ralo.

[40] Receita da antiga família Marinho, célebre pelo talento de suas quituteiras e doceiras, conservada pelas famílias José de Barros Lima e Alfredo Ferraz (Recife).

Pamonhas de Milho-verde

30 espigas de milho-verde; 2 1/2 xícaras de açúcar mais ou menos; 7 xícaras de leite de coco; sal a gosto. Ralam-se as espigas de milho ou passam-se na máquina de moer carne; em seguida junta-se à massa do milho metade do leite de coco e passa-se por uma peneira; põe-se novamente na massa o resto do leite de coco e torna-se novamente a passar pela peneira. Tempera-se de sal, põe-se o açúcar e deita-se em fôrmas feitas com as palhas do milho-verde; em seguida deitam-se as pamonhas em uma caçarola com água fervendo e temperada com sal, deixa-se ferver. Quando as palhas mudam de cor e das pamonhas se desprende o cheiro peculiar, estão cozidas.[41]

Mungunzá de Engenho

Toma-se o milho para mungunzá (inteiro, sem os olhos)[42] e deixa-se em água fria durante a noite. No dia seguinte lava-se e vai ao fogo para cozinhar em água. Quando o milho está tenro põem-se leite de coco, sal e açúcar. Deixa-se ferver um pouco. O leite de coco poderá ser substituído por leite de vaca.

---

[41] A peneira não deverá ser fina como a que se usa para coar a massa para canjica. O milho para pamonha deverá ser mais verde do que o empregado para fazer canjica. Quanto mais verde o milho, menor quantidade de leite e açúcar. Estas quantidades não poderão ser absolutamente precisas, uma vez que dependem do milho.

[42] Esse milho encontra-se no comércio. Antigamente é que era preciso tirar os olhos do milho em casa.

Canjica Nortista

Proporções: 30 espigas de milho-verde; 3 xícaras de açúcar; 1 colher de sal; 1 xícara de leite de coco tirado quase sem água; 4 litros de leite de coco; canela, manteiga.

Ralam-se ou passam-se na máquina de moer carne as espigas de milho. Lava-se a massa resultante com metade do leite de coco e passa-se por uma peneira. A massa espremida passa-se novamente na máquina e torna-se a lavar com o resto do leite, coando-se também como na primeira vez. Leva-se ao fogo em um tacho, mexendo-se sempre, e quando ferver põe-se o sal e o açúcar e deixa-se ferver uns 15 minutos. Em seguida põe-se a xícara de leite de coco tirado quase sem água e deixa-se ferver mais uns 15 minutos. Retira-se do fogo, põe-se 1 colher de manteiga, despeja-se em pratos ou fôrmas e polvilha-se com canela.[43]

---

[43] O milho para canjica não deverá ser muito verde. As medidas de açúcar, sal, leite de coco dependem, é claro, da qualidade do milho empregado.

Alguns doces

Cocada de Batatas de Imbus

1/2 arroba (7 quilos e 250 g) de açúcar; 2 cocos médios; 1 1/2 litro de batatas de imbus. Raspam-se as batatas e passa-se na máquina de espremer batatas comuns. Lavam-se e levam-se ao fogo com o mel do açúcar, juntando-se os cocos moídos.

Lacinhos de Amor

Toma-se 1 prato de polvilho seco, junto com 1 prato de farinha de milho passada em peneira de seda, 1 dúzia de ovos e 1 prato de gordura.
Põe-se ao fogo um pouco de leite de coco. Logo que ferva, junta-se a farinha de milho e a gordura até ficar uma papa bem grossa. Passa-se para uma vasilha maior e, deitando-se polvilho, vai-se mexendo pouco a pouco, até ficar tudo bem amassado. Em seguida, juntam-se os ovos e depois o leite. Preparada assim a massa, fazem-se os biscoitos em forma de laços que se levam a um forno bem quente.

Pudim de Macaxeira[1]

2 xícaras de macaxeira cozida, 2 xícaras (350 g) de açúcar, 1 xícara de gemas de ovos e tantas colheres de manteiga como tantas gemas, 3 colheres de farinha de trigo e 1/2 cálice de vinho do Porto. Despeja-se em fôrma forrada com calda ou manteiga e assa-se no forno.

---

[1] No Rio, "aipim", em São Paulo e Minas "mandioca" – lembramos mais uma vez.

Doce de Jerimum[2]

Parte-se em 4 pedaços um jerimum grande; tira-se o miolo, tiram-se os caroços e põe-se tudo isso à parte. Depois com uma raspadeira tiram-se os fios, tomando-se cuidado para não chegar à casca. Depois, a cada 460 g de jerimum, juntam-se 230 g de açúcar. Faz-se a calda à parte e, logo que comece a engrossar, metem-se os fios do jerimum e dá-se uma leve fervura; põe-se depois o miolo e mexe-se com cuidado para não queimar e não quebrar os fios. Aromatiza-se o doce com água de flor de laranja logo que esteja com o ponto certo.

Doce de Abricó

Descasca-se o abricó, e corta-se em talhadas. Faz-se o mel ralo (calda), põem-se dentro as talhadas e leva-se tudo ao fogo para fazer o doce. Quando o mel se mostra em ponto de fio brando, o doce está pronto.

Doce de Batata

Cozinham-se as batatas e passam-se numa peneira de taquara. Faz-se o mel ralo (calda) e põem-se as batatas dentro. Vai-se mexendo até que o doce se desprenda do tacho. Depois de pronto, guarda-se em latas.

---

[2] No Sul, "abóbora".

Doce de Guabiraba

Escolhem-se boas guabirabas bem madurinhas; tira-se os caroços e passa-se a parte mole numa peneira de taquara e depois numa peneira de arame. Faz-se um mel ralo, põe-se dentro a massa e vai-se mexendo até que se desprenda do tacho. Depois coloca-se o doce em latas que se deixam destampadas até que esfrie.

Doce de Abacaxi Seco

Descasca-se o abacaxi e corta-se em rodelas. Faz-se o mel ralo (calda) e põem-se dentro as rodelas. Deixa-se cozinhar até que o mel fique em ponto de fio. Quando o mel chegar ao ponto indicado retira-se o doce do fogo, escorre-se o mel e polvilham-se as rodelas com açúcar cristal. Em seguida leva-se ao sol para secar tanto tempo quanto for preciso para as rodelas ficarem bem secas.

Doce de Ubaia

Escolhem-se boas ubaias, tiram-se os caroços e passa-se a massa numa peneira de taquara. Faz-se um mel ralo (calda), põe-se dentro a massa e vai-se mexendo até que o doce se desprenda do tacho. Depois coloca-se o doce em latas que se deixam destampadas até que esfrie.

Doce de Jaca Dura

Escolhe-se uma jaca dura, bem madura, tiram-se os caroços dos bagos. Faz-se o mel ralo (calda) e põem-se dentro os bagos com uns dentes de cravo. Deixa-se cozinhar até os bagos ficarem macios e o mel em ponto de fio brando.

Doce de Jaca Mole

Escolhe-se uma jaca mole bem madura. Tiram-se os caroços e passam-se os bagos numa peneira de taquara. Faz-se um mel ralo e põe-se dentro a massa mexendo-se com uma colher de pau até que se desprenda do tacho. Depois de pronto guarda-se o doce em latas.

Doce de Goiaba em Calda

Escolhem-se goiabas boas e maduras. Descascam-se. Parte-se cada uma ao meio com uma faca. Tira-se o miolo com o cabo de uma colher e metem-se então as goiabas dentro d'água. Em seguida tiram-se as goiabas de dentro d'água e junta-se a calda. Leva-se ao fogo numa caçarola deixando-se cozinhar até que as goiabas fiquem macias. O ponto de calda pode ser de pasta ou de fio brando, conforme o gosto.

Doce de Manga

Descasca-se a manga e corta-se em talhadas. Faz-se um mel ralo (calda), põem-se dentro as talhadas, que se levam ao fogo para se fazer o doce. Quando o mel se mostra em ponto de fio brando o doce está pronto.

Doce de Goiaba em Lata

Descascam-se as goiabas, lavam-se e aferventam-se. Depois de aferventadas, passam-se todas numa peneira de taquara. Se derem

3 tigelas, preparam-se 3 1/2 tigelas de mel em ponto de pasta (calda). Depois juntam-se as goiabas ao mel e levam-se ao fogo num tacho e vai-se mexendo com uma colher de pau até que o doce se desprenda do tacho. Depois põe-se em latas e deixa-se esfriar, conservando-se as latas descobertas até que o doce esfrie.

Doce de Laranja-da-terra

6 laranjas, 1 quilo de açúcar.
Descascam-se as laranjas, partem-se em quartos, tiram-se as sementes e a polpa. Põem-se então as laranjas de molho 3 dias, mudando-se a água 2 vezes por dia. De 1 quilo de açúcar faz-se a calda e junta-se às laranjas. Leva-se tudo ao fogo para fazer o doce. Quando o mel estiver em ponto de fio brando o doce estará pronto.

Doce de Caju

Descascam-se os cajus com uma faquinha e põem-se na água. Botam-se na água gotas de limão para os cajus não ficarem roxos. Faz-se uma calda, juntam-se os cajus à calda e leva-se tudo ao fogo para fazer o doce, furando-se sempre os cajus com um garfo de madeira até que fiquem cozidos e o mel em ponto de fio brando.

Doce de Coco

1 coco, 1 quilo de açúcar.
Raspa-se 1 coco, faz-se de 1 quilo de açúcar a calda e em seguida junta-se o coco à calda e leva-se ao fogo para cozinhar. Quando estiver em ponto de fio brando estará pronto o doce.

Cocada

1 coco e 1 quilo de açúcar.
Raspa-se 1 coco, faz-se a calda de 1 quilo de açúcar, junta-se o coco à calda e leva-se ao fogo. Quando a calda estiver em ponto de fio, tira-se do fogo e mexe-se com uma colher de pau até um pouco antes de açucarar. Em seguida deita-se o doce numa tábua ou numa mesa de mármore; quando estiver frio, parte-se com uma faca em losangos e põe-se ao sol para secar.

Doce de Mangaba

1 litro de mangabas, 1 quilo de açúcar.
Lavam-se as mangabas; faz-se a calda de 1 quilo de açúcar, põem-se as mangabas dentro e leva-se ao fogo até que a calda fique em ponto de fio brando. Chegando a este ponto, o doce está pronto.

Doce de Imbu

Cozinham-se os imbus maduros ou inchados. Depois de cozidos, peneiram-se e, depois de peneirados, mistura-se a massa com o açúcar, sendo este mais um pouco do que os imbus. Leva-se ao fogo e, depois de estar em ponto de cortar, tira-se o doce e põe-se em latas.

Doce de Araçá

Põe-se água fervendo sobre os araçás, escorre-se a água, depois peneira-se. Põe-se igual quantidade de araçá e de açúcar. Leva-se ao fogo. Tira-se quando está no ponto.

Doce de Ananás

Escolhem-se frutos ainda não de todo maduros, descascam-se e cortam-se em rodelas grossas. No preparo da calda, para 460 g de fruto são precisos 115 g de açúcar. Na calda metem-se os ananases, dá-se-lhes uma fervura e tira-se o doce do fogo. Durante 3 dias segue-se este processo; no último (o terceiro) toma-se o ponto.

Bananada

Descascam-se as bananas, passa-se em uma peneira a quantidade de uma tigela; faz-se em separado uma calda de açúcar, bota-se no fogo, mexendo-se sempre até chegar o ponto de partir.

Compota de Melão

1 quilo de melão descascado e limpo de pevides; 500 g de açúcar. Melão de boa qualidade mas que não esteja bem maduro. Corta-se em bocados que se deitam numa vasilha em camadas polvilhadas com açúcar.
Deixa-se repousar por algumas horas e depois leva-se ao fogo até que a calda chegue ao ponto de espadana, dando-se a compota por pronta.

Compota de Groselhas

Faz-se a calda e juntam-se as groselhas. Dá-se uma fervura, juntam-se cascas raladas de limão e água de flor de laranja e serve-se o doce.

Compota de Limão e Laranja

Colocam-se os limões em água quente para lhes tirar o azedo, mudando-se a água de vez em quando. As laranjas, descascam-se e separam-se em gomos. Faz-se à parte uma calda em quantidade suficiente para receber os frutos, que se juntam, adicionando-se a tudo as cascas raladas dos mesmos. Dá-se o ponto e serve-se.

Compota de Cidra ou Cidrão

Partidos os cidrões, deitam-se a ferver em um tacho, com um bocado de sal, até que fiquem moles. Passam-se depois para água fria; tiram-se os caroços e passam-se os frutos para outra vasilha com água; três vezes ao dia muda-se a água, sendo que de uma vez a água é quente e de outra é fria, até que os cidrões não amarguem mais. Vão depois outra vez a cozinhar, e logo que estejam moles dá-se-lhes ainda uma fervura, e faz-se escorrer bem a água. Prepara-se a calda e, quando estiver fria, deitam-se dentro os cidrões. Leva-se ao fogo e ferve-se tudo junto, até tomar o ponto de pasta; depois de pronto, tira-se do fogo e deita-se a calda em boiões vidrados. No dia seguinte, despeja-se a calda em uma vasilha e vai ao fogo ferver.

Beijos

Ferve-se 1 copo de leite de vaca com um pouco de baunilha, coa-se o leite depois de frio, junta-se 1/2 quilo de açúcar e bota-se para ferver. Quando a calda estiver engrossando bem, bota-se 1 coco ralado e quando estiver em ponto de fio brando deixa-se esfriar e juntam-se 4 gemas de ovos. Depois leva-se novamente ao fogo. Quando se vê que o ponto está forte tira-se e fazem-se as bolinhas passando-as em açúcar cristalizado.

Manuê de Milho

Leite de 1 coco, 1/2 libra (250 g) de farinha de milho, sal, açúcar a gosto, 1 colher (50 g) de manteiga derretida e 1 colherinha de canela em pó; mexe-se tudo muito bem mexido, põe-se em forminhas untadas com manteiga e leva-se ao forno para assar.

Melindre

1 coco ralado, 3 xícaras (500 g) de açúcar, 3 ovos. Mistura-se tudo, põe-se em forminhas forradas com papel passado na manteiga e leva-se ao forno brando.

Cocadinha

1 banda de coco ralado, 4 gemas de ovos, 1 colher (50 g) de manteiga, açúcar e um pouco de farinha de trigo para ligar as cocadinhas. Levam-se as cocadinhas ao fogo. Tiram-se pouco antes de açucarar, despejando-se sobre uma tábua ou uma mesa de mármore. Cortam-se então com uma faca.

Pudim Quero-mais

6 ovos, 1 colher (50 g) de manteiga, 2 (50 g) de farinha de trigo, leite de 1 coco tirado sem água, 1 xícara de chá de queijo ralado e 500 g de açúcar feito mel em ponto de pasta. Misturam-se os ovos (claras e gemas), depois juntam-se a manteiga, o queijo, o

leite de coco, a farinha e por último a calda que já deve estar fria. Vai ao forno regular em fôrma untada com manteiga.

Pudim de Milho-verde

Tomam-se 12 espigas de milho-verde, botando-se em leite até o milho inchar; depois rala-se e junta-se ao milho ralado uma garrafa de leite adoçado à vontade; 1/4 (120 g) de manteiga lavada; com ela 4 ovos bem batidos. Tempera-se de sal e vai para o forno em um prato côncavo.

Doce Maçapão

Faz-se um doce com 1/2 quilo de açúcar e 1 coco ralado. Batem-se bem 12 ovos como para pão de ló, juntam-se 100 g de manteiga e 12 colheres (300 g) de farinha de trigo. Depois do doce frio, junta-se tudo e leva-se ao forno em fôrma untada com manteiga. Forno quente.

Doce de Chouriço

2 tigelas de sangue de porco, 2 tigelas (1 quilo) de farinha de mandioca pisada e peneirada, calda de 6 rapaduras, 2 quilos de banha derretida, 2 colherinhas de pimenta, 2 de canela, 2 de erva-doce, 2 de cravo, um pedacinho de gengibre e 1 xícara de castanhas piladas. Pisam-se os temperos e peneira-se e mistura-se tudo com a farinha e o sangue; leva-se ao fogo com uma porção de calda para cozinhar. Depois dos temperos cozidos na calda vai-se pondo uma vez calda, outra vez banha. Quando estiver quase cozido põe--se leite de 1 coco. Quando estiver soltando a banha, está cozido. Depois que estiver no prato, cobre-se com castanhas assadas.

Sonhos de Cará

1 prato de cará cozido e passado em peneira, 1 prato de polvilho, 1 xícara de leite. Amassa-se com ovos e leva-se a assar. Também podem ser fritos em banha.

Pudim de Cará

1/2 prato de cará cozido e passado em peneira, 8 gemas de ovos bem batidas, 2 colheres (100 g) de manteiga, cravo, canela, erva-doce em pó e açúcar quanto se queira. Vai ao forno em fôrmas untadas com manteiga.

Suspiros

Claras bem batidas, para cada clara 1 xícara (170 g) de açúcar; bate-se bem e leva-se ao forno pingando em folhas de flandres. Forno bem brando.

Beijos de Dondon

1/2 quilo de açúcar (ponto apertado). Desmancham-se numa panela ao fogo 6 gemas de ovos e juntam-se a 250 g de castanhas-de-caju assadas e pisadas[3] e dá-se o ponto próprio para enrolar os beijos, que é quando se vê o fundo da panela.

---

[3] Pode-se moer a castanha-de-caju; a tradição regional é que manda pisá-la.

Quindins

500 g de açúcar refinado, 250 g de coco ralado, 1 quarta (120 g) de manteiga lavada e escorrida, 15 gemas de ovos, mistura-se tudo e deita-se em fôrmas untadas com bastante manteiga e vai logo ao forno brando.

"Cajuzinhos" ou "Laranjinhas"

4 colheres (100 g) de açúcar, 3 colheres (75 g) de farinha de trigo, 1 colher (50 g) de manteiga, 8 gemas de ovos, 2 cocos dos pequenos. Juntam-se todos os ingredientes, mexe-se tudo bem mexido e leva-se ao fogo brando. Quando a massa estiver se desprendendo da vasilha, está pronta; despeja-se então em um prato até o dia seguinte, quando se fazem os "cajuzinhos" ou as "laranjinhas".

Manuê de Cará

1 prato fundo de massa de cará,[4] 125 g de manteiga, 1 coco, 12 gemas de ovos e açúcar à vontade. Juntam-se todos os ingredientes e batem-se bem batidos. Depois põe-se a massa em forminhas de manteiga, levando-se ao forno em seguida.

Sonhos de Freira

Põe-se numa caçarola 1 litro d'água, 60 g de manteiga, 60 g de açúcar, sal, casquinhas de limão esfregadas em açúcar. Fervendo a

---

[4] A maneira tradicional de se reduzir o cará à massa é por meio do ralo – tão das velhas cozinhas das casas-grandes de engenho do Nordeste; neste caso, pode-se substituir o ralo pela máquina de moer carne.

água, com a mão deita-se pouco a pouco a farinha, mexendo-se com uma colher de pau ao mesmo tempo, até a massa ficar grossa. Continua-se a mexer, desgrudando-se sempre o que parece pegar no fundo da caçarola, durante 1/2 hora. A massa é tanto mais leve quanto mais cozida. Torna-se quase transparente. Tira-se do fogo mexendo ainda durante um momento e deixa-se esfriar um pouco. Despeja-se um ovo na massa mexendo-se e batendo em todos os sentidos para misturar tudo bem misturado. Deita-se o segundo ovo, bate-se de novo e assim sucessivamente até se empregarem 8 ovos. Feita a massa, despeja-se em um prato e espera-se pelo menos 5 a 6 horas antes de frigi-la. Aquece-se então a gordura para frigir. Toma-se uma porção dessa massa do tamanho de uma noz que se deixa cair na frigideira bem quente, toma-se outra porção igualzinha à primeira, continuando-se assim até que a superfície da frigideira esteja metade coberta. Incha-se a massa e o interior fica vazio. Com uma espumadeira voltam-se todos os sonhos para ficarem bem dourados em todos os lados. Põe-se para escorrer em uma passadeira. Junta-se em monte polvilhando com açúcar.

Manjar do Céu à Pernambucana

Leite de 1 coco, 3 colheres (60 g) de maisena. Açúcar a gosto. 1 colherinha de sal. Vai ao fogo numa caçarola até ficar bem cozinhado. Molha-se a fôrma e despeja-se o mingau até ficar frio para tirar sem quebrar.

Arrufos de Sinhá

12 gemas de ovos, 1 libra (500 g) de açúcar, 1 colher (50 g) de manteiga. Bate-se tudo até fazer bolhas, junta-se então 1/2 coco ralado bem úmido e bota-se para assar em forminhas.

Quindins de Iaiá

1 libra (500 g) de açúcar, 1 quarta (120 g) de manteiga, 16 gemas (sendo 3 com claras), 1 coco ralado, cravo, canela, água de flor de laranja.
Bate-se tudo, bota-se 1/2 libra de farinha de trigo, torna-se a bater. Depois de pronto, bota-se em forminhas untadas de manteiga e leva-se ao forno.

Queijadinhas de Iaiá

1/2 quilo de farinha do reino, 3 ovos, 4 colheres, bem cheias (200 g), de manteiga.
Amassa-se tudo bem amassado. Depois abre-se a massa e corta-se. Forram-se com a massa forminhas untadas com manteiga que se enchem com doce de coco. Este deve ser feito com o ponto forte. Assa-se no forno.

Pudim Seis de Setembro

1 dúzia de ovos (sendo 4 com as claras), 3 quartas (360 g) de açúcar refinado, 1 garrafa de leite com baunilha à vontade.
Passam-se os ovos misturados com o açúcar e o leite numa peneira mexendo-se o menos possível. Põe-se numa fôrma com calda queimada e vai em banho-maria. Cobre-se a fôrma com um papel e, depois de o pudim estar ligado, põe-se em cima uma tampa com brasas para tostar. Só depois de frio despeja-se no prato.

Beijos de Cabocla

Ralam-se 2 cocos, espreme-se o leite sem água, fazem-se em ponto de fio 400 g de açúcar, juntam-se, depois de fria a calda, 100 g de manteiga e 60 g de farinha de trigo, 6 ovos, sendo 3 sem claras, batidos levemente. Junte-se então o leite de coco, misture-se bem e ponha-se a assar em forminhas untadas com manteiga. Depois de frio, bota-se no prato, tendo-se o cuidado de não ficar um beijo sobre o outro, devido à sua extrema delicadeza.

Beijos de D. Aninha

1/2 quilo de açúcar, 1 coco muito fino (isto é, descascado e ralado), 1 xícara de leite de vaca, 4 gemas bem batidas e um pouco de baunilha. Une-se tudo e vai ao fogo até engrossar. Tira-se e deixa-se esfriar. Fazem-se as bolinhas na mão com açúcar para formar os beijos; depois vão-se enrolando os mesmos nos papéis.

Pudim de Tapioca

Põe-se 1 xícara de tapioca para amolecer em um pouco de água; assim que estiver desmanchada, junta-se 1 garrafa de leite com 1/2 fava de baunilha e açúcar que adoce e leva-se ao fogo para cozinhar, mexendo-se sempre; estando cozido, tira-se do fogo, deita-se 1 colher de manteiga e 4 gemas. Leva-se de novo ao fogo para ferver. Põe-se numa fôrma e gela-se.

Mimos

1 libra (500 g) de açúcar, 1 libra de polvilho, 8 ovos. Junta-se e bate-se até ficar grosso e branco. Junta-se mais cravo e canela. Pingam-se os bolinhos. As assadeiras devem levar farinha de trigo.

Pudim do Major

2 libras (1 quilo) de açúcar feito em ponto de pasta, 1/2 libra (250 g) de manteiga, 2 cocos ralados, 12 gemas de ovos batidas à parte. Depois de tudo misturado, bota-se 1/2 libra de farinha de trigo, mexe-se tudo, unta-se a fôrma com manteiga e vai para o forno com quentura regular.

Toucinho do Céu

2 libras (1 quilo) de açúcar com o ponto bem grosso, de modo que, levantando a calda com a colher, faça pasta. 1/2 libra (250 g) de manteiga lavada, 6 claras e 6 gemas, 1/2 libra de castanhas pisadas e 1/2 libra de farinha de trigo. Mistura-se tudo e vai cozinhar em fogo brando. Deixa-se esfriar e corta-se em fatias.

Baba de Moça[5]

Faz-se com leite de 1 coco ralado, espremido em um guardanapo, 1 libra (500 g) de açúcar em ponto de pasta e 10 gemas de

---

[5] Segundo receita antiga do Engenho Jundiá (Pernambuco), de que este doce foi outra especialidade de sobremesa.

ovos bem batidas; vai ao fogo em um tachozinho até tomar ponto, e então é que se acrescentam as gemas de ovo; deita-se depois o doce em vasilhas e polvilha-se com canela.

Fatias de Parida

Corta-se o pão em fatias, embebe-se em leite; bate-se a porção de gemas de ovo que cada um quiser; passam-se por esta as fatias e frigem-se em manteiga de vaca ou de porco. Passam-se depois pela calda de açúcar, e areiam-se de canela por cima.

Geleia de Araçá

Lave-se bem uma porção desta fruta, inteira, e coza-se; quando estiver pronta, escorra-se, e coe-se por uma toalha rala, comprimindo-a bem, para se extrair o suco, e depois rejeita-se a massa. Tome-se então 1 libra deste suco, e ajunte-se-lhe 1 1/2 libra de açúcar branco (750 g) e leve-se ao fogo, para tomar o ponto necessário; retire-se então; deixe-se esfriar, e deite-se depois nos vidros, ou copos.

Geleia de Tapioca

Lava-se em água fria, por 2 ou 3 vezes, uma porção de tapioca, depois põe-se de molho por 5 ou 6 horas. Deixa-se aboborar[6] na mesma água, até se desmanchar, advertindo-se que já deve ter casca de limão: então ajunta-se sumo de limão, vinho branco e açúcar refinado, e engrossa-se e faz-se a geleia.

---

[6] A expressão "aboborar" quer dizer "inchar".

Doce de Abacaxi de Pernambuco

Colham-se estes frutos quando estiverem inchados, descasquem-se bem, e depois fervam-se em vinho branco. Enxuguem bem os abacaxis que devem ser postos em calda de açúcar comum e ir ao fogo, até acabarem de estar cozidos, em ponto bem alto. Depois retirem o doce do fogo. Algumas pessoas deixam ficar na fruta os pés com algumas folhas, para aformosear o doce; e isto em nada altera. Este doce, se é para compoteiras, deve-se cortar a fruta em pedaços e ser feito em ponto mais ou menos elevado, relativamente à calda.

Doce de Bacuri de Pernambuco

Tome-se uma porção desta fruta, que não esteja ainda bem madura, descasque-se muito bem de maneira que se tire toda a pele, e também os talos, a fim de não ficar o doce escuro. Fure-se com um palito, e depois ferva-se a fruta em calda, que deve ser em ponto alto; retire-se, e guarde-se.

Doce de Caju à Moda de Pernambuco

Escolhem-se cajus, que não estejam muito maduros, e que sejam sem mácula, e que devem ser descascados com uma casca de marisco, de modo que se tire toda a pele, e os talos, para que o doce não fique preto; piquem-se com um palito, extraindo-se metade do sumo: depois desta operação fervam-se em calda, e logo que tenham fervido, retire-se todo o doce do fogo e deixe-se repousar até o dia seguinte, a fim de ficar a fruta bem repassada da calda. Depois torna a voltar tudo ao fogo, para tomar o competente ponto. Retire-se, e guarde-se em vasilhas.

Doce de Mangaba de Pernambuco

Colham-se as mangabas quando estiverem bastante inchadas, golpeiem-se em circunferência para largarem o leite e, no fim de 24 horas depois desta operação, descasquem as frutas, e fervam; retirem-se as mangabas do fogo quando estiverem fervidas, e deixem-se escorrer em uma urupema, ou peneira grossa. No dia seguinte voltam ao fogo, em calda que esteja em meio ponto, e acabam de cozer.

Doce de Muriti de Pernambuco

Este doce tem o mesmo processo do de caju; mas não é picado ou furado.[7]

Doce de Sapoti de Pernambuco

Colham-se os sapotis quando estiverem quase a amadurecer. Fervam-se em água simples, para melhor largar a casca, e depois escorra-se bem a água. Acabe-se de cozer o doce em calda de açúcar, até estar em ponto alto: retire-se então.

Sabongo

Raspa-se 1 coco e junta-se a um pouco de mel de engenho[8] ralo, pondo-se dentro 2 ou 3 cabecinhas de cravo-da-índia, leva-se esta mistura ao fogo e deixa-se cozinhar até ficar com um ponto forte.

---

[7] Ver pp. 135 e 148.

[8] "Mel de engenho" é, no Sul, "melado".

Alguns sorvetes

Sorvete de Jaca

Toma-se uma jaca mole, separam-se os favos, que são levados ao fogo pelo espaço de 15 minutos em fervura. Deixa-se esfriar passando-se em seguida a jaca esbagaçada em uma peneira fina, juntando-se depois 1 litro de leite para uma jaca de tamanho regular, açúcar a gosto, 1 colher de baunilha e algumas gotas de limão. Depois da mistura pronta, põe-se a bater na sorveteira.

Sorvete de Abacaxi de Pernambuco

2 abacaxis pequenos picados bem finos, 2 xícaras (340 g) de açúcar, 4 xícaras d'água.
Deita-se o suco do abacaxi numa tigela e a fruta picada numa caçarola; junta-se metade d'água e deixa-se cozinhar ao fogo lento 20 minutos.
Passa-se o abacaxi cozido por uma peneira e junta-se ao mel quente (calda), feito com a outra metade d'água e deixa-se esfriar. Junta-se o suco do abacaxi e congela-se.

Sorvete de Pitanga

Toma-se 1 quilo de pitangas bem madurinhas, deita-se num alguidar e esmaga-se bem; junta-se 1/2 litro d'água. Açúcar a gosto. Depois coa-se com um pano e põe-se na sorveteira.

Sorvete de Cajá

Faz-se da mesma forma que o de pitanga.

Sorvete de Mangaba

Toma-se 1 litro de mangabas e passa-se numa peneira e depois junta-se 1 litro d'água. Açúcar a gosto.

Sorvete de Ananás

Ananases, 6; limões, 8; e 1/2 libra (250 g) de açúcar. Raspa-se a superfície dos ananases sobre uma porção de açúcar. Cortam-se depois as frutas pelo meio, espreme-se o sumo, e assim também o dos limões; dissolve-se o açúcar em 2 1/2 garrafas de água, e numa vasilha posta ao fogo; quando esfriar, misturam-se as raspaduras do ananás e o sumo deste e dos limões. Depois procede-se como para qualquer sorvete de fruta.

Sorvete de Canela

Deitam-se 6 oitavas (18 g) de canela de infusão em 4 quartilhos (1400 g) de água fervendo, dá-se-lhe depois uma fervura, deitando-lhe 12 onças (360 g) de açúcar: conserve-se quente por 1 hora, e depois coe-se para ir tudo frio à congelação.

Sorvete de Graviola ou Coração-da-índia[1]

1 graviola das grandes, 2 litros d'água, 1 clara em neve, açúcar. Descasca-se a graviola, amassa-se e passa-se em uma peneira. O bagaço junta-se com a água e passa-se novamente pela peneira. Em seguida adoça-se bem, junta-se a clara em neve e leva-se à sorveteira ou ao refrigerador.

---

[1] Este sorvete, conforme velha receita de família, é uma das especialidades de sobremesa da casa do professor Odilon Nestor de Barros Ribeiro (Recife).

Anexos

1. Receitas de doces e bolos recolhidas por sinhá cearense em subárea do Nordeste

Da parte de d. Sinhá Pessoa Saboia de Albuquerque, de Sobral (Ceará), recebeu, já há anos, o autor de *Açúcar*, por intermédio do engenheiro Marinho de Andrade, uma contribuição que considera valiosa, e era, então, inédita, para o esforço – preocupação comum a todos os brasileiros do Nordeste interessados em assuntos de culinária – no sentido de se reunirem receitas de doces e bolos e, também, de licores e vinhos de frutas regionais, que possam ser tidos como mais característicos desta parte do Brasil: quer da área açucareira ou agrária, quer da pastoril. Pois a pastoril não tem deixado de receber influência do complexo açúcar-doce-bolo em sua mesa e sobremesa; e de Sobral se tem dito que constitui no Nordeste, pela sua cultura mista – telúrica e cosmopolita –, uma espécie de ilha em que se encontram as duas influências: a telúrica e a atlântica.

Vão aqui, em anexo, algumas receitas extraídas de uma longa lista: colaboração daquela ilustre senhora de Sobral. É mantida sua própria linguagem. Publicam-se em *Açúcar* com agradecimentos à gentil coordenadora de valores encontradiços num ponto do Nordeste de raro interesse ecológico e sociocultural, como é Sobral.

Precisamente por isto, são receitas em que, ao lado de quitutes telúricos – bolos de carimã, de batata, de milho –, aparecem vários, como o "inglês", o "espanhol", o "rei Alberto", de sabor cosmopolita, muito ao gosto do brasileiro menos telúrico e mais talássico do litoral como os de Salvador (Bahia), Recife e Olinda (Pernambuco), Maceió e Penedo (Alagoas), Aracaju (Sergipe), Cabedelo (Paraíba), Natal (Rio Grande do Norte), São Luís (Maranhão). É que, realmente, sem deixar de haver oposições entre o Nordeste propriamente canavieiro, das extensões de massapê gordo da chamada "zona da mata", e o Nordeste das "areias secas do sertão" e dos "mandacarus angulosos" – oposição fixada pelo autor de *Açúcar* no seu *Nordeste* e impugnada pelo professor Raimundo Girão na sua interessante *História econômica do Ceará* (Fortaleza, 1948) –, o Nordeste árido contém as "pequenas manchas perdidas na vastidão da caatinga estorricada do sertão", identificadas pelo professor Sílvio Rabelo, em seu *Cana-de-açúcar e região*. "Assim", especifica o professor Sílvio Rabelo, depois de aceitar como válida aquela generalização e de restringir a impugnação do professor Raimundo Girão, admitindo-a apenas para pequenas exceções à mesma generalização, "são os brejos do Cariri, os pés da serra de Ibiapaba, do Baturité, de Aranha, de Teixeira, da Baixa Verde." Essas ilhotas verdes, dando "apenas para alimentar engenhocas de rapadura" (Sílvio Rabelo), nem por isto têm deixado de concorrer para a doçaria do complexo açucareiro do Nordeste, em particular, do Brasil, em geral, com doces e bolos – além da rapadura – em que entrem com destaque a carimã, o leite de vaca, o jerimum (abóbora), a macaxeira, e com um requinte de luxo por vezes semelhante ao do Nordeste fidalgamente açucareiro da "mata", "farinha de trigo em quantidade", "vinho do Porto", "dúzias e dúzias de ovos", "leite de coco", "canela", "cravo", "amêndoas", "gelatina". É o que indicam as receitas, aqui publicadas em anexo, de doces e bolos de Sobral.

Bolo de Carimã Seca

4 xícaras de carimã seca, 5 xícaras de açúcar de usina peneirado, 2 cocos ralados, 1/2 libra de manteiga.
Tira-se o leite puro dos cocos ao qual se junta um pouquinho de sal. Bota-se no bagaço um pouco de água que seja bastante para molhar a massa de carimã como se fora farofa. Junta-se à massa a manteiga, amassando-se muito bem até ficar alvo. Batem-se 15

ovos bem batidos até fazer letras, junta-se ao açúcar mexendo bem, depois reúne-se a massa juntando tudo com colher de pau para ligar perfeitamente a massa, botando-se por último o leite de coco puro e sal. Caso precise mais sal ou açúcar bota-se antes do leite de coco para não desandar. Forno quente.

Bolo de Carimã Fresca

2 libras de carimã, 2 libras de açúcar, 1/2 libra de manteiga, 7 ovos e o leite puro de um coco.
Amassa-se a carimã com açúcar, pondo depois a manteiga e por último o leite de coco. Estando bem amassado se põem os ovos, dos quais devem ser batidas separadamente as gemas das claras, e batidas como se fora para pão de ló. Assa-se em forno bem quente.

Bolo Espanhol

12 ovos com claras, 380 g de farinha de trigo, 150 g de manteiga, 260 g de açúcar, 1 xícara de leite, 1 cálice de vinho do Porto.
Batem-se os ovos como se fora para pão de ló, botando-se depois a manteiga, farinha, por último o leite. Leva uma colherinha pequena de cremor e outra de bicarbonato.

Bolo de Prata

1 libra de açúcar refinado, 300 g de farinha de trigo, 14 claras de ovos, e o necessário de doce de laranja em pedaços miúdos.
Bate-se o açúcar com as claras, junta-se o doce de laranja, e por último a farinha de trigo.

Bolo Inglês

1 libra de manteiga, 1 libra de farinha de trigo, 1 libra de açúcar, 18 ovos, sendo 6 com claras, 2 cálices de vinho do Porto.
Batem-se os ovos com açúcar até que estejam bem fofos. Junta-se a manteiga (que deve ser lavada) ao vinho e por último a farinha. Não se mexe mais depois.

Bolo Brasileiro

400 g de açúcar, 400 g de farinha de trigo, leite de 2 cocos, 1/2 libra de manteiga, 3 ovos.
Faz-se um mel em ponto de pasta e põe-se imediatamente o leite de coco e a manteiga para não açucarar, juntam-se em seguida os 3 ovos que já devem estar bem batidos com as respectivas claras; depois junta-se a farinha de trigo. O leite de coco é tirado no pano sem levar água. Dos 400 g de farinha tiram-se 2 colheres. O mel é feito com pouca água, 1 1/2 xícara (chá).

Bolo Maria Isabel

250 g de manteiga, 250 g de açúcar, 250 g de farinha de trigo, 1 cálice de vinho branco, 1 xícara de leite, 6 ovos.
Bate-se a manteiga e o açúcar até ficarem brancos. Gemas e claras em separado. Depois juntam-se as gemas e a manteiga e por último a clara, o leite e o vinho, pondo-se a farinha com cuidado e rapidamente para não ficar solado o bolo. Este bolo deve ser muito batido.

Bolo de Jerimum (Abóbora)

12 ovos, sendo 6 com claras e 6 sem claras, 1 quilo de açúcar em mel, 1/2 libra de manteiga, 1 pires de farinha de trigo e um pouquinho de sal.
Cozinha-se o jerimum (a abóbora), peneira-se e vão-se pondo os outros ingredientes até que fique em papa grossa. Forra-se a fôrma com manteiga e vai ao forno quente.

Bolo de Milho

1/2 libra de fubá de milho, 1/2 libra de açúcar, 1/2 libra de manteiga, 1/2 quarta de farinha de trigo, 9 gemas de ovos, 2 claras, e o leite de 1 coco tirado sem água. Mistura-se o fubá com a farinha de trigo, o leite do coco com manteiga, as gemas com açúcar, e depois reúne-se tudo botando-se por último as duas claras bem batidas. As gemas devem ser bem batidas com o açúcar. Bota-se sal, a massa deve ficar como para cuscuz. O forno é esperto.

Bolo à Moda de Sobral

1 libra de açúcar refinado, 1 libra de manteiga, menos de 1 libra de farinha de trigo, 12 ovos com claras.
Bate-se a manteiga com açúcar e, à parte, os ovos que devem ser bem batidos. Depois de batidos, junta-se tudo, formando uma massa que se leva a assar em folhas de flandres. Desmancha-se à parte uma lata de doce de goiabada com água ou conhaque, de forma que fique em uma massa que sustente na colher. Depois de assado o bolo, vira-se em um pano e estende-se por cima uma camada de doce de goiaba, alisando-se com uma faca. Pega-se na ponta da toalha e enrola-se o bolo como se enrola um papel.

Bolo de Macaxeira

2 xícaras de massa de mandioca, 1 xícara de leite de coco, 9 colheres de açúcar, 1 colher de manteiga, 4 ovos.
Batem-se os ovos, aos quais se juntam massa, leite, manteiga e açúcar. Vai ao forno em fôrma forrada com manteiga.

Bolo de Xadrez

10 ovos, 1/2 quilo de açúcar, 1/2 quilo de farinha, 1 copo de leite de coco, 1 colher de manteiga, algumas colheres de chocolate e doce de goiaba.
Batem-se os ovos com açúcar como se fora para pão de ló (sendo 2 sem claras). Depois de batidos, junta-se aos poucos a farinha, o leite, a manteiga com muito jeito sem continuar a bater. Divide-se este conteúdo. Em uma das partes se misturam algumas colheres de chocolate e põem-se ambas para assar separadas em fôrmas untadas com manteiga. Depois de assadas cortam-se em tirinhas de 2 centímetros que em cores alternadas são superpostas em camadas de 4 em 4 unidas em forma de rolo e cobertas com goiabada fina.

Sequilhos à Moda de Sobral

10 ovos, 1/2 quilo de açúcar refinado, 1 quilo de farinha de trigo, 1 quarta de manteiga.
Batem-se os ovos como para pão de ló, deita-se o açúcar, depois a manteiga e mexe-se bem. Por último vai-se botando a farinha de trigo até que se possa amassar com a mão e até que se possa fazer a pasta para se cortar os bolinhos. Leva 1 colher de carbonato de amônia.

Biscoitos de Araruta

1 quilo de araruta, 1/2 quilo de manteiga, 1/2 quilo de açúcar, 12 gemas e erva-doce.
Amassa-se bem e se fazem os biscoitos levando ao forno brando.

Pudim à Luís Filipe

2 libras de açúcar em ponto de pasta, 10 ovos, sendo 4 com claras e os restantes sem elas, 1/2 libra de manteiga, 1/2 libra de farinha de trigo, leite de 1 coco, 3 colheradas de queijo ralado.
Misturam-se os ovos, o leite de coco; depois de mexidos bota-se a farinha e o queijo, e, por último, a calda.

Pudim Tentador

8 ovos, 14 colheres de açúcar, 14 colheres de farinha de trigo, 1 xícara bem cheia de leite de coco, 1 colher de fermento.
Batem-se os ovos e depois junta-se o açúcar, a farinha e por último o leite com fermento. Mistura-se ligeiramente e põe-se imediatamente no forno em assadeiras. Divide-se depois o bolo em 3 partes, que, superpostas, são ligadas e cobertas com baba de moça.

Pudim de Bem-casados

800 g de açúcar, 1/2 libra de manteiga, 1/2 libra de farinha de trigo, 12 ovos, 2 xícaras de leite de coco.
Bate-se o leite de coco com manteiga, e, em outra vasilha, batem-se 6 gemas de ovos, misturando-se, em seguida, o leite de coco e manteiga. Junta-se depois a farinha ao mel frio em ponto de pasta.

Misturam-se então os 6 ovos restantes inteiros e leva-se ao forno em fôrmas forradas de manteiga.

Pudim de Peroba

Associa-se 1/2 copo de calda da fruta a 1/2 copo d'água e tomam-se 9 ovos, sendo 4 sem clara, 1 colher (chá) de farinha de trigo, 9 colheres de açúcar, 2 colheres de manteiga.
Batem-se ligeiramente os ovos, misturando-os aos outros ingredientes e se passa, por 3 vezes, esta mistura em peneira fina. Em seguida leva-se ao forno em fôrmas forradas de manteiga, e depois de assado e frio o pudim, cobre-se com uma calda grossa e fria composta de 1/2 copo de vinho do Porto e 1/2 copo de açúcar feito mel.

Pudim Beijo de Cabocla

Em ralo fino, passam-se 2 cocos e extrai-se o leite puro. Faça-se uma calda de 400 g de açúcar e junte-se a esta, depois de fria, 100 g de manteiga lavada, 200 g de farinha de trigo, 6 ovos, sendo 3 sem claras, batidos levemente. Junte-se depois ao leite de coco e leve-se a assar em fôrmas forradas com manteiga.

Sílvia Cake

250 g de farinha de trigo, 200 g de açúcar, 2 colheres cheias de manteiga, 2 pires pequenos de amêndoas ou castanhas-de-caju assadas, sendo um pires de castanhas ou amêndoas moídas, e o outro de castanhas ou amêndoas cortadas, 4 ovos inteiros e 1 gema. Bate-se a manteiga bem batida e junta-se ao açúcar, mexendo sempre. Mistura-se depois aos ovos a farinha, e por último as amêndoas ou castanhas. Põe-se a assar em tabuleiros. Antes de

assar completamente cobre-se com glacê que deve ser feito desta maneira: 200 g de açúcar, caldo de 1 laranja, e raspa de casca da mesma laranja. Queima-se tudo e cobre-se o bolo com glacê. Depois de frio o bolo, corta-se em losangos.

Torta de Banana

1 libra de açúcar em mel grosso e 4 bananas grandes, 1 quarta de manteiga, erva-doce e canela.
Descascam-se as bananas e põem-se a cozinhar no mel, no qual já se pôs manteiga, erva-doce e canela. Depois de bem cozidas, quando já estão a secar, retira-se do fogo, deixando-se esfriar um pouco. Batem-se 5 ovos inteiros, e depois de bem batidos se retira um pouco a que se junta 1 colher rasa de farinha de trigo. Feito isto juntam-se os ovos batidos e isto ao doce que já deve estar arrefecido. Põe-se em fôrma forrada de manteiga e leva-se ao forno polvilhado de açúcar.

Cajuzinhos de Amêndoas

40 g de amêndoas torradas e passadas na máquina, 1/2 quilo de açúcar, 12 gemas, 2 colheres de manteiga, 100 g de amêndoas para enfeitar.
Faz-se com o açúcar em ponto de pasta, e quando a calda estiver pronta jogam-se dentro a manteiga e as amêndoas. Depois do doce completamente frio juntam-se as gemas, que não devem ser batidas e sim bem misturadas. Leva-se ao fogo novamente mexendo com uma colher e puxando a pasta com a mesma até desprender da caçarola. Retira-se do fogo e vão-se formando os cajuzinhos, os quais se passam em açúcar cristalizado, espetando-se uma amêndoa no lugar da castanha. Não importa que o doce fique endurecido, quando se põem as amêndoas na calda, mas é preciso cuidado em não mexer para não açucarar.

Coalhada de Ovos

1/2 litro de leite, 4 ovos, sendo 2 inteiros e batidos com 7 colheres de açúcar, 1 colher de manteiga, uma pitada de sal.
Depois de misturados, põem-se em uma vasilha que se leva a cozinhar em banho-maria, cobrindo-se com canela.

Creme de Coco

O leite grosso de 1 coco, 6 gemas com as claras finas, 250 g de calda, em ponto de fio, 1 colherinha de manteiga que deve ser posta no mel quente, a raspa de 1 limão verde. A calda estando fria, põem-se as gemas que devem estar bem batidas, o leite de coco e 1 colher de maisena, põe-se em fôrma untada de manteiga e cozinha-se em banho-maria.

Creme Carioca à Moda de Sobral

Queimam-se 250 g de açúcar, batem-se em neve 6 claras de ovos, as quais se põem a assar em mel queimado que deve ser repartido. Faz-se um creme com 1 1/2 copo de leite, 4 gemas, 3 colheres de açúcar, 1 colher de maisena e baunilha. Depois de pronto tudo, põe-se um pouco de castanhas-de-caju cortadinhas, miúdas, e enfeita-se o prato em volta das claras e caramelos.

Creme de Abacate

Peneiram-se 3 abacates, com açúcar. À parte, batem-se 3 claras com 4 colheres de açúcar bem cheias, como se fora para suspiros. Queimam-se 100 g de açúcar, e neste caramelo se põem algumas ameixas. Arruma-se o abacate no meio do prato, e enfeita-se à vontade com o caramelo e as claras batidas.

Gelatina de Maracujá

6 folhas de gelatina, 3 gemas, 10 colheres de açúcar. Peneiram-se 6 maracujás aos quais se junta um pouquinho de água, de maneira que o conjunto dê 1 copo d'água. A gelatina se ferve à parte, com um pouquinho d'água. Depois de desmanchada e peneirada a gelatina, junta-se a garapa de maracujá, batem-se os ovos bem batidos e põe-se a garapa a ferver, para se juntar depois aos ovos, como se faz uma gemada, que, depois de fria, bota-se na geladeira, depois de acondicionada numa fôrma.

Gelatina de Frutas

4 copos d'água inclusive os 2 de caldo de fruta, cravo, canela, baunilha. As melhores frutas para se fazer a calda serão abacaxis ou maracujás. Regula 4 folhas de gelatina para cada copo. Leva-se ao fogo a calda de fruta com gelatina para ferver até que se desmanche. Depois de fervido coa-se e deixa-se esfriar. Quando estiver fria, despeja-se pequena quantidade na fôrma que já deve estar no gelo. Começando a congelar, vai-se dispondo uma camada de frutas, outra de calda e assim até terminar. As frutas podem ser estrangeiras ou brasileiras. Devem ser cortadas antecipadamente em pedacinhos.

Gelatina Rei Alberto

Tome 6 claras em neve, junte 6 colheres de açúcar e bata como para suspiro. Derreta 10 folhas de gelatina vermelha, 1 xícara d'água a ferver, e coe num pano. Parta em pedacinhos 1 abacaxi em compota, misture tudo numa saladeira. Tomem-se 6 gemas, 1 colher de licor, junte 6 colheres de açúcar e bata até ficarem esbranquiçadas, e derrame sobre a gelatina, guardando na geladeira. No dia seguinte faça este glacê e cubra a gelatina.

Glacê: faça-se uma calda em ponto de açúcar com 1 xícara d'água, outra de açúcar. Despeje-se quente sobre 2 claras em neve. Junta-se baunilha, ou limão, em 1/2 colher de fermento Royal. Derrame-se sobre a gelatina, que já deve estar congelada.

Balas de Coco

Faz-se uma calda de 1 libra de açúcar e quando estiver em ponto de cabelo põe-se 1 coco ralado e um pouco de canela em pó. Mexe-se e despeja-se em um prato untado de manteiga e tiram-se pequenas porções para formar balas, rolando. Amassa-se na palma da mão.

Bolinhos de Goma

3 litros de goma, 600 g de açúcar, 12 ovos, canela e cravo.
Batem-se as claras e depois se juntam as gemas, continuando a bater, e, por último, o açúcar, que se tem misturado perfeitamente aos ovos. Depois de tudo bem batido, vai-se juntando a goma aos poucos e também a canela e o cravo. Quando bem amassados, fazem-se os bolinhos que são levados a forno quente em tabuleiros polvilhados de açúcar.

Sequilhos de Coco

2 cocos, 1 quilo de açúcar, 3 litros de goma, 2 ovos, sendo 1 sem clara, 1 colher de manteiga.
Faz-se o mel, coa-se e põe-se o leite dos cocos. Leva-se ao fogo novamente, até que fique em ponto de pasta. Tira-se do fogo e bota-se a goma e o grude de 1 colher de goma, que já deve estar feito. Amassa-se bem, estende-se cortando com a carretilha, ou forminha como se desejar. Forno quente e tabuleiro polvilhado de goma.

Geleia de Goiaba

1 copo de açúcar, para 2 copos de calda de fruta não muito encorpada. Leva-se ao fogo até ficar em ponto de goiabada.

Gelatina de Tomate

1 quilo de tomates partidos, 1 colher de cebola ralada, 1 colher (chá) de sal, 2 colheres (chá) de açúcar, 3 cravos, 1/4 de xícara d'água.
Ferver tudo durante 20 minutos com a panela tampada, coar, juntar 5 folhas de gelatina vermelha dissolvida em 1/4 de xícara de água fervendo, juntando depois 2 colheres (chá) de caldo de limão.

2. Receitas de doces e bolos recolhidas em Goa (Índia portuguesa)

Contribuição particularmente valiosa – para efeitos de comparação sociológica, sob critério luso--tropical, de área brasileira marcada pelo açúcar, como o Nordeste canavieiro, com a, sob vários aspectos, materna, que é a luso--oriental, quanto ao uso do coco e da manga, em doces e bolos – é a que o autor de *Açúcar* obteve em Goa de "um colaborador", que gentilmente atendeu a pedido do seu amigo brasileiro.

Das receitas obtidas de tão prestimoso luso-tropical algumas merecem ser incluídas, como anexo, nesta edição de *Açúcar*. São aqui publicadas pela primeira vez, em língua portuguesa, ou pelo menos – e com certeza – no Brasil.

São receitas de doces e bolos em que aparecem, de modo notável e, repita-se, pioneiro, o coco e a manga, como aliados, na doçaria, do açúcar de cana: coco e manga que, do trópico asiático, foram trazidos pelo português para o trópico americano, quase ao mesmo tempo que aqui se introduzia o açúcar, tendo o coco da Índia e a manga se tornado, no Brasil, frutos como que telúricos e aqui se constituído em elementos preciosos da culinária, em geral, e da doçaria, em particular.

Chutney de Mangas

30 mangas, 1/2 quilo de açúcar, 1/2 quilo de passas, 3/4 de pimenta vermelha, 1 quilo de gengibre fresco, 1/4 de quilo de sal, 2 onças de alho e 2 garrafas de vinagre.

Descascam-se as mangas, cortam-se em bocados muito miúdos e do mesmo modo se corta o gengibre e o alho. O resto mói-se muito fino com o vinagre e mistura-se tudo. Mete-se nos frascos bem arrolhados e deixa-se ao sol por espaço de 8 dias com boca aberta.

Aranhas de Coco

Ponham-se sobre lume forte em vasilha apropriada 1400 g de açúcar cristalizado com alguma água e, quando tiver atingido o ponto de quebrar, retire-se a vasilha do fogo, deite-se-lhe o miolo de 2 cocos cortados em fatias bem finas e mexa-se bem. Ponha-se em seguida a vasilha novamente ao lume, mexendo sempre, tome-se uma pequena porção entre os dedos polegar e indicador e, pela compressão, verifique-se se adere, se está pegajoso. Nesse caso está pronto. Tire-se então do fogo e mexa-se um pouco fora. Coloca-se depois uma grelha de arame sobre um tabuleiro e, com dois garfos, vão-se tirando pequenas porções das fitas e arrumando-as em montinhos separados sobre ela. Polvilham-se por último com açúcar cristalizado encarnado e deixam-se secar para então se desprenderem da grelha.

Bolo de Damas

1/2 quilo de açúcar, 1 de coco moído, 6 gemas de ovos, 2 colheres de manteiga e 1/2 quilo de farinha de trigo.
Numa vasilha faz-se o mel de açúcar em ponto de pasta, deita-se nele coco moído, coze-se um pouco, revolvendo sempre, junta-se-lhe farinha de trigo. Tira-se do lume e, depois de frio, juntam-se-lhe as gemas.

Bebinca

1 quilo de farinha de trigo, 2 quilos de açúcar, leite de 4 cocos tirado sem água, 1/2 quilo de manteiga e 40 gemas de ovos. Faz-se o mel em ponto de pasta, tira-se do lume e, depois de frio, misturam-se 40 gemas, leite de coco, farinha e mistura-se tudo

muito bem. Deixa-se no forno uma vasilha com alguma porção de manteiga, põe-se um pouco de massa preparada e deixa-se cozer bem. Cozida a primeira camada, deita-se mais manteiga e mais uma camada da massa, e assim ir deitando a manteiga e a massa até o fim.

Doce de Fatias de Mangas

É preciso 1/2 quilo de açúcar para 1/2 quilo de fatias de mangas descascadas e limpas. Faz-se numa vasilha o mel em ponto de pasta, deitam-se as fatias e deixam-se cozer por uns 20 minutos. Passados uns 4 dias, torna-se a levar ao lume para se lhe dar um fervura. O frasco onde se conservam as fatias deve ser bem arrolhado.

Mangada (Outro Doce de Mangas)

Para 6 1/2 quilos de massa coada de mangas douradas, são precisos 4 quilos de açúcar. Tirada a massa, mistura-se com o açúcar e leva-se ao lume numa vasilha grande e deixa-se cozer, agitando sempre com uma colher de pau até engrossar.

Goiabada

Cozem-se as goiabas, descascam-se e moem-se com a exclusão dos pevides. Para cada 1/2 quilo de massa, juntam-se 250 g de açúcar. Leva-se tudo ao lume e coze-se, mexendo sempre com uma colher de pau.

Geleia de Goiaba

Para 160 goiabas grandes trazem-se 2 quilos de açúcar. Numa vasilha com água deitam-se os talos das goiabas e cozem-se. Depois de bem cozidas, amassam-se e deita-se num pano de coar, tendo o cuidado de deixar uma vasilha por baixo para recolher o líquido. Junta-se o líquido ao mel de açúcar feito em ponto de pasta, leva-se ao lume e agita-se até engrossar.
Depois de aparecer uma ligeira camada escura, tira-se essa camada e o que fica é a massa de geleia clarificada.
Do mesmo modo prepara-se também a geleia de manga.

"Miscutt" (Acepipe)

Cortam-se 100 manguinhas (mangas verdes) que não tenham a polpa mole, em cruz ao longo, mas sem deslocar os quartos.
Mói-se 1/2 quilo de sal e salgam-se as manguinhas muito bem por todos os lados, metem-se num alguidar e conservam-se aí por uns 2 ou 3 dias com o peso por cima.
Reduzem-se a pó 750 g de pimenta longa, vermelha e picante, passa-se por uma peneira para tirar os pevides, 1/2 quilo de mostarda, 15 g de assa-fétida, um bocadito de açafrão, tudo bem pulverizado e 1 colherinha de alforvas.
Ferve-se 1/4 de óleo de gergelim ou amendoim, da melhor qualidade, com assa-fétida e açafrão e, quando a assa-fétida ficar quase torrada, deitam-se as alforvas e continua-se a ferver mais 2 minutos. Depois disto retira-se a vasilha do lume, e depois de coado mói-se a assa-fétida, as alforvas e açafrão, e mistura-se com a pimenta, mostarda em pó e óleo de coco.
Recheiam-se com este tempero as manguinhas e metem-se num frasco com a calda de manguinhas e mais um pouco de óleo de gergelim.

3. Comentário do autor a depoimentos de estrangeiros sobre frutas e doces do Brasil e a livros de brasileiros do século XIX a favor dos mesmos valores

Escrevendo no meado do século XIX, James Wetherell, que foi vice-cônsul de Sua Majestade Britânica na Bahia e na Paraíba, anotava, em cartas de considerável interesse sociológico, além de histórico, sobre o Brasil – *Stray notes from Bahia* (Liverpool, 1860) – a voga dos doces de frutas agrestes. Da pitanga – "ácida e levemente amarga, muito agradável ao paladar" – informa que se fazia excelente (*"most excellent"*) geleia. Costume que desapareceu dos hábitos doceiros da região. Também de pitanga se faziam no Nordeste "pudins e tortas [...] compotas". Outra voga que desapareceu dos costumes doceiros da região.

Do "araçá-guaçu", era costume – que também declinaria – fazer-se doce: *"for making* doce". Quanto ao maracujá – o açu –, registra Wetherell que, segundo soube, era "ótimo quando cortado em pedaços e usado como fruta nas tortas". Outro costume da primeira metade do século passado que não foi conservado nem desenvolvido no país.

Outro registro de Wetherell de interesse para a história e para a sociologia do doce no Brasil – particularmente o doce do Nordeste: a muita exportação que então se fazia da rapadura, do mesmo Nordeste, para as "províncias do Sul do Império". Além do quê, sob a forma de garapa, a rapadura era no Nordeste açucareiro – o de numerosa população escrava – a delícia dos negros.

Do mamão, escreve no seu livro – hoje raríssimo – o observador inglês – particularmente familiarizado com a Bahia e com a Paraíba – ser "delicioso [...] dá excelentes tortas quando verde". Utilização, essa, do mamão ainda verde na doçaria do Nordeste, que não se desenvolveu. Ao contrário: declinou.

Quanto à banana, informa que era então "um grande item da dieta, cru, frito, em tortas e doces [...]".

Do abacate: "[...] quando devidamente misturado com açúcar e vinho, ou suco de limão, dá um ótimo creme, de sabor extremamente delicado [...]".

Quanto ao milho: "Fazem um prato muito gostoso de milho chamado 'canjica'". Dá-se a seguinte receita: "[...] simplesmente moendo o milho e misturando a gosto a farinha com açúcar e especiarias, cozinhando a massa no leite; quando frio parece uma geleia e é delicioso comido como mingau ou assado, da maneira como preparamos o pudim". Refere-se à canjica à moda do Nordeste.

Do abacaxi registra Wetherell o fato de o de Pernambuco ser fresco, superior ao da Bahia. Não acrescenta qualquer informação sobre a sua utilização como compota ou refresco. Omissão que não se explica.

Das freiras – a presença das freiras no desenvolvimento da arte brasileira, em geral, nordestina, em particular, do doce, merece estudo especializado, ao mesmo tempo de história, de sociologia e também de psicologia – confirma que eram então, no Nordeste do Brasil, "grandes fazedoras de doces, assim como de compotas, frutas secas etc.". Faziam, por encomenda, "os mais elaborados tipos de confeitos [...]". Inclusive: "Pratos com variada ornamentação para centro de mesa e sobremesas são lindamente montados". Mais: "O papel, cortado com tesoura, é muito empregado para decorar os pratos. Alguns adornos são elaboradíssimos e, dada a finura do papel, deve ser difícil cortá-lo. Vi belos exemplares de variadíssimos modelos com o nome de uma pessoa cortado no meio, entre os arabescos de outras figuras e ornamentos". Pormenores interessantes, estes, para a história do enfeite de doces e de bolos, no Brasil, com papel rendilhado: toda uma arte em si.

Grande a voga dos "suspiros" no Brasil do meado do século XIX observado pelo inglês Wetherell: "[...] um belo tipo de doce [...]". Deles informa que, muito frágeis e sem valor nutritivo, seu gosto era, entretanto, "*very delicious* [...]". Mais: "[...] nos feriados há grande demanda destes por parte dos vendedores de doces". Outro pormenor interessante, este, para o folclore do doce no Brasil: o dos suspiros terem sido, no século XIX, uma espécie de doce polivalente para os dias santos ou de festas.

Alguns anos antes de Wetherell, o francês Ferdinand Denis, no seu *Brésil* (Paris, 1739), observara a frequência, no Brasil de então, como sobremesa de "arroz-doce frio polvilhado de canela" e do que chamou "pudim de laranja". Mas sem deixar de registrar "a reconhecida habilidade de certos conventos na arte de inventar novas confeituras, todo esse luxo de *doces*, que outrora maravilhava os estrangeiros"; e de como que lamentar que essa originalidade brasileira, essa capacidade inventiva dos brasileiros na arte do doce, estivesse sendo prejudicada pela presença, pode-se dizer – em comentário a Denis – que descaracterizadora, dos "confeiteiros franceses e italianos". Sobretudo com relação a sorvetes, sem que, entretanto – novo comentário a Denis –, as frutas tropicais brasileiras deixassem de resistir, desde aqueles dias, a essa descaracterização no setor dos gelados, para acabarem triunfando na composição dos mesmos sorvetes.

Destaque-se que Denis também se refere à perícia das freiras brasileiras do meado do século XIX como "inventoras" de doces e bolos – inventoras ou inovadoras nesse setor e não conservadoras puras e simples de preciosas heranças que foram principalmente elas que trouxeram da Europa. Contribuíram assim, pela sua atividade nuns como laboratórios bem equipados de matéria-prima como ovos, leite, quer de vaca, quer de coco, frutas, cravo, canelas, vinhos, farinhas, açúcar, como eram então alguns dos conventos, para a especialidade em que a doçaria se constituiu dentro da cultura brasileira. Contribuição valiosíssima foi a dessas religiosas – umas por vocação, outras por imposição de suas famílias – para o desenvolvimento, no Brasil, especialmente no Nordeste, de uma arte do doce que antes das afirmações literárias dos José de Alencar, na prosa, dos Gonçalves Dias, na poesia, dos Carlos Gomes, na música, definiram-se como expressão da capacidade brasileira para, em setor, delicado como o da culinária, inventar, inovar, criar, ou recriar, valendo-se as inventoras de matéria-prima brasileira ou tropical e combinando-a com tradições ibéricas ou europeias. Teve assim o seu lazer ou ócio de religiosas uma expressão criadora valiosa para a cultura brasileira.

Em 1867 apareceria em Paris outro livro de francês sobre o Brasil – *Le Brésil contemporain*, de Adolphe d'Assier – em que o fenômeno da substituição daquela originalidade, na culinária, pela imitação de modelos franceses, é considerado com inteligência. D'Assier notou em propriedades de senhores ricos no interior do país, do qual ele conheceu várias regiões, até que nelas se verificava, no começo da segunda metade do século XIX, a substituição do que se pode hoje denominar, à espanhola, castiço, pelo importado. Numa dessas propriedades observou – veja-se como a observação incide sobre pormenor sociologicamente significativo – que a cozinha estava entregue a "dois cozinheiros negros que fizeram seu aprendizado nos hotéis franceses das grandes cidades do litoral [...]". E com relação, especificamente, aos doces, opina que no trópico úmido – observação de possível valor ecológico: os entendidos que opinem a respeito – os vegetais e os frutos perdiam "a discreta predominância de um sabor levemente azedo numa polpa adocicada". Característica dos pêssegos, das ameixas, dos figos, das uvas, de regiões temperadas europeias como a Provence. E pormenoriza com alguma sutileza, de resto muito francesa, de paladar: "[...] é necessário um clima seco para que essa arte se desenvolva e para que a proporção de açúcar não a mascare. Infelizmente não poderia ser assim nos trópicos". E mais: "A enorme quantidade de água que a seiva transporta e que o vegetal absorve por todos os seus poros numa atmosfera continuamente carregada de vapores incha a fruta, neutraliza sua acidez e transforma a polpa em melaço". Reconhece, entretanto, D'Assier naquele seu aliás excelente livro: "[...] os *doces* tirados dessas frutas costumam ser deliciosos". O fato concreto, real, vivo a desfazer a teoria com pretensões a objetivamente científica.

Pois D'Assier dá este testemunho insuspeito partindo de um francês a favor da importância da sensualidade como que em oposição à inteligência pura, na arte da cozinha: "[...] a cozinha nativa tira dos produtos da terra certa originalidade que o *savoir-faire* do negro realça ainda mais. Dissemos que é ele o encarregado de cuidar dos fornos". E a *"nature sensuelle"* do negro faria dele agente ideal para o desempenho de *"ces fonctions* [...]".

Isto quanto ao cozinhar de doces. Quanto à sua apresentação, também ela atraiu, no século XIX, a atenção de observadores estrangeiros mais argutos como expressão de um senso artístico por alguns deles ligados principalmente a mulheres ameríndias e negras: as que vendiam frutas, verduras e doces em tabuleiros. É assim que M. M. Ballou no seu *Equatorial America* (Boston, 1892), referindo-se a tabuleiros de frutas e verduras, registra: "É interessante observar a maneira artística com que as mulheres nativas, índias e negras, compõem e arranjam as várias frutas e os vários vegetais, denotando um instinto natural para misturar harmoniosamente cores e formas". A harmonização de cores e formas, passando de arte da apresentação de frutas e de verduras para a de apresentação de doces, tornou-se, neste particular, um dos aspectos mais vividamente tropicais – no sentido de serem as cores e formas combinadas, vermelhos, amarelos, verdes intensos – da doçaria brasileira, como arte diferenciada da europeia, confirmando o reparo, no mesmo século XIX, da *institutrice* Von Binzer (*Alegrias e tristezas de uma educadora alemã no Brasil*, São Paulo, 1956), em apoio a observação já feita por uma mrs. Brassay (*A voyage in the sunbeam*), de que, no Brasil, as cores pareciam mais vistosas que em qualquer parte do mundo. Todos sabemos como os amarelos de bolos de milho, os vermelhos de doces de goiaba, os verdes de geleias de araçá, os roxos de certos doces de batata são cores vistosas. Tropicalmente vistosas.

Passando ao século XX, podemos recolher em observadores estrangeiros mais recentes da situação brasileira testemunhos sociologicamente significativos a respeito da arte do doce no nosso país. Este, por exemplo, de L. E. Elliot, em *Brazil, today and tomorrow* (Nova York, 1917), e, ao referir-se à brasileira típica, classe-média, dos começos do século: "Não raro ela mostra uma tendência a engordar cedo na vida, por não realizar atividades físicas e comer os extraordinários e deliciosos *doces*, cuja criação é uma arte especial das mulheres brasileiras [...]". E mais adiante: "Os brasileiros são grandes consumidores de açúcar [...]. Uns 35 ou quarenta quilos *per capita*, e, com exceção de doces finos importados da França, todas as guloseimas consumidas no Brasil são de produção nacional". Os bombons importados da França eram um aspecto do francesismo, então elegante, entre os brasileiros mais sofisticados da época, alguns dos quais seriam incapazes de oferecer aos seus convidados, em vez desses doces franceses, doces de coco ou goiabada.

E agora o testemunho de Louis Casabona, no seu *São Paulo du Brésil* (Paris, s. d.), referente ao São Paulo dos começos do século XX; e à presença da cana-de-açúcar na paisagem brasileira, em geral: "Não há terra que se preste melhor que a terra brasileira ao cultivo dessa preciosa planta (cana-de-açúcar)". Palavras que o autor reproduz do padre Etienne, exato conhecedor do Brasil e dos países tropicais naquela época. E quanto às frutas, particularizando o abacate: "Corta-se [o abacate] em dois, tira-se o caroço e separa-se, com uma colher, a polpa da casca. Alguns põem açúcar, outros transformam-no em sorvete [...]".

Destino, também – comente-se –, de outras frutas tropicais do Brasil ao se acomodarem ao paladar luso-tropical do brasileiro: serem acompanhadas de salpicos de açúcar ou se transformarem em sorvetes. Em sorvetes, refrescos, doces, frutas cristalizadas. Deixava-se – e o costume continua válido – quase inteiramente aos meninos e aos rústicos saborearem certas frutas – cajá, mangaba, pitanga – em seu estado natural. O modo dominante de serem várias delas saboreadas vem sendo, como no caso do abacate, notado pelo observador francês, por meio de colher e com acréscimo de açúcar ao seu gosto agreste; ou reduzidas a sorvetes, refrescos, doces.

Entretanto – voltando ao século XIX –, é interessante registrar-se aqui que estrangeiros inteligentes e cultos como Thomas Ewbank, autor de *Life in Brasil. Land of the cocoa and the palm* (Londres, 1856), a sobremesa que mais apreciaram no Brasil do meado do século XIX foi esta: a de frutos, inclusive os ácidos, no seu estado natural. Sem açúcar nem melado. Daí ele recordar: "Depois do jantar, passamos para o jardim e comemos a sobremesa à moda do Éden. Recostados sob venerandos tamarindos e canelas [*cinnamon trees*], arrancávamos seus frutos e os das mangueiras, tão difundidas lá". Regalou-se também de banana, laranja, limão, cajá, pitanga, mamão. Naturalismo, quanto à sobremesa, do mais romântico, à maneira de J. J. Rousseau.

A verdade, porém, é que Ewbank não deixou de notar no Brasil, senão a excelência dos doces – seria cair em contradição –, sua variedade; nem de anotar o pitoresco dos nomes desses muitos doces: mães-bentas, suspiros, babas de moça, rosários, toucinhos do céu. Toucinho! A predominância do toucinho na alimentação brasileira impressionou-o. Pareceu-lhe absurda essa predominância, em país "equatorial", e curioso que o toucinho fosse glorificado até em nomes de doces. Devia ser esta a causa de tanto brasileiro ser, naqueles dias, gordo e flácido. Mas, animado de espírito científico, observou "a avançada idade a que muitos chegam".

Ao muito doce que, na alimentação do brasileiro, foi notável até o começo do século XX – com sacrifício, por vezes, nas mesas mais burguesas ou aristocráticas, das frutas frescas – não parece que se possa atribuir excessivo malefício. Nem, havendo equilíbrio, tem implicado repúdio às saudáveis frutas frescas consideradas por Ewbank paradisíacas; e as quais são, também elas, açúcar. Açúcar ao natural. Nem tanto ao mato nem tanto à cozinha poderá, talvez, neste particular, ser considerado conceito higienicamente válido e equivalente ao velho "nem tanto ao mar nem tanto à terra", com o mar significando arbitrariamente veículo da arte – sobretudo a vinda do Oriente e da Europa – e a terra, natureza: natureza pura. Açúcar ao natural. Açúcar ao natural a que o manufaturado, por arte dos homens, vem acrescentando encantos e graças inseparáveis de certas civilizações. Inclusive da brasileira.

A estes comentários a observações de estrangeiros, de interesse sociológico, sobre a doçaria brasileira, convém acrescentar aqui o registro de interessantíssima tentativa de sistematização, que se esboçou no Brasil, ainda dos dias do Império, de equivalentes entre substâncias doceiras brasileiras e substâncias doceiras europeias. Dessa tentativa nos dá notícia *O cozinheiro nacional*, publicado por Garnier, no Rio de Janeiro e em Paris (s. d.); e, aqui, talvez pela primeira vez seja esse esforço pioneiro considerado não apenas aventura de doceiro ou de pasteleiro conhecedor de matérias-primas tanto europeias como brasileiras da sua arte, porém alguma coisa de significativo noutro plano: no da sociologia do doce através de um esforço comparativo em que se encontram numa cultura, em parte extraeuropeia, e numa natureza tropical, decididamente não europeia – as brasileiras –, equivalentes para substâncias europeias, sob as mesmas formas de arte – a da doçaria francesa – e de estilo, também francês, de sobremesa: o sociologicamente europeu.

A que conclusões chegaram, nessa tentativa de sistematização de equivalentes, os organizadores de *O cozinheiro nacional*? A várias, de interesse culinário geral. Dentre elas, as seguintes, de importância específica para a sociologia da doçaria: mandioca brasileira, batata europeia; taioba brasileira, alcachofra europeia; bananas, maçãs; amendoim, sapucaias, castanhas-do-pará, mindubirana, brasileiros – amêndoa, nozes, avelãs, europeias; jiló brasileiro, berinjela europeia; brotos de samambaia, galhos de abóbora brasileiros; pinhais brasileiros, castanhas europeias; carapicus brasileiros, cogumelos europeus; mamão brasileiro, melão europeu; jacatupés brasileiros, beterraba europeia; tomates brasileiros, uvas verdes europeias; gengibre brasileiro, *raifort* europeu.

Essa tentativa de sistematização de equivalentes – chamemo-la assim, sem evitar a irredutível pedantaria sociológica da expressão – não a empreenderam os organizadores de *O cozinheiro nacional* visando apenas ser úteis a europeus que, tendo se tornado adeptos de quitutes brasileiros, regressassem à Europa, ou aos Estados Unidos. Visava também ser útil ao Brasil, através de sugestões para possíveis substituições de ingredientes brasileiros ou tropicais por ingredientes europeus; e fazer "conhecidas muitas preparações deliciosas, saudáveis e confortativas que, até hoje ignoradas, vão entrar no domínio do público (europeu) e poderão ser por ele apreciadas convenientemente". Pois "o Brasil tem sido e é ainda tributário de outros países, comprando-lhes seus gêneros alimentícios; poderá, por sua vez, fornecer-lhes os diferentes produtos que este livro vai tornar conhecidos [...]". Isto na suposição dos substitutos sugeridos criarem nos estrangeiros a vontade de importarem, do Brasil, os ingredientes originais.

O cozinheiro nacional – acentue-se aqui – foi um dos livros mais nacionalistas aparecidos no Brasil no decorrer do século XIX: o século – repita-se o que já se acentuou nas introduções deste livro – do indianismo romântico, na literatura de José de Alencar e de Gonçalves Dias, e, na música, de Carlos Gomes. Daí este clamor sociologicamente significativo dos autores de *O cozinheiro nacional*: "É tempo que este país se emancipe da tabela europeia debaixo da qual tem vivido até hoje; é tempo que ele se apresente com seu caráter natural, livre e independente de influências estrangeiras, guisado a seu modo os inúmeros produtos da sua importante flora, as esquisitas e delicadas carnes da sua variada fauna, acabando por uma vez com este anacronismo de acomodar-se com livros estrangeiros que ensinam a preparação" (de quitutes) com "substâncias que não se encontram no país [...]". Os organizadores do importante livro poderiam ter salientado que, com a então crescente imitação pelos brasileiros de modelos europeus de arquitetura, de móvel, de pintura, de trajo, de alimentação – inclusive de doce –, o Brasil vinha perdendo parte considerável de uma de suas melhores originalidades: a da sua doçaria à base do seu muito açúcar e da sua variedade de frutas tropicais. Mais: poderiam ter se esmerado, no seu livro, no esforço de reabilitação dessa nada desprezível originalidade. Não se esmeraram. Sua ênfase é nos guisados, deixando-se aos colecionadores de receitas de doces ou de pastéis uma tarefa que não foi por eles tão bem desempenhada, no plano de uma pré-sociologia do doce, como seria de desejar.

Em 1862, já aparecera, no Rio de Janeiro, a 3ª edição de *Doceira brasileira ou novo guia manual para se fazerem todas as espécies de doces*: trabalho de d. Constança Olívia de Lima, editado por Eduardo e Henrique Laemmert – os mesmos que haviam lançado, anos antes, o *Cozinheiro imperial*. Esse *Cozinheiro imperial,* como predecessor do *Cozinheiro nacional*, revivera aquela mística de nacionalização do paladar que, passados os dias do nativismo indianista agressivo – o furor contra o trigo e a favor da mandioca, contra o vinho e a favor da aguardente de cana –, entrara em declínio ou decadência.

A *Doceira brasileira* apresentou-se ao público – aos "habitantes deste precioso Brasil" – com caráter nitidamente prático: como

> coleção ampla de todas as receitas, formas e métodos conhecidos até hoje de fazer doces [...] geleias, conservas, frutas em calda [...] confeitadas; de purificar e refinar o açúcar, o mel, a rapadura, reduzindo-os à calda própria para o fabrico de doces; e como, para o mesmo fim, se prepara e aplica o mosto; o modo de obter o açúcar-cande, ou candilado; como se fazem os xaropes; o processo que se deve ter com as ratafiás, ou licores de sumos de frutas, feitos a frio, em casa [...] e por último o modo de fazer sorvetes de muitas qualidades.

Era *Doceira brasileira* um formulário necessário. O que havia no Brasil sobre doces era exótico: "livros que nos vêm de fora e custam muito boas patacas e assim mesmo não satisfazem nosso desejado fim [...]". *Doceira brasileira* era formulário flexível; admitia que "os habitantes deste precioso Brasil" se vissem "obrigados a alterar as doses componentes dos doces e a variá-los [...]". Para isto nada como a experiência: "a experiência é quem melhor nos ensina [...] cada pessoa poderia aumentar ou diminuir os doces" nas receitas.

Ia, porém, além das receitas de doces: propunha-se a ensinar às sinhás brasileiras o fabrico, em suas casas, e por suas próprias mãos, de "pastilhas, flores, frutas e diferentes figuras de açúcar [...]". Que pastilhas eram essas? D. Constança Olívia de Lima que o diga: "As pastilhas doces estão hoje em tanto uso e são de tanta magnitude salutar que impossível se nos torna deixar de exarar [...] fixando aqui algumas noções gerais para o fabrico de tão delicados doces e do de diferentes figuras, frutas, flores e diversos objetos de açúcar". Para fazer pastilhas, a sinhá devia tomar o açúcar, dissolvê-lo em um alguidar de louça limpo, com certa quantidade de água de cheiro, e mexer até que a massa ficasse condensada. Quando no ponto, deitavam-se quatro onças [em torno de 110 g] dessa massa numa caçarola que deveria ser logo metida em um forno pequeno e aquentada até ficar em líquido; com a massa a ferver, a sinhá precisaria de retirá-la do fogo e mexê-la uma ou mais vezes, deixando-se o bico da caçarola bem junto de tabuleiros de folha de flandres. Então, com "uma agulha de fazer meia" – que delícia de pormenor! – "com cabo de pau", ia-se lançando a massa "aos bocados, e em figuras de botõezinhos, nos tabuleiros", de modo que as pastilhas ficassem do "tamanho de um tostão". Passada uma hora, as pastilhas deviam ser postas "em papéis para a estufa" na qual deveriam ficar um dia: só por um dia. Com qualquer demora além de um dia sofreriam "diminuição no seu aroma". Tais pastilhas – por algum tempo tão em voga no Brasil do tempo do Império – não eram apenas "agradáveis ao paladar e ao olfato": também "medicinais".

Quanto ao fabrico de flores, frutas e outros objetos de açúcar, era trabalho igualmente delicado: arte para mãos de sinhás com alguma coisa de artistas. Sinhás que, munidas de saca-bocados, recortassem com eles nos seus longos lazeres o açúcar em passa de pastilhas; e fabricassem ludicamente "flores, frutas, pirâmides, edifícios". Um requinte era juntar-se à massa da flor que se projetasse recortar – rosa, jasmim, violeta – a essência dessa flor; outro, dar-se à mesma flor o seu colorido natural. O resultado era uma flor de açúcar, com o gosto da flor e com o seu róseo ou o seu roxo ou o seu amarelo. Muitas as formas, além da de flor ou da de edifício ou pirâmide, que se davam a essas preciosidades: aves, castelos, peixes, bustos de personagens. Com o tal saca-bocados houve escultoras-sinhás que, enquanto durou no Brasil o furor das pastilhas e das esculturas, fizeram maravilhas em açúcar: doces que eram obras de arte com alguma coisa de rimbaudiana em sua complexidade. Só faltavam ser música: tinham forma, aroma, sabor de essência, além do gosto de açúcar. Rimbaud e Baudelaire talvez tivessem estimado tais combinações pan-estéticas.

Dando receitas de doces tão requintados, d. Constança deu também às suas patrícias do meado do século XIX fórmulas para o preparo das sobremesas mais simples. As fatias de parida, por exemplo. Para fazê-las, a sinhá deveria cortar o pão em fatias, embebê-las em leite, bater à vontade uma porção de gemas de ovos, passar por estas as fatias e frigi-las em manteiga de vaca ou de porco. Depois do quê, era só fazê-las passar pela calda do açúcar e areá-las de canela por cima.

As requintadas pastilhas tiveram sua época para se tornarem, em sua forma ortodoxa, curiosidades históricas. As simples e despretensiosas fatias de parida vêm vencendo o tempo: são hoje tão atuais quanto nos dias em que d. Constança lhes deu, pela primeira vez, no Brasil, a honra de serem receita de livro. Pois já vinham da tradição oral.

Foi o que fez *Doceira brasileira* com várias receitas de doces: fixou-as em letra de fôrma. Seguiu neste particular o exemplo do *Cozinheiro imperial*. E foi, quase tanto quanto o *Cozinheiro nacional*, o que Sílvio Romero, poucos anos depois, referindo-se a livro de sua autoria, chamaria de "brado de são brasileirismo".

Em livro aparecido em Paris em 1910, com o título de *Atravers le Brésil, Au pays de l'or et des diamants*, o médico, então famoso, na França, Latteux constataria, como cientista e como bom apreciador francês de frutas e doces saborosos, que o Brasil começava a afirmar-se – poderia ter comentado que se tratava de uma reafirmação – país ilustre tanto na geografia do doce quanto na do ouro e dos diamantes. É o que se conclui deste fato: não lhes passou despercebido ter a América portuguesa se notabilizado, durante séculos, pela grande produção do açúcar: "[...] por muito tempo, a produção brasileira superou em absoluto a de todos os mercados do mundo". Daí ter resultado continuar "um dos países em que o consumo de açúcar é mais elevado". Explicava-se assim que, nas ruas das suas cidades, ao lado de armazéns que expunham à venda, com as frutas europeias, frutas tropicais, sobressaíssem as confeitarias: "[...] os confeiteiros rivalizam com as mais luxuosas lojas parisienses. No Brasil, as senhoras são gulosas e a escolha de doces é variadíssima. Suas frutas cristalizadas são uma especialidade importante".

4. Além do Nordeste canavieiro

Doces já caracteristicamente brasileiros de áreas mais rústicas e menos europeizadas do país estão a merecer estudo etnográfico – quanto à sua apresentação – e sociológico – quanto ao que representam de ecologicamente social ou cultural.

Em número recente – de 16 de junho de 1968 – da *Gazeta Comercial*, de Juiz de Fora, Jaciara de Sousa Fragata, em artigo "Cozinha regional: a geografia em nossa mesa", se ocupa do assunto de modo sugestivo. Refere-se especificamente à cozinha goiana; e com algum humorismo menciona uns bolinhos, goianos, de "coração de banana", feitos com o chamado "coração roxo que pende dos cachos de banana": "Tiram-se as folhas roxas, lavam-se bem e cozinham-se. Depois de cozidas, misturam-se com farinha de trigo e ovos". O extremo do doce agreste cozinhado: tão agreste que é o açúcar o da própria fruta.

Os doces amazônicos, de uma variedade de frutas do trópico anfíbio daquela vasta região, estão entre os doces ainda agrestes, do Brasil, mais merecedores de estudo. De estudo e de valorização. O autor guarda a melhor lembrança de uma sua visita a pequena fábrica de doces agrestemente regionais, em Belém do Pará: doces de uma surpreendente variedade de sabores esquisitamente tropicais.

Guarda também a boa lembrança de um cozinheiro francês, casado com brasileira, ameríndia do Amazonas, que conheceu em Manaus, empenhado em combinar sutilezas de caldas, molhos e temperos franceses com matéria-prima amazônica: peixes, verduras, frutos. Seus experimentos devem ter resultado em combinações de sabores que mereceriam divulgação.

O professor Sílvio Rabelo, no seu *Cana-de-açúcar e região – aspectos socioculturais dos engenhos de rapadura do Nordeste,* menciona combinações da rapadura com frutas e raízes: são poucas. O talento, ou a ciência, das combinações novas, originais, brasileiras, do açúcar com frutas tropicais que, no Nordeste da "zona da mata" ou canavieira, como, aliás, no Rio de Janeiro também aristocraticamente açucareiro, foi de uma produtividade tão notável, não se manifestou, com igual vigor, na subárea da rapadura e da imbuzada; nem na da marmelada (São Paulo) nem na do simples, quase ingênuo, doce de leite (Minas). Tampouco se desenvolveu, no Nordeste árido, uma arte do doce que se aproximasse, em originalidade e em sutileza, da que floresceu nas casas-grandes e nos sobrados patriarcais do Brasil canavieiro, assim como nos conventos de freiras, das áreas por assim dizer nobres, do açúcar: o Nordeste canavieiro, o Rio de Janeiro também canavieiro, com a subária do Rio Grande do Sul dominada por Pelotas como – neste particular – inesperado parente sociológico dessa Nordeste e desse Rio de Janeiro.

5. Apelo do autor a favor dos doces regionais e tradicionais do Nordeste no Congresso Regionalista reunido no Recife em 1926

Há comidas que não são as mesmas compradas nos tabuleiros que feitas em casa. Arroz-doce, por exemplo, é quase sempre mais gostoso feito por mão de negra de tabuleiro que em casa. E o mesmo é certo de outros doces e de outros quitutes. Do peixe frito, por exemplo, que só tem graça feito por negra de tabuleiro. Da tapioca molhada, que "de rua" e servida em folha de bananeira é que é mais gostosa. Do sarapatel: outro prato que em mercado ou quitanda é mais saboroso do que em casa finamente burguesa – opinião que não é só minha, mas do meu amigo e companheiro de ceias nos mercados e no Dudu, o grande juiz e grande jornalista Manuel Caetano de Albuquerque e Melo. As negras de tabuleiro e de quitanda como que guardam maçonicamente segredos que não transmitem às sinhás brancas do mesmo modo que, entre as casas ilustres, umas famílias vêm escondendo das outras receitas de velhos bolos e doces que se conservam durante anos especialidade ou segredo ou singularidade de família. Daí o fato de se sucederem gerações de quituteiras quase como gerações de artistas da Idade Média: donas de segredos que não transmitem aos estranhos. Feitos estes reparos, estou inteiramente dentro de um dos assuntos que me pareceu dever ser versado por alguém neste congresso: os valores culinários do Nordeste. A significação social e cultural desses valores. A importância deles: quer dos quitutes finos, quer dos populares.

[...] Sempre muito lírico, o português foi dando aos seus doces e quitutes, no Brasil, nomes tão delicados como os de alguns de seus poemas ou de seus madrigais: pudim de iaiá, arrufos de sinhá, bolo de noiva, pudim de veludo. Nomes macios como os próprios doces. E não apenas nomes de um cru realismo, às vezes lúbrico, como "barriga de freira".

Enquanto isso, foi se mantendo a tradição, vinda de Portugal, de muito quitute mourisco ou africano: o alfenim, a alféloa, o cuscuz, por exemplo. Foram eles se conservando nos tabuleiros ao lado dos brasileirismos: as cocadas – talvez adaptação de doce indiano –, as castanhas-de-caju confeitadas, as rapaduras, os doces secos de caju, o bolo de goma, o mungunzá, a pamonha servida em palha de milho, a tapioca seca e molhada, vendida em folha de bananeira, a farinha de castanha em cartucho, o manuê. E o tabuleiro foi se tornando, nas principais cidades do Brasil, e não apenas no Nordeste, expressão de uma arte, uma ciência, uma especialidade das "baianas" ou das negras: mulheres, quase sempre imensas de gordas, que, sentadas à esquina de uma rua ou à sombra de uma igreja, pareciam tornar-se, de tão corpulentas, o centro da rua ou pátio da igreja. Sua majestade era às vezes a de monumentos.

[...] Já quase não há casa, neste decadente Nordeste de usineiros e de novos-ricos, onde aos dias de jejum se sucedam, como antigamente, vastas ceias de peixe de coco, de fritada de goiamum, de pitu ou de camarão, de cascos de caranguejo e empadas de siri preparadas com pimenta. Já quase não há casa em que em dia de aniversário na família os doces e bolos sejam todos feitos em casa pelas sinhás e pelas negras: cada doce mais gostoso que o outro. Quase não se vê conto ou romance em que apareçam doces e bolos tradicionais como em romances de Alencar. Os romancistas, contistas e escritores atuais têm medo de parecer regionais, esquecidos de que regional é o romance de Hardy, regional é a poesia de Mistral, regional o melhor ensaio espanhol: o de Ganivet, o de Unamuno, o de Azorin. E regional o que há de melhor na cozinha francesa. É claro que a época já não permite os bolos brasileiros de outrora, com dúzias e dúzias de ovos. Mas a arte da mulher de hoje estaria na adaptação das tradições da doçaria ou da cozinha patriarcal às atuais condições de vida e de economia doméstica. Nunca em repudiar tradições tão preciosas para substituí-las por comidas incaracterísticas de conserva e de lata [...]

Trecho do *Manifesto regionalista*, 1ª ed., Recife, 1952.

6. Presença africana na arte brasileira do doce

Um traço importante de infiltração de cultura negra na economia e na vida doméstica do brasileiro resta-nos acentuar: a culinária. O escravo africano dominou a cozinha colonial, enriquecendo-a de uma variedade de sabores novos. "Da áspera cozinha do caboclo", escreve Luís Edmundo, "ao passarmos à cozinha laudável do mazombo veremos que ela nada mais era que uma assimilação da do reinol, sujeita apenas às contingências ambientes." Palavras injustas em que vem esquecida, como sempre, a influência do negro sobre a vida e a cultura do brasileiro.

No regime alimentar brasileiro, a contribuição africana afirmou-se principalmente pela introdução do azeite de dendê e da pimenta-malagueta, tão característicos da cozinha baiana; pela introdução do quiabo; pelo maior uso da banana; pela grande variedade na maneira de preparar a galinha e o peixe. Várias comidas portuguesas ou indígenas foram no Brasil modificadas pela condimentação ou pela técnica culinária do negro; alguns dos pratos mais característicos brasileiros são de técnica africana: a farofa, o quibebe, o vatapá.

Dentro da extrema especialização de escravos no serviço doméstico das casas-grandes, reservaram-se sempre dois, às vezes três indivíduos, aos trabalhos de cozinha. De ordinário, grandes pretalhonas; às vezes negros incapazes de serviço bruto, mas sem rivais no preparo de quitutes e doces. Negros sempre amaricados; uns até usando por baixo da roupa de homem cabeção picado de renda, enfeitado de fita cor-de-rosa; e ao pescoço teteias de mulher. Foram estes os grandes mestres da cozinha colonial; continuam a ser os da moderna cozinha brasileira. Inclusive da doçaria.

Se é certo que no Rio de Janeiro fidalgos reinóis mantiveram por muito tempo cozinheiros vindos de Lisboa, nas cozinhas tipicamente brasileiras – as dos engenhos e fazendas, as das grandes famílias patriarcais ligadas à terra – quem desde o século XVI preparou os guisados e os doces foi o escravo ou a escrava africana.

> Os senhores de épocas afastadas [diz-nos Manuel Querino no seu estudo sobre a *A arte culinária na Bahia*] muitas vezes, em momentos de regozijo, concediam cartas de liberdade aos escravizados que lhes saciavam a intemperança da gula com a diversidade de iguarias, cada qual mais seleta, quando não preferiam contemplá-los ou dar expansão aos sentimentos de filantropia em algumas das verbas do testamento [...] Era vulgar nos jantares da burguesia uma saudação, acompanhada de cânticos, em honra da cozinheira, que era convidada a comparecer à sala do festim e assistir à homenagem dos convivas.

Vários são os alimentos pura ou predominantemente africanos em uso no Brasil. No Norte especialmente: na Bahia, em Pernambuco, no Maranhão. Manuel Querino anotou os da Bahia; Nina Rodrigues os do Maranhão; tentamos o mesmo com relação aos de Pernambuco em trabalho lido perante o Congresso Regionalista do Nordeste, reunido no Recife em 1926. Desses três centros de alimentação afro-brasileira é decerto a Bahia o mais importante. A doçaria de rua aí desenvolveu-se como em nenhuma cidade brasileira, estabelecendo-se verdadeira guerra civil entre o bolo de tabuleiro e o doce feito em casa. Aquele, o das negras forras, algumas tão boas doceiras que conseguiram juntar dinheiro vendendo bolo. É verdade que senhoras de casas-grandes e abadessas de convento entregaram-se às vezes ao mesmo comércio de doces e quitutes; as freiras aceitando encomendas, até para o estrangeiro, de doces secos, bolinhos de goma, sequilhos, confeitos e outras guloseimas. Mestre Vilhena fala desses doces e dessas iguarias – quitutes feitos em casa e vendidos na rua em cabeças de negras mas em proveito das senhoras –, mocotós, vatapás, mingaus, pamonhas, canjicas, acaçás, abarás, arroz de coco, feijão de coco, pão de ló, pão de milho, roletes de cana, queimados, isto é, rebuçados.

[...] Mas o legítimo doce ou quitute de tabuleiro foi o das negras forras. O das negras doceiras. Doce feito ou preparado por elas. Por elas próprias enfeitados com flor de papel azul ou encarnado. E recortado em forma de corações, de cavalinhos, de passarinhos, de peixes, de galinhas às vezes com reminiscências de velhos cultos fálicos ou totêmicos. Arrumado por cima de folhas frescas de banana. E dentro de tabuleiros enormes, quase litúrgicos, forrados de toalhas alvas como pano de missa.

[...] Desses tabuleiros de pretas quituteiras, uns corriam as ruas, outros tinham seu ponto fixo à esquina de algum sobrado grande ou num pátio de igreja, debaixo de velhas gameleiras. Aí os tabuleiros repousavam sobre armações de pau escancaradas em X. A negra ao lado, sentada num banquinho. Por esses pátios ou esquinas, também pousaram outrora, gordas, místicas, as negras de fogareiro, preparando ali mesmo peixe frito, mungunzá, milho assado, pipoca, grude, manuê; e em São Paulo, que nos fins do século XVIII tornou-se a grande terra do café, as pretas de fogareiro deram para vender a bebida de sua cor a

> dez réis a xícara acompanhada de fatias do infalível cuscuz de peixe, do pãozinho cozido, do amendoim, das pipocas, dos bolos de milho sovado ou de mandioca, "purva", das empadas de piquira ou lambari, do quitunga (amendoim torrado e socado com pimenta-cumari), do pé de moleque com farinha de mandioca e amendoim, do içá torrado, do quentão, do ponche e quejandas guloseimas vindas em linha reta das cozinhas africanas e da indígena.

De noite os tabuleiros iluminavam-se como que liturgicamente de rolos de cera preta; ou então de candeeirinhos de folhas de flandres ou de lanternas de papel.

Dessas pretas de bolo e de fogareiro vê-se hoje uma ou outra na Bahia, no Rio, ou no Recife; vão rareando. Mas ainda sobrevivem traços da antiga rivalidade entre seus doces mais coloridamente africanos e os das casas de família. No preparo de vários quitutes elas ganham longe: acaçá, acarajé, manuê. É nossa opinião que no preparo do próprio arroz-doce, tradicionalmente português, não há como o de rua, ralo, vendido pelas negras em tigelas gordas donde o guloso pode sorvê-lo sem precisar de colher. Como não há tapioca molhada como a de tabuleiro, vendida à maneira africana, em folha de banana.

[...] Com a europeização da mesa é que o brasileiro tornou-se um abstêmio de vegetais; e ficou tendo vergonha de suas mais características sobremesas – o mel ou melado com farinha, a canjica temperada com açúcar e maneira. Só se salvou o doce com queijo. É que a partir da Independência os livros franceses de receita e de bom-tom começaram o seu trabalho de sapa da verdadeira cozinha brasileira; começou o prestígio das negras africanas de forno e fogão a sofrer consideravelmente da influência europeia.

Do livro *Casa-grande & senzala*,
1ª ed., Rio de Janeiro, 1933, vol. 2.

7. Mais além do Nordeste

Embora o autor sustente ter sido o Nordeste canavieiro – e, por impulso adquirido, talvez continue a ser – a área ou região brasileira por excelência do doce e do bolo, outras áreas do país vêm desenvolvendo suas doçarias regionais, sendo para desejar que essas doçarias sejam estudadas, histórica, sociológica e esteticamente, nas suas respectivas peculiaridades. Daí o já antigo apelo, nesse sentido, do autor a estudiosos do assunto, noutras regiões que não o Nordeste.

Atendeu-o magnificamente o ensaísta sul-rio-grandense Atos Damasceno, quanto à subárea dominada por Pelotas e que, na sua configuração, se apresenta com tantas afinidades ou semelhanças com o Nordeste. O livro *Doces de Pelotas* – coordenação de receitas por Amélia Valandro e prefácio por Atos Damasceno –, publicado no Rio de Janeiro, em Porto Alegre e em São Paulo em 1949, constituiu-se num dos melhores livros modernos sobre o assunto em língua portuguesa.

Aqui serão transcritos dois trechos do prefácio de *Doces de Pelotas*, para os quais a atenção do autor foi chamada pelo ilustre escritor Moisés Velinho.

> Gilberto Freyre, depois de chamar a atenção para a "personalidade nacional e, dentro dela, a regional, que prende o indivíduo de modo tão íntimo às árvores, às águas, às igrejas velhas do lugar onde nasceu, onde brincou menino, onde comeu os primeiros frutos e os primeiros doces, inclusive os doces e os frutos proibidos" – e após referir-se "aos próprios judeus que conservam a sua personalidade de nação, flutuante no espaço mas sólida através do tempo, guardando os pratos, os doces e os pastéis que mais lhes recordam as palmeiras e oliveiras dos seus primeiros dias de povo e cujo preparo apresenta tanta

coisa de ritual ou litúrgico" –, encarece a necessidade que temos de coletar e reunir os nossos recursos nesse terreno. E diz textualmente: "Ao brasileiro, que se não flutua no espaço internacional como o judeu, ainda flutua no tempo e um pouco no próprio espaço nacional, vago e indefinido, impõe-se o balanço de seus recursos regionais de cozinha e de doçaria, para que resulte mais claro, mais nítido e mais concreto do que por simples conhecimento de oitiva o que já podemos apresentar como verdadeiramente nosso, em assunto de mesa e sobremesa. Também a nossa estética de cozinha, de mesa e sobremesa, precisa ser estudada, e inventariada essa parte nada desprezível do nosso patrimônio artístico".

O balanço sugerido pelo sociólogo pernambucano ainda não foi feito no Rio Grande do Sul, onde o assunto continua a ser conhecido apenas de ouvido. Depoimentos a respeito, em geral devidos a viajantes e escritores estrangeiros, a cuja curiosidade devemos informações bastante elucidativas e úteis, têm sido aproveitados em estudos já realizados entre nós. Mas, como esses estudos não abordam o tema especificamente, neles o precioso material não ganha a extensão nem a profundidade desejáveis e ali figuram sem relevo. Reconhecemos que a tarefa não é fácil. O Rio Grande do Sul, como escreve com muito acerto Moisés Velinho, é uma realidade social de aluvião, cujas raízes constantemente se revolvem sob a pressão de novas camadas provindas de outros meios. Secundando o autorizado ensaísta e tomando de empréstimo dois vocábulos à terminologia química, poderíamos acrescentar que no conjunto social da nossa província ainda não se consumou a combinação de valores que concorrem para a sua definição integral. Na realidade, e apesar das sólidas e prevalentes bases culturais portuguesas de nossa formação, ainda constituímos uma *mistura* de diferentes culturas, isto é, uma soma de valores que, a despeito de sua contiguidade e de um certo entrelaçamento, ainda conservam muitas das suas peculiaridades.

Nessas condições, apurar, como recomenda Gilberto Freyre, o que possa ser apresentado como *verdadeiramente nosso,* em matéria de mesa e sobremesa, afigura-se-nos empresa difícil, no caso particular do Rio Grande, a não ser que se o faça em termos muito relativos. Como quer que seja, não nos pareceria inútil um arrolamento desses recursos nas diversas áreas de colonização do Rio Grande. E ter-nos-íamos por bem pagos se esta breve notícia, que vimos tentando, tivesse, à falta de outras virtudes, a de dar curso à sugestão do sociólogo e a de servir de ponto de partida, modesto embora, para um estudo completo do assunto.

Aqui, na segunda metade da centúria, os raminhos, as flores, as rendas, os bichinhos e os bonequinhos de açúcar fundido tiveram frequente emprego na guarnição de compoteiras e bandejas, bolos e tortas. E se aí não apareciam, a ausência era logo notada, pois bolos e tortas, compoteiras e bandejas que se prezassem não dispensavam o ornato delicado e delicioso... Quem alude a esses ornatos de açúcar, não pode esquecer os enfeites que os completavam, com tanta graça e às vezes até com certa candura, na ornamentação da doçaria rio-grandense. Referimo-nos aos guardanapos e franjados de papel recortado ou vazado com que nossas avós enriqueciam a arte doceira, imprimindo-lhe um cunho de particular gentileza. Como o receituário da maioria das nossas guloseimas, essa tradição também nos foi transmitida pelos portugueses. Emanuel Ribeiro, reunindo apreciável material nesse terreno, oferece-nos interessantíssimas informações acerca do ofício encantador e suas origens em Portugal.

"O sossego", escreve ele, "o ócio, a paz do coração e o aconchego espiritual do claustro deram a paciência necessária às senhoras recolhidas nos conventos para que fizessem uma arte sutil de joia filigranada. Doceiras por natural tendência, sabiam preparar as guloseimas mais deliciosas e requintadas. E se nas oficinas monacais os monges conceberam os trabalhos inigualáveis da iluminura, das celas das monjas saíram os recortes de papel para os enfeites de seus doces – rendas preciosas, finíssimas, cheias de delicada e angélica graça que embalava as suas almas. Com a extinção das ordens religiosas em 1834, a arte das recortadoras sofreu um golpe profundo. Laicificada, ganhou em ingenuidade e pureza simples, mas perdeu por vezes em delicadeza e sutileza."

Justifica-se plenamente o apreço do escritor pela arte beneditina. São na realidade um encanto os exemplares que exibe em sua monografia – os de Viseu, os de Évora, os de Setúbal, os de Vila Real, os de Braga, os de Guimarães, os de Tomar, os de Elvas, os de Portalegre, os de Lobrigos, os de Coimbra, os de Barcelos, os de Águeda –, alguns mais simples na composição, outros mais ricos de inspiração e execução – todos, porém, de um efeito decorativo surpreendente, quer pelas fontes de que derivam, quer pelo capricho posto a serviço dessas maravilhosas peças de autêntica beleza. Nem sempre reproduzimos aqui a requintada tradição com a finura, a sutileza e a originalidade de alguns modelos conhecidos no outro lado do Atlântico. Mas a arte paciente do recorte encontrou entre nós continuadoras dignas de nota. Se em Portugal, logo após a extinção das ordens religiosas, em cuja atmosfera de sossego claustral adquiria beleza tão alta, a arte de recorte, laicificando-se, haveria de perder por vezes, como observa Emanuel Ribeiro, em sutileza e apuro – não seria de estranhar que, transplantada para a Colônia distante, no acanhado ambiente se ressentisse dos recursos da cultura e dos alentos da graça. Todavia, como se disse, algumas estilizações nossas não desmereceriam muito dos arrendados, das filigranas e dos bordados lusos. Ao contrário, em muitos passos talvez rivalizassem com eles, tanto na espontaneidade de certos vazamentos quanto na novidade de alguns motivos tomados principalmente à flora local. Não no silêncio dos claustros, mas nas arejadas varandas familiares, muitas vezes alegradas do vivo rumor das crianças, quantas senhoras rio-grandenses de outrora, empregando ativas e obedientes tesouras e algumas até a própria unha ágil e afiada, não recortaram na transparente folha de papel de seda, não raro ao sabor do improviso, a teia complicada e o franzido miúdo, com que guarneceriam suas bandejas, suas caixas e suas confeitarias de doces e caramelos!

Todas as cidades e vilas da província conheceram a arte do papel recortado – bela mas infortunada arte que aqui, como em Portugal, segundo Emanuel Ribeiro, hoje pode considerar-se morta. Todas as cidades e vilas a conheceram, mas parece que foi em Pelotas, pelo menos na última trintena de oitocentos, que gozou de maior afeição e fidelidade mais demorada. Aliás, dessa afeição e fidelidade desfrutou e ainda desfruta ali a doçaria que, sob certos aspectos e sem muito rigor histórico, pode ser admitida como portadora de maior conteúdo tradicional rio-grandense, em particular a doçaria de classe que continua a ser cultivada na atualidade por senhoras pelotenses, com um desvelo e um senso artístico que já lhes asseguraram merecida fama até fora do Rio Grande.

Prende-se o fato, no passado, naturalmente ao surto econômico, à prosperidade das fazendas e charqueadas e ao progresso geral da região, verificados, sobretudo, a partir de 1870. As repercussões desse rápido e vivaz florescimento material teriam necessariamente de se fazer sentir nos diferentes setores da sua urbe e, pois, na vida mundana, a traduzir-se num convívio social frequente e animado a que se ligavam estreitamente as reuniões familiares, com suas mesas de finas iguarias e doces finos, doces finos, sobretudo, aos quais o tempo emprestaria sólida reputação e um timbre excepcional, e cujo prestígio se projetaria até nossos dias. A gulodice dos luso-brasileiros de Pelotas não nasceu a essa altura – é claro. Refinou-se, apenas, pois que já vinha de longe...

Tanto quanto os demais habitantes da província, os pelotenses sempre foram gulosos. E grande porção de açúcar que recebíamos pelo porto de Rio Grande ficava por ali mesmo, a fim de transformar-se em guloseimas que iam das cocadas enjoativas aos biscoitos levemente adocicados – de preferência biscoitos que, segundo a trova popular, as moças, fechadas em casa, coziam e decerto moíam com forte disposição:

Lá na terra de Pelotas
as moças vivem fechadas.
De dia – fazem biscoitos,
de noite – bailam caladas...

8. Preferências de brasileiros ilustres (políticos, intelectuais, artistas etc.) por doces ou sobremesas açucaradas[1]

Machado de Assis, doce de coco; Pedro II, doce de figo; Rui Barbosa, doce de batata; Humberto de Alencar Castelo Branco, canjica à moda do Nordeste; Ataulfo Alves, goiabada com queijo; ex-presidente Juscelino Kubitschek, baba de moça; Carlos Drummond de Andrade, leite-creme (leite, ovos, açúcar e mistério); Francisco (Chico) Buarque de Holanda, doce de abóbora cremoso; Rachel de Queiroz, cocada; Roberto Burle Marx, doce de jenipapo; Gilberto Amado, papo de anjo; Graciliano Ramos, doce de laranja cristalizado; Guimarães Rosa, doce de laranja-da-terra (caseiro); ex-presidente João Goulart, doce de coco amarelinho; Ariano Suassuna, massas de goiaba; Josué Montello, doce de coco; Otávio de Faria, doce de coco; presidente marechal Artur da Costa e Silva, ambrosia; Roberto Carlos, doce de abóbora; Rubem Braga, doce de coco; Dias Gomes, mil-folhas com creme; Carolina Nabuco, torta de maçã; Jorge Amado, doce de coco; Sebastião Pais de Almeida, goiabada (com queijo); Silveira Sampaio, doce de abóbora; Procópio Ferreira, doce de jiló; Carlos Lacerda, doce de coco; embaixador Vasco Leitão da Cunha, baba de moça; Luís Viana Filho, baba de moça; Delfim Neto, papo de anjo; Luís Antônio da Gama e Silva, baba de moça; Tônia Carrero, doce de laranja-da-terra em calda; Francisco Negrão de Lima, doce de jaca; Cármem Mayrink Veiga (*society*), ambrosia; Sérgio Porto, papo de anjo; Catarina Neto, ambrosia; Agildo Ribeiro, doce de coco; Mirtes Paranhos, papo de anjo; embaixatriz Cármem Mendes Viana, doce de coco; Luís Jardim, doce de coco; marechal Nélson de Melo,

---

[1] No levantamento da lista que aqui se apresenta, o autor foi gentilmente auxiliado pelo seu amigo Adalardo Cunha, do Rio de Janeiro.

ambrosia; Abgar Renault, doce de coco queimado; Mário Palmério, doce de miolo de mamoeiro.

Esta lista de preferências por doces, da parte de brasileiros ilustres – políticos, intelectuais, artistas etc. –, conseguiu levantá-la o autor com grande dificuldade, pois há, ao que parece, uma espécie de complexo de pecado – ou de pecadilho – que perturba a consciência de certos apreciadores de doces, fazendo que hesitem em confessar suas predileções. Vê-se, pela lista incompletíssima mas, mesmo assim, sugestiva, que aqui se apresenta, ganhar o doce de coco o primado como doce preferido por brasileiros ilustres, de Machado de Assis a Abgar Renault, sem que, entretanto, deixem de aparecer predileções surpreendentes: a de Roberto Burle Marx, por doce de jenipapo, e a de Mário Palmério, por doce de miolo de mamoeiro. Predileções telúricas, aliás, de acordo, uma, com a qualidade de botânico tropicalista do entusiasta por doce de jenipapo; a outra, de acordo com a identificação com a mata tropical do romancista que a todos os doces finos prefere o agreste miolo de mamoeiro.

9. Os doces populares atualmente mais vendidos no Mercado de São José (Recife) e por ambulantes (Recife)[1]

	Preços (em NCR$)	Total Unitário
1. *Peixinho de Açúcar* – em cores diversas, pacote de 50 – média de 100 pacotes por semana	0,35	0,007
2. *Violão de Açúcar* – cores diversas, pacote de 50 – média de 500 pacotes por semana	0,35	0,007
3. *Chupetinha de Açúcar* – cores diversas, pacote de 25 – média de 90 a 100 pacotes por semana	0,40	0,0016
4. *Cachimbinho de Açúcar* – cores diversas, pacote de 25 – pouca saída	0,35	0,007
5. *Pimentão de Açúcar* – cores diversas, pacote de 25 – média de 50 a 60 por semana	0,35	0,007
6. *Revólver de Açúcar* – cores diversas, pacote de 25 – média de 80 a 100 por semana	0,35	0,007

---

[1] Estes dados foram cuidadosamente recolhidos, em 1968, sob orientação do autor, pelo seu colaborador de pesquisas na Divisão de Antropologia Tropical do Instituto de Ciências do Homem da Universidade Federal de Pernambuco, José Francisco Carneiro. A moeda da época era o cruzeiro novo.

7. *Pirulito de Açúcar* – cores diversas,
pacote de 25 – média de 80 a 100 por
semana 0,35 0,007

8. *Coração de Açúcar* – cores diversas,
pacote de 25 – média de 50 a 60 por
semana 0,35 0,007

9. *Picolé de Açúcar* – cores diversas,
pacote de 25 – pouca saída 0,35 0,007

10. *Trança de Açúcar* – cada trança tem 10
confeitos, e o pacote contém 25 tranças –
embalagem em cores diversas – média
de 50 por semana 0,40 0,0016

11. *Bala-ioiô* – confeito embrulhado em
papel de diversas cores, seguro por elástico –
faz lembrar a brincadeira de ioiô –
pacotes com 50 – pouca saída 0,60 0,0012

12. *Docinho de Banana e Goiaba* – enrolado
em papel, pacote com 25 – vende mais
de 100 pacotes por semana 0,35 0,007

13. *Docinho de Banana e Goiaba* – sem papel
(desembrulhado), pacote de 25 –
média de 100 pacotes por semana 0,35 0,007

14. *Cocada: Abacaxi, Goiaba, Coco e Jaca* –
em cores diversas, pacote com 25 –
média de 200 pacotes por semana 0,35 0,007

15. *Nego-bom* – 1 quilo – vendagem regular 1,00

16. *Docinho de Caju* – pacote de 10 –
média de 150 pacotes por semana 0,15 0,0015

17. *Docinho de Leite* – pacote de 25 –
média de 40 a 50 pacotes por semana 0,35 0,007

18. *Confeito Comum* – composição: água,
açúcar e essência – média de vendagem:
100 quilos por semana 1,00

Todos os doces aqui mencionados são produtos de indústrias caseiras localizadas em Mustardinha, Jaboatão, Cavaleiro e Afogados (Recife, propriamente dito, e Grande Recife).

No verão duplica a venda e, portanto, o consumo dos mesmos doces. No mês de setembro, com uma semana dedicada aos festejos de São Cosme e Damião, a venda triplica. Todos estes doces ou açúcares são fabricados à base de água, açúcar e essências.

Os preferidos são os denominados violão, peixinho, chupetinha, o docinho com e sem papel, também a cocada e o doce seco de caju.

Dentre os confeitos industrializados – e encontrados também à venda em mercados –, os preferidos são: hortelã e mel de abelha.

Em voga, ultimamente – vendido em tabuleiros –, tem estado o chamado doce japonês, feito com coco, goiaba, banana, jaca, batata-doce e castanha. Todos têm muita saída, porém o de castanha é o mais procurado e também – paradoxalmente – o mais caro.

10. Doces, compotas, cremes, saladas de frutas, sorvetes servidos como sobremesa nos principais restaurantes do Recife, com os respectivos preços (1968)[1]

Doces

Goiabada ou Bananada	0,80
Geleia de Laranja	0,80
Geleia de Morango ou Goiaba	0,80
Torta	1,00
Pastel de Nata	0,80
Pastel com Creme de Leite	1,20
Creme de Leite	1,50
Omelete ao Confiture	1,50
Cartola	1,40
Bananas Fritas	0,70
Creme de Abacate	1,00

Compotas

Laranja, Jaca ou Caju em Calda	0,90
Compota de Pêssego	1,00
Compota de Pera ou Figo	1,00
Goiaba em Calda	1,00
Ameixa em Calda	1,00
Pêssego Melba	1,40
Pêssego com Creme de Leite	1,40
Pudim com Ameixa	1,20

---

[1] Pesquisa do autor.

Sorvetes

Sorvete de Chocolate	0,80
Sorvete de Creme	0,80
Sorvete de Frutas (Maracujá, Mangaba, Coco, Cajá, Graviola etc.)	0,80
Salada de Frutas com Creme	1,40
Salada de Frutas com Creme de Leite	1,60

11. Trechos do depoimento de D. Luís de Albuquerque (fim do século XVIII) sobre frutas brasileiras, inclusive as boas para doces

Bem característicos do deslumbramento de europeu recém-chegado da Europa ao Brasil, com frutas doces da terra, são os registros de D. Luís de Albuquerque de Melo Pereira e Cáceres quando, nomeado, no fim do século XVIII, pelo rei de Portugal, governador da capitania de Mato Grosso, viajou do Rio de Janeiro para Vila Bela da Santíssima Trindade; e fixou em diário, ilustrado com desenhos do seu próprio punho, as observações e experiências de tão longa e interessante viagem. Este diário só agora foi publicado em Lisboa: pela Academia Internacional da Cultura Portuguesa, em trabalho do autor intitulado *Contribuição para uma sociologia da biografia* (1968).

Destaquem-se alguns daqueles registros. Ao 71º dia de viagem, anotava o ilustre fidalgo: "a passagem desta serra consiste em três léguas de distância cujo território é abundante em todas as muitas saborosas frutas silvestres como são os cajus rasteiros de várias castas, coroas de clérigos, corações-de-galo, mangabas, manapuçás amarelos e pretos". E noutros apontamentos, dos que se conservam nos originais a lápis, no arquivo dos Albuquerque, na Casa da Ínsua, em Portugal, registrava D. Luís em 1774 sobre terras do Guaporé sob seu governo: "[...] tem abundância de várias frutas silvestres saborosas de que muitas pessoas usam não só por necessidade mas também às vezes por regalo [...]". E ainda noutros apontamentos, estes de 1790-1, anota cuidadosamente os nomes de

> [...] diferentes frutas silvestres e cultivadas na América portuguesa e com especialidade no Pará: Sobios servem para fazer excelente doce. Abios. Abacates. Biribás. Camapus. Baueris. Vixy. Pequiá. Ingás. Cajus. Ananases. Pupunhas. Tucumãs. Mocajá.

Inajá. Cocos de muitas qualidades. Apahi. Cupuaçu. Cupuaí. Ibacaba. Patauá. Maçaranduba. Castanhas-do-maranhão. Castanhas de sapucaia. Ditas de caju. Goiabas. Araçás, Taperebá. Vimares. Sorvas. Mangabas. Vajeru. Muruchi. Muruti. Parinari. Pijura. Bananas-da-terra e são-tomé. Bacupari. Maracujá de muitas qualidades. Ingás chamados de Caiena donde veio a planta antigamente. Jambos. Tamarendos [sic]. Grumixamas. Umbaúba grande dá seus cachos. Araticus de diversas qualidades. Mamões. Jenipapos. Atas. Puruí. Batatas diversas em qualidades com outras muitas raízes excelentes que se comem como são margaritas, carás, aipins, carás-roxos, batatas-roxas etc. Guajarás. Umiri. Acotilervas. Guajuru. Juá.

Várias das frutas do depoimento de D. Luís de Albuquerque são do Brasil central e do Pará. Algumas, entretanto, são encontradiças também – ou principalmente – no Nordeste canavieiro, como o ananás, a mangaba, o caju, a goiaba, o araçá; e aqui utilizadas desde dias remotos no preparo de doces, geleias, sobremesas.

Sobre as frutas amazônicas, seria interessante que o benemérito Instituto Nacional de Pesquisas da Amazônia realizasse investigações sistemáticas, quer quanto às suas virtudes nutritivas, quer quanto às possibilidades de sua maior industrialização em doces de lata, que poderiam ter maior consumo dentro e fora do país. D. Luís de Albuquerque como que sonhava com esse futuro para as "saborosas frutas", silvestres e cultivadas, que descobriu no Brasil, durante sua longa permanência em Mato Grosso.

Curioso não haver referência, da parte de D. Luís de Albuquerque, ao cupuaçu como doce. Doce que se vem fazendo tradicionalmente, no Pará, desde dias remotos; e que, segundo a receita em vigor na família Tocantins, se faz do seguinte modo:

250 g de castanha-do-pará torrada e ralada; 250 g de manteiga; 250 g de trigo; 100 g de açúcar. Misturam-se estes ingredientes e

deixa-se o conjunto descansar por uma hora. Unta-se, então, a fôrma de torta e coloca-se nela a massa, ajeitando-se bem essa colocação para ficar da mesma altura. Vai a forno quente, para que a massa fique lourinha. Depois de fria, cobre-se a massa com o doce. Por cima, suspiro, com castanha ralada e torrada.

Será que a D. Luís de Albuquerque não foi dada a oportunidade de provar doce tão paraense?

12. Depoimento do folclorista Renato Almeida sobre doces baianos da época de sua meninice (fim do século XIX)

Em Santo Antônio vivi minha infância e guardo muito marcados os seus traços, tantos dos quais me foram normativos. Um mundo de recordações trago bem vivas, sobretudo da sua paisagem, o que viam meus olhos de garoto, quando de minha casa contemplava lá longe a ondulação da serra de Jiboia, que tapava o horizonte. A essa paisagem ligo um dos meus primeiros prazeres da vida. Quando findas as aulas, num curso que minha mãe, grande mestra e mãe, lecionava aos meninos da família, e depois do jantar, sempre às cinco horas, eu saía a correr pelo quintal imenso, pedia sempre dois vinténs. Era uma moeda de cobre, grandona, em geral machucada, onde mal se lia o cunho – quarenta réis, com a qual ia ou mandava, não me lembro, comprar uma cana-caiana. Eu mesmo descascava, não raro cortando os dedos, e fazia os roletes e chupava com uma delícia, que ainda agora me enche a boca d'água. Foi a primeira impressão de doçura que me deu a vida. Era o paladar, era a gostosura da cana, que se tornou assim um dos prazeres do começo da minha meninice.

Claro que, guloso, embora de pouco comer, vi-me logo no mundo encantado do açúcar e tinha minha geografia saborosa. Indo à Bahia, nesse tempo não se falava em Salvador ainda, quando o trem passava em Taitinga, havia os famosos manuês e, na capital, era festa de guloseimas, sobretudo das balas, que se chamavam queimados, e havia uma de chocolate, formato de moeda, que nunca encontrei coisa melhor, e desapareceu também. E, quando ia a Santo Amaro, terra de minha família materna, achava um deslumbramento ver minha tia diante dos panelões mexendo a geleia de araçá, que se devia olhar a certa distância, porque saltavam pingos e queimavam atrozmente.

Hoje, tão de longe, é que vejo como é grande o sortilégio do açúcar na vida da gente. O doce é um prazer da vida, mais eu tenho que, para menino, a coisa é muito mais relevante, por permitir momentos deliciosos, que não está só nas papilas, estão no prazer da degustação, estão nos olhos, estão na gulodice. Os pratos de comida, naquela época, não tinham a apresentação sofisticada de hoje, não tinham via de regra o colorido nem eram enfeitados que nem os doces. Podiam ser excelentes, mas faltava-lhes sugestão. Os doces, sim, eram bonitos.

Revejo muito minha meninice no que comia, sobretudo nas gulodices. Talvez não os lembre suficientemente, mas não tinha maior diversão do que ver como se fazia um pão de ló. Desde quebrar os ovos e bater as claras, que lembravam nuvens, que se douram e se açucaram, e ver aquela pasta crescer, engrossar com a farinha de trigo ou fécula de batata, e depois encher as fôrmas. Então alargava a emoção do que assistia, tirando as sobras do recipiente em que era feito, com os dedos para me deliciar, lambendo a panela, como se dizia impropriamente. Muitas vezes, quando era de noite, pois de dia contar histórias cria rabo, ouvia muitas delas, e as de bichos eram as que mais me animavam, e ia assim tomando minhas primeiras lições de sabedoria popular, que mais tarde tanto me absorveria. Engraçado que, das histórias, esqueci muito, mas a lembrança do pão de ló está viva nas minhas velhas retinas. Hoje mesmo me surpreendo como o açúcar marcou tanto minha infância.

Tive o encanto da doçaria e noto que as suas impressões se mantiveram muito nítidas. Uma vez, no primeiro ano deste século, assisti a um casamento e, ao centro da mesa, lá estava uma torre Eiffel, coisa de grande voga no tempo, toda de doce. Havia uma armação e não me recordo se a torre, que tinha pelo menos um metro de altura, era de sequilhos ou mesmo de pasta de bolos. Sei que achei um deslumbramento e toda vez que olho para a torre Eiffel, em Paris, me parece uma cópia monstruosa daquele doce que admirei aos seis anos de idade. Também havia umas curiosas composições, esculturas com doces, e, com um chamado pingo d'ovos, compunham um abacaxi dourado. A arte me emocionava mais do que o gosto, mas nem por isso vim depois a admirar naturezas-mortas...

Foi por esse tempo que tive meu primeiro contato direto com o açúcar. Fui passar alguns dias no Engenho do Macaco, perto de Santo Amaro. Era um deslumbramento; do alto da casa de residência, outrora teria sido casa-grande, a maravilha era ver os carros de boi chiando pela estrada, trazendo os carregamentos de canas, que entravam nas moendas. Era muito garoto, não podia ir ao engenho, só ver de longe. Então admirava aquele mar de bagaços que iam sendo atirados em redor do engenho, que fumegava lá embaixo, noite e dia, pela sua grande chaminé. E era uma paisagem estranha, mas o que mais me interessava era ver os carros de bois e também o pasto, que ficava defronte da casa com o gado, sossegado e paciente, pastando por ali afora.

Mais tarde estive no Engenho da Passagem, já agora mecanizado. Lembro-me de que falavam que entrava a cana na moenda e do outro lado saía o açúcar. Pouco se me dava, minha paisagem eram os carros de bois, era a pastagem, eram os negros trabalhando. Nem o ramal de estrada de ferro, que ia levando os sacos, me interessava, estava positivamente no elemento *folk*, o mais... nem sabia o que fosse.

Viver num engenho ou numa usina é muito diferente do que viver na cidade do interior. Senti claramente, era garoto, não podia explicar, mas hoje sei demarcar. Tudo era diferente, diferente a alimentação, que não se comprava nos armazéns e quitandas, mas se recebia direto do campo, diferente a criadagem, não era a que tínhamos na cidade, mas agregadas, antigas escravas ou suas filhas, que seriam; os pratos não eram como em nossas casas, mas feitos para muita gente, para quem chegasse à hora do almoço ou do jantar, onde a mesa estava sempre aberta. A vida se fazia no campo. De noite, a meninada ouvia histórias da carochinha e havia uma ceia (o jantar tinha sido às quatro horas) onde se comia aipim, milho cozido, bolos, cuscuz, pamonhas, bolachas e bolachões, em suma o que fosse da época, com mingaus ou amplas xícaras de café com leite. O melado – como gostava de fazer desenhos no prato com seus fios – era minha sobremesa constante, comido quase sempre com farinha, outras vezes com cará, inhame ou batata-doce.

Mas diversão grande mesmo era o são-joão, a fogueira, os balões, os fogos, as sortes e tudo mais. Mas, para mim, era sobretudo a festa do milho. Não saía da cozinha, por mais que de lá me enxotassem, enquanto se fazia a canjica. Gostava de ver tudo, desde ralar o milho, até mexer o panelão, botar o leite de coco, a boneca (boneca é um saquinho com erva-doce, canela, cravo e não sei que mais) e mexer. Achava estranho que se pusesse também sal. E mexe que mexe e o caldo ficava saltando e então a pessoa entendida dava o ponto, que é essencial para que a canjica não fique mole nem dura, mas macia. E se enchiam os pratos, eu, rente, com um pires para provar logo a canjica bem quentinha. Depois assistia colocarem, quando esfriava, os papéis recortados com figuras ou dísticos – "Viva São João!" – sobre os quais se pulverizava canela, para ficar impresso o enfeite. Maravilhoso! Era um dos grandes momentos do são-joão. Havia outros naturalmente, acender a fogueira, soltar rojões às ave-marias, queimar fogos e, por fim, comer a canjica. Era hábito, não sei se continua vivo, presentear nesse dia, com um prato de canjica, de sorte que se recebiam vários e então todos eram provados, para saber qual a melhor. Na Bahia, era, ou ainda é, comum servir licor de jenipapo, pelo são-joão. Dele não falo porque detesto.

Mas não era só o são-joão que estava no ciclo folclórico da doçaria. No Carnaval faziam-se sonhos e sopa dourada. Não havia por lá no meu tempo o hábito das rabanadas, que na Bahia se chamam fatias de parida, pelo Natal, do que só conheci ao vir morar no Rio de Janeiro. De doces específicos em outras épocas não me recordo, mas os devia haver.

Outro doce que fascinou minha infância foi a cocada, e na Bahia são muitas e fabulosas. Desde a cocada-puxa, feita com açúcar mascavinho, com pedacinhos de coco soltos, até a cocada branca, a cocada d'ovos, além dos doces de coco de compoteira, cada qual mais gostoso. E as variantes, como pé de moleque e outros com rapadura.

Uma das coisas que mais adorava em garoto eram os mingaus, que se comiam antes do café. Não eram feitos em casa, mas vendidos pelas negras, o de milho, com um azedinho especial, o mungunzá, o de tapioca e sei mais que outros. O mungunzá, que é de milho-branco, se faz também em forma sólida e, em certas regiões, ouvi chamar de "pindunça".

Não estou falando dos doces eruditos, por assim chamar, separando dos folclóricos, e eram igualmente excelentes, os bolos, os bem-casados, os papos de anjos, as babas de moça, as ambrosias, que minha mãe fazia por uma receita que, por certo, recebeu do Olimpo, numa das formas preferidas pelos deuses, as siricaias (creme de ovos) com canela por cima, os bolos maravilhosos de aipim, carimã, milho e tapioca, os famosos sequilhos, que as freiras faziam maravilhosamente, os pães de ló torrados, os bolos ingleses (uma vez me contaram que, na Inglaterra, há um bolo que dura um ano, o que me encheu de imensa admiração, mas nunca pude verificar se é verdadeira ou fantasiosa a informação), os bons-bocados, as mães-bentas, em suma, esse mundo que o açúcar e o gênio humano realizam numa infindável fantasia.

De Brasil açucareiro,
Rio de Janeiro, ano 36, vol. 72, ago. 1968, nº 2.

13. Breves indicações bibliográficas

As indicações bibliográficas que aqui se apresentam, são – principalmente – as de trabalhos anteriores ou posteriores à primeira edição de *Açúcar*, de livros, ou partes de livros, do autor, e que, mais especificamente, se referem ao tema "açúcar". São: o livro *Nordeste. Aspectos da influência da cana sobre a vida e a paisagem do Nordeste do Brasil*; os artigos "Açúcar" e "Pernambuco" na *Enciclopédia Barsa*; e, ainda, o livro *Casa-grande & senzala* e os ensaios *Vida social no Brasil nos meados do século XIX* e *Um século de vida social no Nordeste*, nos quais tratou pioneiramente, do ponto de vista histórico-social e sociológico, das relações do açúcar com a estrutura patriarcal de economia e de família e com as formas de cultura que se desenvolveram no Brasil, desde o século XVI, à base da lavoura de cana e do fabrico de mascavo. Inclusive, entre essas formas de cultura, a arte da cozinha patriarcal, ou dela marginal. Arte que teve no doce uma das suas substâncias principais, uma das suas criações mais características e uma das expressões mais significativas da confluência, no Brasil – especialmente no Nordeste agrário –, de heranças europeias com valores e com recursos tropicais: ameríndios e africanos.

Ninguém, até hoje, após a publicação de *Açúcar* em 1939, se ocupou do assunto – doce – com critério mais afim do que orientou aquelas páginas pioneiras do que Atos Damasceno no seu excelente prefácio a *Doces de Pelotas* (Rio de Janeiro; Porto Alegre; São Paulo, 1949). O ensaio que precede o grupo de receitas aí reunido por Amélia Valandro é obra-prima no gênero. Intitula-se "Breve notícia e ligeiras considerações acerca da arte doceira no Rio Grande do Sul".

Do assunto vinha também se ocupando ultimamente, em conferências ou pequenos ensaios, o nutrólogo Dante Costa – que juntava à ciência a sensibilidade de esteta do paladar.

E também do assunto "doces" vem se ocupando o geógrafo Mauro Mota: outro a quem o senso poético vem permitindo tratar de quitutes regionais como assunto mais que geográfico. Nenhum dos dois, porém, chegou a dar ao seu interesse pela matéria a desejável sistemática: esforço em que está agora empenhado o antropólogo e folclorista Luís da Câmara Cascudo, de quem já se anuncia um livro *Doce... doce,* a ser incluído, como este, na Coleção Canavieira dirigida por Claribalte Passos.

Vão aqui breves indicações de obras sobre culinária brasileira, em geral, e sobre doces, em particular, que, mais ou menos recentes, se vêm juntando aos clássicos na matéria.

ADERALDO, Mozart Soriano. *Velhas receitas da cozinha nordestina.* Fortaleza: Universidade Federal do Ceará, 1982.

BALTAR, Carolina. *O livro de cozinha.* Recife: Livr. Colombo, s. d.

BARBALHO, Nelson. *Dicionário do açúcar.* Recife, Fundação Joaquim Nabuco: Massangana, 1984.

BARROS, Adélia Dias de Sousa. *Açúcar, coco, mandioca... culinária e confeitaria.* Recife, 1959.

BASTIDE, Roger. *A cozinha dos deuses – alimentação e candomblés.* Rio de Janeiro: Saps, 1952.

BENTA, Dona. *Comer bem.* São Paulo: s. ed., s. d.

BERZAGH, M. N. "Torta e farelo de algodão". *Jornal de Agricultura,* 30 nov. 1894.

BOTAFOGO, Dolores. *Salgados, bolos artísticos e doces.* S. l.: s. ed., s. d.

BRANDÃO, Darwin. *A cozinha baiana.* Salvador: Livr. Universitária, 1948.

CÂMARA CASCUDO, Luís da. *A cozinha africana no Brasil.* Luanda: Imprensa Nacional de Angola, 1964. (Publicações do Museu de Angola)

_____. *Made in Africa*. Rio de Janeiro: Civilização Brasileira, 1965.

_____. *História da alimentação no Brasil – cozinha brasileira*. São Paulo: Companhia Editora Nacional, 1968. 2 vols.

CARNEIRO, Sinhá. *A cozinha nortista*. S. l.: s. ed., 1952.

CATALDI, Lourdes. *Preparar, temperar, cozinhar*. S. l.: s. ed., 1958.

CECÍLIA, Vera. *Mestre cuca*. S. l.: s. ed., 1949.

CIOCCA, Giuseppe. *Il pasticciere e confettiere moderno – raccolta completa di ricette*. 10ª ed. Milão: Ed. Ulrico Hoepli, 1950.

Contribution de l'Afrique a la civilization brésilienne, La. S. l.: Ministério das Relações Exteriores, s. d.

COSTA, Maria de Lourdes Carneiro Cunha. *Arte de confeitar*. S. l.: s. ed., s. d.

COSTA, Maria Teresa. *O cozinheiro e o doceiro popular*. S. l.: s. ed., 1963.

_____. *Noções de arte culinária*. S. l.: s. ed., 1947.

"Cozinha". *O Globo*. Rio de Janeiro, 3 jul. 1974.

"Cozinha baiana". *Tribuna da Imprensa*. Guanabara, 19 fev. 1957.

CUNHA, Lima Pedreti. *Segredos da boa cozinheira*. S. l.: s. ed., 1959.

"As fadas do dendê". *Tribuna*. São Paulo, 6 jul. 1958.

FIGUEIREDO, Guilherme. *Comes & bebes – ensaios de culinária e gastronomia*. Rio de Janeiro; Brasília: Civilização Brasileira; INL, 1978.

FREYRE, Gilberto. *Casa-grande & senzala – formação da família brasileira sob o regime da economia patriarcal*. Ilustr. Tomás Santa Rosa e um desenho colorido de Cícero Dias. 9ª ed. bras. (dez em língua portuguesa). Rio de Janeiro: José Olympio, 1958. 2 vols.

_____. *Região e tradição*. Pref. José Lins do Rego. Ilustr. Cícero Dias. Rio de Janeiro: José Olympio, 1941. (Coleção Documentos Brasileiros, dir. Otávio Tarquínio de Sousa, 29)

_____. *Sobrados e mucambos – decadência do patriarcado rural e desenvolvimento urbano*. Lisboa: Livros do Brasil, s. d. 2 vols.

GOUFFÉ, Jules. *Le livre de cuisine*. Paris: Librairie Hachette, 1902.

GUIMARÃES, Reginaldo. "A cozinha baiana". *Jornal do Brasil*, 17 mar. 1957, supl.

JAPUR, Janile. "Esboço bibliográfico da cozinha nacional". *Revista Brasileira de Folclore*. Rio de Janeiro, 9(25): 247-56, set./dez. 1969.

KAZEL, Carlos. *A saúde depende da cozinha*. S. l.: s. ed., 1953.

LEMOS, Perpétua M. *Enciclopédia da arte culinária*. S. l.: s. ed., 1951.

LEONARDOS, Marieta de Oliveira. *A arte de comer bem*. S. l.: s. ed., 1947.

LIMA, Constança Olívia de. *Doceira brasileira ou novo guia manual para se fazerem todas as qualidades de doces*. 2ª ed. Rio de Janeiro: Eduardo e Henrique Laemmert, 1856.

LOBO, Luiz. "As mágicas de forno e fogão". *Quatro Rodas*. São Paulo, dez. 1969.

LODY, Raul Giovanni da Motta. "Alimentação ritual". *Ciência & Trópico*. Recife, 5(1): 37-47, jan./jun. 1977.

_____. *Ao som do Adjá*. Salvador: Prefeitura Municipal de Salvador, 1975.

_____. *Santo também come – estudo sociocultural da alimentação cerimonial em terreiros afro-brasileiros*. Pref. Gilberto Freyre. Recife; Rio de Janeiro: Instituto Joaquim Nabuco de Pesquisas Sociais; Artenova, 1979.

MENA BARRETO, Anita Ribeiro. *500 receitas de dona Anita*. Porto Alegre: s. ed., s. d.

MOTA, Mauro. "A castanha". In: *O cajueiro nordestino; contribuição ao seu estudo biogeográfico*. Recife: Imprensa Oficial, 1954, p. 89-103. (Tese para concurso da cadeira de Geografia do Brasil no Colégio Estadual do Instituto de Educação de Pernambuco)

_____. "Cozinha nordestina: o bolo, o doce e a mulata alcoviteira". *Cultura*. Brasília, 8(30): 112-7, jul./dez. 1978.

NOVAES, Maria Cecília. *Lanches à mesa*. S. l.: s. ed., 1952.

OLIVEIRA, Helena de. *Guia de cozinha familiar*. S. l.: s. ed., s. d.

OLIVEIRA, J. A. *O doceiro nacional*. S. l.: s. ed., s. d.

ORICO, Osvaldo. *Cozinha amazônica – uma autobiografia do paladar*. Belém: Universidade Federal do Pará, 1972.

PEREIRA, mme. L. *Delícias do gosto – o perito cozinheiro*. S. l.: s. ed., s. d.

QUERINO, Manuel. *A arte culinária na Bahia*. Pref. Bernardino de Sousa. Salvador: Progresso, 1957. (Ensaios Série Miniatura)

RABELO, Sílvio. *Cana-de-açúcar e região – aspectos socioculturais dos engenhos de rapadura nordestinos*. Pref. Mauro Mota. Recife: Instituto Joaquim Nabuco de Pesquisas Sociais, 1969.

"Raimunda quer vender acarajé na praça – Acervo do Norte". *Diário da Noite*. São Paulo, 29 ago. 1969.

REBOUX, Paul. *A mesa e a sobremesa dietéticas – 300 receitas de deliciosos pratos para todos os enfermos sujeitos a regimes especiais*. Trad. Reynaldo Valverde. São Paulo: Companhia Editora Nacional, 1933.

Receitas de açucarados S. l.: s. ed., s. d. (Falta a folha de rosto.) Manuscrito.

REGO, Antônio José de Sousa. *Dicionário do doceiro brasileiro*. 3ª ed. Rio de Janeiro: J. Azevedo Editor, 1892.

RIBEIRO, Emanuel. *O doce nunca amargou – doçaria portuguesa, história, decoração, receituário*. Coimbra: Imprensa da Universidade, 1928.

RIBEIRO, Yayá. *Receitas de doces*. Rio de Janeiro: s. ed., 1947.

RIPPERGER, H. L. *Café, receitas de bolos etc*. S. l.: s. ed., 1944.

RODRIGUES, Domingos. *Arte de cozinhar*. 8ª ed. Lisboa: s. ed., 1834.

ROSALINA, Maria. *Sei cozinhar*. S. l.: s. ed., 1956.

SALES, Vicente. "Alguns aspectos do folclore da alimentação". *Cultura*. Brasília, 3(11): 90-103, out./dez. 1973.

SAMPAIO, Alberto José de. *Alimentação sertaneja e o interior da Amazônia – onomástica da alimentação rural*. São Paulo: Companhia Editora Nacional, 1944.

SANGIRARDI, Helena B. *A alegria de cozinhar*. S. l.: s. ed., 1949.

SANTOS, Lúcia C. *Frutas de doce de frutas*. S. l.: s. ed., 1950.

SEABRA, Cacilda T. *Arte culinária brasileira*. S. l.: s. ed., 1950.

SINHÁ, Cecy. *Receitas do meu lar*. São Paulo: s. ed., 1948.

SOUTO MAIOR, Mário. "Presença do alfenim no Nordeste brasileiro". *Revista do Museu do Açúcar*. Recife, 3: 59-65, 1969.

_____. *Comes e bebes do Nordeste*. 3ª ed. ampl. Recife: Fundação Joaquim Nabuco; Massangana, 1985.

_____. "Gostosuras populares da cana e do açúcar". *Brasil Açucareiro*. Rio de Janeiro, 82(2): 32-8, ago. 1973.

SPARTA, Francisco. *A dança dos orixás*. São Paulo: Herder, 1970.

STANDARD, Brands. *Receitas*. S. l.: s. ed., 1945; 1956.

This is the way we cook! Recipes from Brazil's Northeast in English and Portuguese [Esta é nossa cozinha! Receitas do Nordeste em português e inglês]. Trad. Gilda Radler de Aquino. Rio de Janeiro: Jewell Press, 1981.

TITA, Dona. *As melhores receitas culinárias*. S. l.: s. ed., 1948.

TRIGUEIROS, Edilberto. "A culinária joanina de Alagoas". *A Gazeta*, 20 jun. 1959.

VALANDRO, Amélia. *Doces de Pelotas*. Rio de Janeiro: Globo, 1959.

VARELA, João Sebastião das Chagas. *Cozinha de santo*. Rio de Janeiro: Espiritualista Ltda., 1973.

VIANA, Hildegardes. *A cozinha baiana – seu folclore, suas receitas*. Salvador: Tip. da Fundação Gonçalo Moniz, 1955.

VIANA, Maria Moreira da Fonseca Gaspar. *Manual da doceira familiar*. S. l.: s. ed., 1947.

ÍNDICE GERAL DAS RECEITAS

Aranhas de Coco, 172
Argolinhas de Amor, 123
Arrufos de Sinhá, 143

Baba de Moça, 146
Balas de Coco, 168
Bananada, 137
Bebinca, 172
Beijos, 138
Beijos de Cabocla, 145
Beijos de Cabocla à Moda de Noruega, 122
Beijos de D. Aninha, 145
Beijos de D. Dondon e Preferência, 100
Beijos de Dondon, 141
Biscoitinhos de Milho, 115
Biscoitos Baianos, 114
Biscoitos de Araruta, 163
Biscoitos de Coco, 115
Biscoitos de Farinha, 111
Biscoitos de Milho, 110
Bolinhos Cavalcanti, 125
Bolinhos de Coco, 113
Bolinhos de Goma, 106, 168
Bolinhos de Goma à Moda do Dr. Gerôncio, 117
Bolinhos de Graxa, 112
Bolinhos de Iaiá, 122
Bolinhos de Milho, 119
Bolinhos Legalistas, 114
Bolo à Moda de Sobral, 161
Bolo Baeta, 122

Bolo Brasileiro, 117, 160
Bolo Cabano, 99
Bolo Cavalcanti, 99
Bolo D. Luzia, 118
Bolo D. Pedro II, 124
Bolo de Amor, 105
Bolo de Bacia à Moda de Pernambuco, 124
Bolo de Bacia Pernambuco, 104
Bolo de Batata, 108
Bolo de Carimã Fresca, 159
Bolo de Carimã Seca, 158
Bolo de Castanha-de-caju, 119
Bolo de Coco Sinhá-Dona, 116
Bolo de Damas, 172
Bolo de Estouro, 102
Bolo de Festa, 108
Bolo de Fruta-pão, 110
Bolo de Jerimum (Abóbora), 161
Bolo de Macaxeira, 104, 162
Bolo de Mandioca, 102
Bolo de Mandioca à Moda do Dr. Gerôncio, 118
Bolo de Milho, 103, 161
Bolo de Milho D. Sinhá, 114
Bolo de Milho Pau-d'alho, 115
Bolo de Milho Seco, 112
Bolo de Prata, 159
Bolo de Rolo Pernambucano, 117
Bolo de São Bartolomeu, 101
Bolo de São João, 105
Bolo de Xadrez, 162
Bolo Divino, 101
Bolo do Mato, 101
Bolo dos Namorados, 102
Bolo Dr. Constâncio, 100

Bolo Engorda-marido, 103
Bolo Espanhol, 159
Bolo Espirradeira, 108
Bolo Fino, 125
Bolo Fino de Massa de Mandioca, 113
Bolo Fonseca Ramos, 100
Bolo Guararapes, 99
Bolo Inglês, 160
Bolo Luís Filipe, 107
Bolo Manuê, 103
Bolo Maria Isabel, 160
Bolo Novo de Macaxeira, 112
Bolo Ouro e Prata, 109
Bolo Padre João, 116
Bolo Paraibano, 105
Bolo Republicano, 106
Bolo Santos Dumont, 106
Bolo Sem Nome, 110
Bolo Senhora Condessa, 124
Bolo Sousa Leão, 120
Bolo Sousa Leão à Moda de Noruega, 121
Bolo Sousa Leão – Pontual, 121
Bolo Tia Sinhá, 125
Bolo Toalha Felpuda, 101
Bolo Treze de Maio, 118
Bolos Fritos do Piauí, 111
Brincadeira, 116
Broa de Midubi, 113
Broas de Goma, 106
Broinhas de Coco, 109
Broinhas de Fubá de Milho, 113

Cajuzinhos de Amêndoas, 165
"Cajuzinhos" ou "Laranjinhas", 142

Canjica Nortista, 128
Charutos, 107
Chutney de Mangas, 171
Ciúmes, 121
Coalhada de Ovos, 166
Cocada, 136
Cocada de Batatas de Imbus, 131
Cocadinha, 139
Colchão de Noiva, 120
Compota de Cidra ou Cidrão, 138
Compota de Groselhas, 137
Compota de Limão e Laranja, 138
Compota de Melão, 137
Creme Carioca à Moda de Sobral, 166
Creme de Abacate, 166
Creme de Coco, 166
Cricri, 110

Doce de Abacaxi de Pernambuco, 148
Doce de Abacaxi Seco, 133
Doce de Abricó, 132
Doce de Ananás, 137
Doce de Araçá, 136
Doce de Bacuri de Pernambuco, 148
Doce de Batata, 132
Doce de Caju, 135
Doce de Caju à Moda de Pernambuco, 148
Doce de Chouriço, 140
Doce de Coco, 135
Doce de Fatias de Mangas, 173
Doce de Goiaba em Calda, 134
Doce de Goiaba em Lata, 134
Doce de Guabiraba, 133
Doce de Imbu, 136

Doce de Jaca Dura, 133
Doce de Jaca Mole, 134
Doce de Jerimum, 132
Doce de Laranja-da-terra, 135
Doce de Manga, 134
Doce de Mangaba, 136
Doce de Mangaba de Pernambuco, 149
Doce de Muriti de Pernambuco, 149
Doce de Sapoti de Pernambuco, 149
Doce de Ubaia, 133
Doce Maçapão, 140

Fatias de Parida, 147
Filhoses à Pernambucana, 123

Gelatina de Frutas, 167
Gelatina de Maracujá, 167
Gelatina de Tomate, 169
Gelatina Rei Alberto, 167
Geleia de Araçá, 147
Geleia de Goiaba, 169, 174
Geleia de Tapioca, 147
Goiabada, 173

Lacinhos de Amor, 131

Mangada (Outro Doce de Mangas), 173
Manjar do Céu à Pernambucana, 143
Manuê de Cará, 142
Manuê de Milho, 139
Melindre, 139
Mimos, 146
"Miscutt" (Acepipe), 174
Mungunzá de Engenho, 127

Pamonhas de Milho-verde, 127
Pé de Moleque à Moda de Pernambuco, 107
Pudim à Luís Filipe, 163
Pudim Beijo de Cabocla, 164
Pudim de Bem-casados, 163
Pudim de Cará, 141
Pudim de Macaxeira, 131
Pudim de Milho-verde, 140
Pudim de Peroba, 164
Pudim de Tapioca, 145
Pudim do Major, 146
Pudim Quero-mais, 139
Pudim Seis de Setembro, 144
Pudim Tentador, 163

Queijadinhas de Iaiá, 144
Quindins, 142
Quindins de Iaiá, 144

Raminhos, 108

Sabongo, 149
Sequilhos, 104
Sequilhos à Moda de Sobral, 162
Sequilhos de Coco, 169
Sequilhos de Manteiga, 109
Sílvia Cake, 164
Sonhos de Cará, 141
Sonhos de Freira, 142
Sorvete de Abacaxi de Pernambuco, 153
Sorvete de Ananás, 154
Sorvete de Cajá, 153
Sorvete de Canela, 154
Sorvete de Graviola ou Coração-da-índia, 154

Sorvete de Jaca, 153
Sorvete de Mangaba, 154
Sorvete de Pitanga, 153
Suspiros, 141
Suspiros de Noruega, 119

Tapioca Molhada de Pernambuco, 126
Tigelinhas Douradas, 112
Torta de Banana, 165
Toucinho do Céu, 146

Biobibliografia de Gilberto Freyre

1900 Nasce no Recife, em 15 de março, na antiga Estrada dos Aflitos (hoje Avenida Rosa e Silva), esquina de Rua Amélia (o portão da hoje residência da família Costa Azevedo está assinalado por uma placa), filho do dr. Alfredo Freyre – educador, juiz de direito e catedrático de Economia Política da Faculdade de Direito do Recife – e de Francisca de Mello Freyre.

1906 Tenta fugir de casa, abrigando-se na materna Olinda, desde então, cidade muito de seu amor e da qual escreveria, em 1939, *Olinda, 2º guia prático, histórico e sentimental de cidade brasileira*.

1908 Entra no jardim de infância do Colégio Americano Gilreath. Lê as *Viagens de Gulliver* com entusiasmo. Não consegue aprender a escrever, fazendo-se notar pelos desenhos. Tem aulas particulares com o pintor Telles Júnior, que reclama contra sua insistência em deformar os modelos. Começa a aprender a ler e escrever em inglês com Mr. Williams, que elogia seus desenhos.

1909 Primeira experiência da morte: a da avó materna, que muito o mimava por supor que o neto tinha *deficit* de aprendizado, pela dificuldade em aprender a escrever. Temporada no engenho São Severino do Ramo, pertencente a parentes seus. Primeiras experiências rurais de menino de engenho. Mais tarde escreverá sobre essa temporada uma das suas melhores páginas, incluída em *Pessoas, coisas & animais*.

1911 Primeiro verão na Praia de Boa Viagem, onde escreve um soneto camoniano e enche muitos cadernos com desenhos e caricaturas.

1913 Dá as primeiras aulas no colégio. Lê José de Alencar, Machado de Assis, Gonçalves Dias, Castro Alves, Victor Hugo, Emerson, Longfellow, alguns dramas de Shakespeare, Milton, César, Virgílio, Camões e Goethe.

1914 Ensina latim, que aprendeu com o próprio pai, conhecido humanista recifense. Toma parte ativa nos trabalhos da sociedade literária do colégio. Torna-se redator-chefe do jornal impresso do colégio *O Lábaro*.

1915 Tem lições particulares de francês com Madame Meunieur. Lê La Fontaine, Pierre Loti, Molière, Racine, *Dom Quixote*, a Bíblia, Eça de Queirós, Antero de Quental, Alexandre Herculano, Oliveira Martins.

1916 Corresponde-se com o jornalista paraibano Carlos Dias Fernandes, que o convida a proferir palestra na capital do estado vizinho. Como o dr. Freyre não apreciava Carlos Dias Fernandes, pela vida boêmia que levava, viaja autorizado pela mãe e lê no Cine-Teatro Pathé sua primeira conferência pública, dissertando sobre Spencer e o problema da educação no Brasil. O texto foi publicado no jornal *O Norte*, com elogios de Carlos Dias Fernandes. Influenciado pelos mestres do colégio e pela leitura do *Peregrino*, de Bunyan, e de uma biografia do dr. Livingstone, toma parte em atividades evangélicas e visita a gente miserável dos mucambos recifenses. Interessa-se pelo socialismo cristão, mas lê, como espécie de antídoto a seu misticismo, autores como Spencer e Comte. É eleito presidente do Clube de Informações Mundiais, fundado pela Associação Cristã de Moços do Recife. Lê ainda, nesse período, Rui Barbosa, Joaquim Nabuco, Oliveira Lima, Nietzsche e Sainte-Beuve.

1917 Conclui o curso de Bacharel em Ciências e Letras do Colégio Americano Gilreath, fazendo-se notar pelo discurso que profere como orador da turma, cujo paraninfo é o historiador Oliveira Lima, daí em diante seu amigo (ver referência ao primeiro encontro com Oliveira Lima no prefácio à edição de suas *Memórias*, escrito a convite da viúva e do editor José Olympio). Leitura de Taine, Renan, Darwin, Von Ihering, Anatole France, William James, Bergson, Santo Tomás de Aquino, Santo Agostinho, São João da Cruz, Santa Teresa, Padre Vieira, Padre Bernardes, Fernão Lopes, São Francisco de Assis, São Francisco de Sales e Tolstói. Começa a estudar grego. Torna-se membro da Igreja Evangélica, desagradando a mãe e a família católica.

1918 Segue, no início do ano, para os Estados Unidos, fixando-se em Waco (Texas) para matricular-se na Universidade de Baylor. Começa a ler Stevenson, Pater, Newman, Steele e Addison, Lamb, Adam Smith, Marx, Ward, Giddings, Jane Austen, as irmãs Brönte, Carlyle, Mathew Arnold, Pascal, Montaigne, Euclides da Cunha e Monteiro Lobato. Inicia sua colaboração no *Diário de Pernambuco*, com a série de cartas intituladas "Da outra América".

1919 Ainda na Universidade de Baylor, auxilia o geólogo John Casper Branner no preparo do texto português da *Geologia do Brasil*. Ensina francês a jovens oficiais norte-americanos convocados para a guerra. Estuda Geologia com Pace, Biologia com Bradbury, Economia com Wright, Sociologia com Dow, Psicologia com Hall e Literatura com A. J. Armstrong, professor de Literatura e crítico literário especializado na filosofia e na poesia de Robert Browning. Escreve os primeiros artigos em inglês publicados por um jornal de Waco. Divulga suas primeiras caricaturas.

1920 Conhece pessoalmente, por intermédio do professor Armstrong, o poeta irlandês William Butler Yeats (ver, no livro *Artigos de jornal*, um capítulo sobre esse poeta), os "poetas novos" dos Estados Unidos: Vachel Lindsay, Amy Lowell e outros. Escreve em inglês sobre Amy Lowell. Como estudante de Sociologia, faz pesquisas sobre a vida dos negros de Waco e dos mexicanos marginais do Texas. Conclui, na Universidade de Baylor, o curso de Bacharel em Artes, mas não comparece à solenidade da formatura: contra as praxes acadêmicas, a Universidade envia-lhe o diploma por intermédio de um portador. Segue para Nova York e ingressa na Universidade de Colúmbia. Lê Freud, Westermarck, Santayana, Sorel, Dilthey, Hrdlicka, Keith, Rivet, Rivers, Hegel, Le Play, Brunhes e Croce. Segundo notícia publicada no *Diário de Pernambuco* de 5 de junho, a Academia Pernambucana de Letras, por proposta de França Pereira, elege-o sócio-correspondente.

1921 Segue, na Faculdade de Ciências Políticas (inclusive as Ciências Sociais Jurídicas) da Universidade de Colúmbia, cursos de graduação e pós-graduação dos professores Giddings, Seligman, Boas, Hayes, Carl van Doren, Fox, John Basset Moore e outros. Conhece pessoalmente Rabindranath Tagore e o príncipe de Mônaco (depois reunidos no livro *Artigos de jornal*), Valle-Inclán e outros intelectuais e cientistas famosos que visitam a Universidade de Colúmbia e a cidade de Nova York. A convite de Amy Lowell, visita-a em Boston (ver, sobre essas visitas, artigos incluídos no livro *Vida, forma e cor*). Segue, na Universidade de Colúmbia, o curso do professor Zimmern, da Universidade de Oxford, sobre a escravidão na Grécia. Visita a Universidade de Harvard e o Canadá. É hóspede da Universidade de Princeton, como representante dos estudantes da América Latina que ali se reúnem em congresso. Lê Patrick Geddes, Ganivet, Max Weber, Maurras, Péguy, Pareto, Rickert, William Morris, Michelet, Barrès, Huysmans, Verlaine, Rimbaud, Baudelaire, Dostoiévski, John Donne, Coleridge, Xenofonte, Homero, Ovídio, Ésquilo, Aristóteles e Ratzel. Torna-se editor associado da revista *El Estudiante Latinoamericano*, publicada mensalmente em Nova York pelo Comitê de Relações Fraternais entre Estudantes Estrangeiros. Publica diversos artigos no referido periódico.

1922 Defende tese para o grau de M. A. (*Magister Artium* ou *Master of Arts*) na Universidade de Colúmbia sobre *Social life in Brazil in the middle of the 19th century*, publicada em Baltimore pela *Hispanic American Historical Review* (v. 5, n. 4, nov. 1922) e recebida com elogios pelos professores Haring, Shepherd, Robertson, Martin, Oliveira Lima e H. L. Mencken, que aconselha o autor a expandir o trabalho em livro. Deixa de comparecer à cerimônia de formatura, seguindo imediatamente para a Europa, onde recebe o diploma, enviado pelo reitor Nicholas Murray Butler. Vai para a França, a Alemanha, a Bélgica, tendo antes passado pela Inglaterra, estabelecendo-se em Oxford. Vai para a França, atravessa a Espanha e conhece Portugal, onde se fixa. Lê Simmel, Poincaré, Havelock Ellis, Psichari, Rémy de Gourmont, Ranke, Bertrand

Russell, Swinburne, Ruskin, Blake, Oscar Wilde, Kant e Gracián. Tem o retrato pintado pelo modernista brasileiro Vicente do Rego Monteiro. Convive com ele e com outros artistas modernistas brasileiros, como Tarsila do Amaral e Brecheret. Na Alemanha conhece o Expressionismo; na Inglaterra, estabelece contato com o ramo inglês do Imagismo, já seu conhecido nos Estados Unidos. Na França, conhece o anarcossindicalismo de Sorel e o federalismo monárquico de Maurras. Convidado por Monteiro Lobato – a quem fora apresentado por carta de Oliveira Lima –, inicia sua colaboração na *Revista do Brasil* (n. 80, p. 363-371, agosto de 1922).

1923 Continua em Portugal, onde conhece João Lúcio de Azevedo, o Conde de Sabugosa, Fidelino de Figueiredo, Joaquim de Carvalho e Silva Gaio. Regressa ao Brasil e volta a colaborar no *Diário de Pernambuco*. Da Europa escreve artigos para a *Revista do Brasil* (São Paulo), a pedido de Monteiro Lobato.

1924 Reintegra-se no Recife, onde conhece José Lins do Rego, incentivando-o a escrever romances, em vez de artigos políticos (ver referências ao encontro e início da amizade entre o sociólogo e o futuro romancista do Ciclo da Cana-de-Açúcar no prefácio que este escreveu para o livro *Região e tradição*). Conhece José Américo de Almeida através de José Lins do Rego. Funda-se no Recife, a 28 de abril, o Centro Regionalista do Nordeste, com Odilon Nestor, Amaury de Medeiros, Alfredo Freyre, Antônio Inácio, Morais Coutinho, Carlos Lyra Filho, Pedro Paranhos, Júlio Bello e outros. Excursões pelo interior do estado de Pernambuco e pelo Nordeste com Pedro Paranhos, Júlio Bello (que a seu pedido escreveria as *Memórias de um senhor de engenho*) e seu irmão, Ulysses Freyre. Lê, na capital do estado da Paraíba, conferência publicada no mesmo ano: Apologia pro generatione sua (incluída no livro *Região e tradição*).

1925 Encarregado pela direção do *Diário de Pernambuco*, organiza o livro comemorativo do primeiro centenário de fundação do referido jornal, *Livro do Nordeste*, onde foi publicado pela primeira vez o poema modernista de Manuel Bandeira "Evocação do Recife", escrito a seu pedido (ver referências no capítulo sobre Manuel Bandeira no livro *Perfil de Euclides e outros perfis*). O *Livro do Nordeste* consagra, também, o até então desconhecido pintor Manuel Bandeira e publica desenhos modernistas de Joaquim Cardoso e Joaquim do Rego Monteiro. Lê na Biblioteca Pública do Estado de Pernambuco uma conferência sobre Dom Pedro II, publicada no ano seguinte.

1926 Conhece a Bahia e o Rio de Janeiro, onde faz amizade com o poeta Manuel Bandeira, os escritores Prudente de Morais Neto (Pedro Dantas), Rodrigo M. F. de Andrade, Sérgio Buarque de Holanda, o compositor Villa-Lobos e o mecenas Paulo Prado. Por intermédio de Prudente, conhece Pixinguinha, Donga e Patrício e se inicia na nova música popular brasileira em noitadas boêmias. Escreve um extenso poema, modernista ou imagista e ao mesmo tempo regionalista e tradicionalista, do qual Manuel Bandeira dirá depois que é um dos mais saborosos do ciclo das cidades brasileiras: "Bahia de todos os santos e de quase todos os pecados" (publicado no Recife, no mesmo ano, em edição da *Revista do Norte*, reeditado em 20 de junho de 1942, na revista *O Cruzeiro* e incluído no livro *Talvez poesia*). Segue para os Estados Unidos como delegado do *Diário de Pernambuco*, ao Congresso Panamericano de Jornalistas. Convidado para redator-chefe do mesmo jornal e para oficial de gabinete do governador eleito de Pernambuco, então vice-presidente da República. Colabora (artigos humorísticos) na *Revista do Brasil* com o pseudônimo de J. J. Gomes Sampaio. Publica-se no Recife a conferência lida, no ano anterior, na Biblioteca Pública do Estado de Pernambuco: A propósito de Dom Pedro II (edição da *Revista do Norte*, incluída, em 1944, no livro *Perfil de Euclides e outros perfis*). Promove no Recife o 1º Congresso Brasileiro de Regionalismo.

1927 Assume o cargo de oficial de gabinete do novo governador de Pernambuco, Estácio de Albuquerque Coimbra, casado com a prima de Alfredo Freyre, Joana Castelo Branco de Albuquerque Coimbra. Conhece Mário de Andrade no Recife e proporciona-lhe um passeio de lancha no rio Capibaribe.

1928 Dirige, a pedido de Estácio Coimbra, o jornal *A Província*, onde passam a colaborar os novos escritores do Brasil. Publica no mesmo jornal artigos e caricaturas com diferentes pseudônimos: Esmeraldino Olímpio, Antônio Ricardo, Le Moine, J. Rialto e outros. Lê Proust e Gide. Nomeado pelo governador Estácio Coimbra, por indicação do diretor A. Carneiro Leão, torna-se professor da Escola Normal do Estado de Pernambuco: primeira cadeira de Sociologia que se estabelece no Brasil com moderna orientação antropológica e pesquisas de campo.

1930 Acompanhando Estácio Coimbra ao exílio, visita novamente a Bahia, conhece parte do continente africano (Dacar, Senegal) e inicia, em Lisboa, as pesquisas e os estudos em que se basearia *Casa-grande & senzala* ("Em outubro de 1930 ocorreu-me a aventura do exílio. Levou-me primeiro à Bahia; depois a Portugal, com escala pela África. O tipo de viagem ideal para os estudos e as preocupações que este ensaio reflete.", como escreverá no prefácio do mesmo livro).

1931 A convite da Universidade de Stanford, segue para os Estados Unidos, como professor extraordinário daquela universidade. Volta, no fim do ano, para a Europa, permanecendo algum tempo na Alemanha, em novos contatos com seus museus de antropologia, de onde regressa ao Brasil.

1932 Continua, no Rio de Janeiro, as pesquisas para a elaboração de *Casa-grande & senzala* em bibliotecas e arquivos. Recusando convites para empregos feitos pelos membros do novo governo brasileiro – um deles José Américo de Almeida –, vive, então, com grandes dificuldades financeiras, hospedando-se em casas de amigos e em pensões baratas do Distrito Federal. Estimulado pelo seu amigo Rodrigo M. F. de Andrade, contrata com o poeta Augusto Frederico Schmidt – então editor – a publicação do livro por 500 mil-réis mensais, que recebe com irregularidades constantes. Regressa ao Recife, onde continua a escrever *Casa-grande & senzala*, na casa do seu irmão, Ulysses Freyre.

1933 Conclui o livro, enviando os originais ao editor Schmidt, que o publica em dezembro.

1934 Aparecem em jornais do Rio de Janeiro os primeiros artigos sobre *Casa-grande & senzala*, escritos por Yan de Almeida Prado, Roquette-Pinto, João Ribeiro e Agrippino Grieco, todos elogiosos. Organiza no Recife o 1º Congresso de Estudos Afro-Brasileiros. Recebe o prêmio da Sociedade Felipe d'Oliveira pela publicação de *Casa-grande & senzala*. Lê na mesma sociedade conferência sobre O escravo nos anúncios de jornal do tempo do Império, publicada na revista *Lanterna Verde* (v. 2, fev. 1935). Regressa ao Recife e lê, no dia 24 de maio, na Faculdade de Direito e a convite de seus estudantes, conferência publicada, no mesmo ano, pela Editora Momento: O estudo das ciências sociais nas universidades americanas. Publica-se no Recife (Oficinas Gráficas The Propagandist, edição de amigos do autor, tiragem de apenas 105 exemplares em papel especial e coloridos a mão por Luís Jardim) o *Guia prático, histórico e sentimental da cidade do Recife*, inaugurando, em todo o mundo, um novo estilo de guia de cidade, ao mesmo tempo lírico e informativo e um dos primeiros livros para bibliófilos publicados no Brasil. Nomeado em dezembro diretor do *Diário de Pernambuco*, cargo que exerceu por apenas quinze dias por causa da proibição, por Assis Chateaubriand, da publicação de uma entrevista de João Alberto Lins de Barros.

1935 A pedido dos alunos da Faculdade de Direito do Recife e por designação do ministro da Educação, inicia na referida escola superior um curso de Sociologia com orientação antropológica e ecológica. Segue, em setembro, para o Rio de Janeiro, onde, a convite de Anísio Teixeira, dirige na Universidade do Distrito Federal o primeiro Curso de Antropologia Social e Cultural da América Latina (ver texto das aulas no livro *Problemas brasileiros de antropologia*). Publica-se no Recife (Edições Mozart) o livro *Artigos de jornal*. Profere, a convite de estudantes paulistas de Direito, no Centro XI de Agosto, da Faculdade de Direito de São Paulo, a conferência Menos doutrina, mais análise, tendo sido saudado pelo estudante Osmar Pimentel.

1936 Publica-se no Rio de Janeiro (Companhia Editora Nacional, v. 64 da Coleção Brasiliana) *Sobrados e mucambos* o livro que é uma continuação da série iniciada com *Casa-grande & senzala*. Viagem à Europa, permanecendo algum tempo na França e em Portugal.

1937 Viaja de novo à Europa, dessa vez como delegado do Brasil ao Congresso de Expansão Portuguesa no Mundo, reunido em Lisboa. Lê conferências nas Universidades de Lisboa, Coimbra e Porto e na de Londres (King's College), publicadas no Rio de Janeiro no ano seguinte. Regressa ao Recife e lê conferência política no Teatro Santa Isabel, a favor da candidatura de José Américo de Almeida à presidência da República. A convite de Paulo Bittencourt inicia colaboração semanal no *Correio da Manhã*. Publica-se no Rio de Janeiro (José Olympio) o livro *Nordeste: aspectos da influência da cana sobre a vida e a paisagem do Nordeste do Brasil*.

1938 É nomeado membro da Academia Portuguesa de História pelo presidente Oliveira Salazar. Segue para os Estados Unidos como lente extraordinário da Universidade de Colúmbia, onde dirige seminário sobre sociologia e história da escravidão. Publica-se no Rio de Janeiro (Serviço Gráfico do Ministério da Educação e Saúde) o livro *Conferência na Europa*.

1939 Faz primeira viagem ao Rio Grande do Sul. Segue, depois, para os Estados Unidos, como professor extraordinário da Universidade de Michigan. Publica-se no Rio de Janeiro (José Olympio) a primeira edição do livro *Açúcar* e no Recife (edição do autor, para bibliófilos) *Olinda, 2º guia prático, histórico e sentimental de cidade brasileira*. Publica-se em Nova York (Instituto de las Españas en los Estados Unidos) a obra do historiador Lewis Hanke, *Gilberto Freyre, vida y obra*.

1940 A convite do governo português, lê no Gabinete Português de Leitura do Recife a conferência (publicada no Recife, no mesmo ano, em edição particular) Uma cultura ameaçada: a luso--brasileira. E, em Aracaju, na instalação da 2ª Reunião da Sociedade de Neurologia, Psiquiatria e Higiene Mental do Nordeste, lê conferência publicada no ano seguinte pela mesma sociedade; no dia 29 de outubro, na Biblioteca do Ministério das Relações Exteriores e a convite da Casa do Estudante do Brasil, profere conferência sobre Euclides da Cunha, publicada no ano seguinte; no dia 19 de novembro, na Biblioteca do Estado do Rio Grande do Sul, faz uma conferência por ocasião das comemorações do bicentenário da cidade de Porto Alegre, publicada em 1943. Participa do 3º Congresso Sul-Rio-Grandense de História e Geografia, ao qual apresenta, a pedido do historiador Dante de Laytano, o trabalho Sugestões para o estudo histórico-social do sobrado no Rio Grande do Sul, publicado no mesmo ano pela Editora Globo e incluído, posteriormente, no livro *Problemas brasileiros de antropologia*. Publica-se em Nova York (Columbia University Press) o opúsculo Some aspects of the social development on Portuguese America, separata da obra coletiva *Concerning Latin American culture*. Publicam-se no Rio de Janeiro (José Olympio) os livros *Um engenheiro francês no Brasil* e *O mundo que o português criou*, com longos prefácios, respectivamente, de Paul Arbousse-Bastide e Antônio Sérgio. Prefacia e anota o *Diário íntimo do engenheiro Vauthier*, publicado no mesmo ano pelo Serviço do Patrimônio Histórico e Artístico Nacional.

1941 Casa-se no Mosteiro de São Bento do Rio de Janeiro com a senhorita Maria Magdalena Guedes Pereira. Viaja ao Uruguai, Argentina e Paraguai. Torna-se colaborador de *La Nación* (Buenos Aires), dos *Diários Associados*, do *Correio da Manhã* e de *A Manhã* (Rio de Janeiro). Prefacia e anota as *Memórias de um Cavalcanti*, do seu parente Félix Cavalcanti de Albuquerque Melo, publicadas pela Companhia Editora Nacional (volume 196 da Coleção Brasiliana). Publica-se no Recife (Sociedade de Neurologia, Psiquiatria e Higiene Mental do Nordeste) a conferência Sociologia, psicologia e psiquiatria, depois ampliada e incluída no livro

Problemas brasileiros de antropologia, contribuição para uma psiquiatria social brasileira que seria destacada pela Sorbonne ao doutourá-lo H.C. Publica-se no Rio de Janeiro (Casa do Estudante do Brasil) e em Buenos Aires a conferência Atualidade de Euclides da Cunha (incluída, em 1944, no livro *Perfil de Euclides e outros perfis*). Ao ensejo da publicação, no Rio de Janeiro (José Olympio), do livro *Região e tradição*, recebe homenagem de grande número de intelectuais brasileiros, com um almoço no Jóquei Clube, em 26 de junho, do qual foi orador o jornalista Dario de Almeida Magalhães.

1942 É preso no Recife, por ter denunciado, em artigo publicado no Rio de Janeiro, atividades nazistas e racistas no Brasil, inclusive as de um padre alemão a quem foi confiada, pelo governo do estado de Pernambuco, a formação de jovens escoteiros. Com seu pai reage à prisão, quando levado para "a imunda Casa de Detenção do Recife", sendo solto, no dia seguinte, por interferência direta de seu amigo general Góes Monteiro. Recebe convite da Universidade de Yale para ser professor de Filosofia Social, que não pôde aceitar. Profere, no Rio de Janeiro, discurso como padrinho de batismo de avião oferecido pelo jornalista Assis Chateaubriand ao Aeroclube de Porto Alegre. É eleito para o Conselho Consultivo da American Philosophical Association. É designado pelo Conselho da Faculdade de Filosofia da Universidade de Buenos Aires Adscrito Honorário de Sociologia e eleito membro correspondente da Academia Nacional de História do Equador. Discursa no Rio de Janeiro, em nome do sr. Samuel Ribeiro, doador do avião Taylor à campanha de Assis Chateaubriand. Publica-se em Buenos Aires (Comisión Revisora de Textos de Historia y Geografía Americana) a 1ª edição de *Casa-grande & senzala* em espanhol, com introdução de Ricardo Saenz Hayes. Publicam-se no Rio de Janeiro (José Olympio) o livro *Ingleses* e a 2ª edição de *Guia prático, histórico e sentimental da cidade do Recife*. A Casa do Estudante do Brasil divulga, em 2ª edição, a conferência Uma cultura ameaçada: a luso-brasileira, proferida no Gabinete Português de Leitura do Recife (1940).

1943 Visita a Bahia, a convite dos estudantes de todas as escolas superiores do estado, que lhe prestam excepcionais homenagens, às quais se associa quase toda a população de Salvador. Lê na Faculdade de Medicina da Bahia, a convite da União dos Estudantes Baianos, a conferência Em torno de uma classificação sociológica e no Instituto Histórico da Bahia, por iniciativa da Faculdade de Filosofia do mesmo estado, a conferência A propósito da filosofia social e suas relações com a sociologia histórica (ambas incluídas, com os discursos proferidos nas homenagens recebidas na Bahia, no livro *Na Bahia em 1943*, que teve quase toda a sua tiragem apreendida, nas livrarias do Recife, pela Polícia do Estado de Pernambuco). Recusa, em carta altiva, o convite para ser catedrático de Sociologia da Universidade do Brasil. Inicia colaboração no *O Estado de S. Paulo* em 30 de setembro. Por intermédio do Itamaraty, recebe convite da Universidade de Harvard para ser seu professor, que também recusa. Publicam-se em Buenos Aires (Espasa-Calpe Argentina) as 1ªs edições, em espanhol, de *Nordeste* e de *Uma cultura ameaçada* e a 2ª, na mesma língua, de *Casa-grande & senzala*. Publicam-se no Rio de Janeiro (Casa do Estudante do Brasil) o livro *Problemas brasileiros de antropologia* e o opúsculo Continente e ilha (conferência lida, em Porto Alegre, no ano de 1940 e incluída na 2ª edição de *Problemas brasileiros de antropologia*). Publica-se também, no Rio de Janeiro (Livros de Portugal), uma edição de *As farpas*, de Ramalho Ortigão e Eça de Queirós, selecionadas e prefaciados por ele, bem como a 4ª edição de *Casa-grande & senzala*, livro publicado a partir desse ano pelo editor José Olympio.

1944 Visita Alagoas e Paraíba, a convite de estudantes desses estados. Lê na Faculdade de Direito de Alagoas conferência sobre Ulysses Pernambucano, publicada no ano seguinte. Deixa de colaborar nos *Diários Associados* e em *La Nación*, em virtude da violação e do extravio constantes de sua correspondência. Em 9 de junho de 1944, comparece à Faculdade de Direito do Recife, a convite dos alunos dessa escola, para uma manifestação de regozijo em face da invasão da Europa pelos Exércitos Aliados. Lê em Fortaleza a conferência Precisa-se do Ceará. Segue para os Estados Unidos, onde profere, na Universidade do Estado de Indiana, seis conferências promovidas pela Fundação Patten e publicadas no ano seguinte, em Nova York, no livro *Brazil:* an interpretation. Publicam-se no Rio de Janeiro os livros *Perfil de Euclides e outros perfis* (José Olympio), *Na Bahia em 1943* (edição particular) e a 2ª edição do guia *Olinda*. A Casa do Estudante do Brasil publica, no Rio de Janeiro, o livro *Gilberto Freyre*, de Diogo Melo Menezes, com prefácio consagrador de Monteiro Lobato.

1945 Toma parte ativa, ao lado dos estudantes do Recife, na campanha pela candidatura do brigadeiro Eduardo Gomes à presidência da República. Fala em comícios, escreve artigos, anima os estudantes na luta contra a ditadura. No dia 3 de março, por ocasião do primeiro comício daquela campanha no Recife, começa a discursar, na sacada da redação do *Diário de Pernambuco*, quando tomba a seu lado, assassinado pela Polícia Civil do Estado, o estudante de Direito Demócrito de Sousa Filho. A UDN oferece, em sua representação na futura Assembleia Nacional Constituinte, um lugar aos estudantes do Recife, que preferem que seu representante seja o bravo escritor. A Polícia Civil do Estado de Pernambuco empastela e proíbe a circulação do *Diário de Pernambuco*, impedindo-o de noticiar a chacina em que morreram o estudante Demócrito e um popular. Com o jornal fechado, o retrato de Demócrito é inaugurado na redação, com memorável discurso de Gilberto Freyre: Quiseram matar o dia seguinte (cf. *Diário de Pernambuco*, 10 de abril de 1945). Em 9 de junho, comparece à Faculdade de Direito do Recife, como orador oficial da sessão contra a ditadura. Publicam-se no Recife (União dos Estudantes de Pernambuco) o opúsculo de sua autoria em apoio à candidatura de Eduardo Gomes: *Uma campanha maior do que a da abolição* e a conferência lida, no ano anterior, em Maceió: Ulysses. Publica-se em Fortaleza (edição do autor) a obra *Gilberto Freyre e alguns aspectos da antropossociologia no Brasil*, de autoria do médico Aderbal Sales. Publica-se em Nova York (Knopf) o livro *Brazil: an interpretation*. A Editora mexicana Fondo de Cultura Económica publica *Interpretación del Brasil*, com orelhas escritas por Alfonso Reyes.

1946 Eleito deputado federal, segue para o Rio de Janeiro, a fim de participar nos trabalhos da Assembleia Constituinte. Em 17 de junho, profere discurso de críticas e sugestões ao projeto da Constituição, publicado em opúsculo: Discurso pronunciado na Assembleia Nacional Constituinte (incluído na 2ª edição do livro *Quase política*). Em 22 de junho lê no Teatro Municipal de São Paulo, a convite do Centro Acadêmico XI de Agosto, conferência publicada no mesmo ano pela referida organização estudantil Modernidade e modernismo na arte política (incluída, em 1965, no livro *6 conferências em busca de um leitor*). Em 16 de julho, na Faculdade de Direito de Belo Horizonte, a convite de seus alunos, apresenta conferência publicada no mesmo ano: Ordem, liberdade, mineiralidade (incluída em 1965, no livro *6 conferências em busca de um leitor*). Em agosto inicia colaboração no *Diário Carioca*. Em 29 de agosto profere na Assembleia Constituinte outro discurso de crítica ao projeto da Constituição (incluído na 2ª edição do livro *Quase política*). Em novembro, a Comissão de Educação e Cultura da Câmara dos Deputados indica, com aplauso do escritor Jorge Amado, membro da Comissão, o nome de Gilberto Freyre para o Prêmio Nobel de Literatura de 1947, com o apoio de numerosos intelectuais brasileiros. Publica-se no Rio de Janeiro a 5ª edição de *Casa-grande & senzala* e em Nova York (Knopf), a edição do mesmo livro em inglês, *The masters and the slaves*.

1947 Apresenta à Mesa da Câmara dos Deputados, para ser dado como lido, discurso sobre o centenário de nascimento de Joaquim Nabuco, publicado no ano seguinte. Em 22 de maio, lê no auditório da Associação Brasileira de Imprensa, a convite da Sociedade dos Amigos da América, conferência sobre Walt Whitman, publicada no ano seguinte. Trabalha ativamente na Comissão de Educação e Cultura da Câmara dos Deputados. É convidado para representar o Brasil no 19º Congresso dos Pen Clubes Mundiais, reunido em Zurique. Publica-se em Londres a edição inglesa de *The masters and the slaves*, em Nova York, a 2ª impressão de *Brazil: an interpretation* e no Rio de Janeiro, a edição brasileira deste livro, em tradução de Olívio Montenegro: *Interpretação do Brasil* (José Olympio). Publica-se em Montevidéu a obra *Gilberto Freyre y la sociología brasileña*, de Eduardo J. Couture.

1948 A convite da Unesco, toma parte, em Paris, no conclave de oito notáveis cientistas e pensadores sociais (Gurvitch, Allport e Sullivan, entre eles), reunidos pela referida Organização das Nações Unidas por iniciativa do então diretor Julian Huxley para estudar as Tensões que afetam a compreensão internacional, trabalho em conjunto depois publicado em inglês e francês. Lê, no Ministério das Relações Exteriores, a convite do Instituto Brasileiro de Educação, Ciência e Cultura (Comissão Nacional da Unesco), conferência sobre o conclave de Paris. Repete na Escola de Comando do Estado-Maior do Exército a conferência lida no Ministério das Relações Exteriores. Inicia em 18 de setembro sua colaboração em *O Cruzeiro*. Em dezembro, profere na Câmara dos Deputados discurso justificando a criação do Instituto Joaquim Nabuco de Pesquisas Sociais, com sede no Recife (incluído na 2ª edição do livro *Quase política*). Lê no Museu de Arte de São Paulo duas conferências: uma sobre Emílio Cardoso Ayres e outra sobre d. Veridiana Prado. Apresenta mais uma conferência na Escola de Comando do Estado-Maior do Exército. Publicam-se no Rio de Janeiro (José Olympio) o livro *Ingleses no Brasil* e os opúsculos O camarada Whitman (incluído, em 1965, no livro *6 conferências em busca de um leitor*), Joaquim Nabuco (incluído, em 1966, na 2ª edição do livro *Quase política*) e *Guerra, paz e ciência* (este editado pelo Ministério das Relações Exteriores). Inicia sua colaboração no *Diário de Notícias*.

1949 Segue para os Estados Unidos, a fim de participar, na categoria de ministro, como delegado parlamentar do Brasil, na 4ª Conferência Internacional da Organização das Nações Unidas. Lê conferências na Universidade Católica da América (Washington, D.C.) e na Universidade de Virgínia. Profere, em 12 de abril, na Associação de Cultura Franco-Brasileira do Recife, conferência sobre Emílio Cardoso Ayres (apenas pequeno trecho foi publicado no *Bulletin* da Associação). Em 18 de agosto, apresenta na Faculdade de Direito do Recife conferência sobre Joaquim Nabuco, na sessão comemorativa do centenário de nascimento do estadista pernambucano (incluída no livro *Quase política*). Em 30 de agosto, profere na Câmara dos Deputados discurso de saudação ao Visconde Jowitt, presidente da Câmara dos Lordes do Reino Unido da Grã-Bretanha e Irlanda do Norte (incluído em *Quase política*). No mesmo dia, lê, no Instituto Histórico e Geográfico Brasileiro, conferência sobre Joaquim Nabuco. Publica-se, no Rio de Janeiro (José Olympio), a conferência apresentada no ano anterior, na Escola de Comando do Estado-Maior do Exército: Nação e Exército (incluída, em 1965, no livro *6 conferências em busca de um leitor*).

1950 Profere na Câmara dos Deputados, em 17 de janeiro, discurso sobre o pernambucano Joaquim Arcoverde, primeiro cardeal da América Latina, por ocasião da passagem do primeiro centenário de seu nascimento (incluído em *Quase política*). Apresenta na Câmara dos Deputados, em 5 de abril, discurso sobre o centenário de nascimento de José Vicente Meira de Vasconcelos, constituinte de 1891 (incluído em *Quase política*). Profere na Câmara dos Deputados, em 28 de abril, discurso de definição de atitude na vida pública (incluído em *Quase política*). Discursa na Câmara dos Deputados, em 2 de maio, sobre o centenário da morte de Bernardo Pereira de Vasconcelos (incluído em *Quase política*). Profere na Câmara dos Deputados, em 2 de junho, discurso contrário à emenda parlamentarista (incluído em *Quase política*). Apresenta na Câmara dos Deputados, em 26 de junho, discurso no qual transmite apelo que recebeu de três parlamentares ingleses, em favor de um governo supranacional (incluído em

Quase política). Discursa na Câmara dos Deputados, em 8 de agosto, sobre o centenário de nascimento de José Mariano (incluído em *Quase política*). Profere no Parque 13 de Maio, do Recife, discurso em favor da candidatura do deputado João Cleofas de Oliveira ao governo do estado de Pernambuco (incluído na 2ª edição de *Quase política*). Em 11 de setembro inicia colaboração diária no *Jornal Pequeno*, do Recife, sob o título Linha de fogo, em prol da candidatura João Cleofas ao governo do estado de Pernambuco. Profere, em 8 de novembro, na Câmara dos Deputados, discurso de despedida por não ter sido reeleito para o período seguinte (incluído na 2ª edição de *Quase política*). Publica-se em Urbana (University of Illinois Press) a obra coletiva *Tensions that cause wars*, em Paris, em 1948, tendo como contribuição de Gilberto Freyre: Internationalizing social sciences. Publicam-se no Rio de Janeiro (José Olympio) a 1ª edição do livro *Quase política* e a 6ª de *Casa-grande & senzala*.

1951 Publicam-se no Rio de Janeiro (José Olympio) a seguinte edição de *Nordeste* e de *Sobrados e mucambos* (esta refundida e acrescida de cinco novos capítulos). A convite da Universidade de Londres, escreve, em inglês, estudo sobre a situação do professor no Brasil, publicado, no mesmo ano, pelo *Year book of education*. Publica-se em Lisboa (Livros do Brasil) a edição portuguesa de *Interpretação do Brasil*.

1952 Lê, na sala dos capelos da Universidade de Coimbra, em 24 de janeiro, conferência publicada, no mesmo ano, pela Coimbra Editora: Em torno de um novo conceito de tropicalismo. Publica-se em Ipswich (Inglaterra) o opúsculo editado pela revista *Progress* de Londres com o ensaio: Human factors behind Brazilian development. Publica-se no Recife (Edições Região) o *Manifesto regionalista de 1926*. Publicam-se no Rio de Janeiro (Serviço de Documentação do Ministério da Educação e Cultura) o opúsculo *José de Alencar* (José Olympio) e a 7ª edição de *Casa-grande & senzala* em francês, organizada pelo professor Roger Bastide, com prefácio de Lucien Fèbvre: *Maîtres et esclaves* (volume 4 da Coleção La Croix du Sud, dirigida por Roger Caillois). Viaja a Portugal e às províncias ultramarinas. Em 16 de abril, inicia colaboração no *Diário Popular* de Lisboa e no *Jornal do Comércio* do Recife.

1953 Publicam-se no Rio de Janeiro (José Olympio) os livros *Aventura e rotina* (escritos durante a viagem a Portugal e às províncias luso-asiáticas, "à procura das constantes portuguesas de caráter e ação") e *Um brasileiro em terras portuguesas* (contendo conferências e discursos proferidos em Portugal e nas províncias ultramarinas, com extensa "Introdução a uma possível luso-tropicologia").

1954 Escolhido pela Comissão das Nações Unidas para o estudo da situação racial na união sul--africana, como o antropólogo estrangeiro mais capacitado a opinar sobre essa situação, visita o referido país e apresenta à Assembleia Geral da ONU um estudo publicado pela organização nessa nação em: *Elimination des conflits et tensions entre les races*. Publica-se no Rio de Janeiro a 8ª edição de *Casa-grande & senzala*; no Recife (Edições Nordeste), o opúsculo Um estudo do prof. Aderbal Jurema e, em Milão (Fratelli Bocca), a 1ª edição, em italiano, de *Interpretazione del Brasile*. Em agosto é encenada no Teatro Santa Isabel a dramatização de *Casa-grande & senzala*, feita por José Carlos Cavalcanti Borges. O professor Moacir Borges de Albuquerque defende, em concurso para provimento efetivo de uma das cadeiras de português do Instituto de Educação de Pernambuco, tese sobre *Linguagem de Gilberto Freyre*.

1955   Lê, na sessão inaugural do 4º Congresso Brasileiro de Neurologia, Psiquiatria e Higiene Mental, conferência sobre Aspectos da moderna convergência médico-social e antropocultural (incluída na 2ª edição de *Problemas brasileiros de antropologia*). Em 15 de maio profere no encerramento do curso de treinamento de professores rurais de Pernambuco discurso publicado no ano seguinte. Comparece, como um dos quatro conferencistas principais (os outros foram o alemão Von Wreie, o inglês Ginsberg e o francês Davy) e na alta categoria de convidado especial, ao 3º Congresso Mundial de Sociologia, realizado em Amsterdã, no qual apresenta a comunicação, publicada em Louvain, no mesmo ano, pela Associação Internacional de Sociologia: *Morals and social change*. Para discutir *Casa-grande & senzala* e outras obras, ideias e métodos de Gilberto Freyre, reúnem-se em Cerisy-La-Salle os escritores e professores M. Simon, R. Bastide, G. Gurvitch, Leon Bourdon, Henri Gouhier, Jean Duvignaud, Tavares Bastos, Clara Mauraux, Nicolas Sombart e Mário Pinto de Andrade: talvez a maior homenagem já prestada na Europa a um intelectual brasileiro; os demais seminários de Cerisy foram dedicados a filósofos da história, como Toynbee e Heidegger. Publicam-se no Recife (Secretaria de Educação e Cultura) os opúsculos Sugestões para uma nova política no Brasil: a rurbana (incluído, em 1966, na 2ª edição de *Quase política*) e Em torno da situação do professor no Brasil; em Nova York (Knopf) a 2ª edição de *Casa-grande & senzala*, em inglês: *The masters and the slaves*, e em Paris (Gallimard) a 1ª edição de *Nordeste* em francês: *Terres du sucre* (volume 14 da Coleção La Croix du Sud, dirigida por Roger Caillois).

1957   Lê, em 4 de agosto, na Escola de Belas Artes da Universidade Federal de Pernambuco, em solenidade comemorativa do 25º aniversário de fundação daquela instituição, conferência publicada no mesmo ano: Arte, ciência social e sociedade. Dirige, em outubro, curso sobre Sociologia da Arte na mesma escola. Colabora novamente no *Diário Popular* de Lisboa, atendendo a insistentes convites do seu diretor, Francisco da Cunha Leão. Publicam-se no Recife os opúsculos Palavras às professoras rurais do Nordeste (Secretaria de Educação e Cultura do Estado de Pernambuco) e Importância para o Brasil dos institutos de pesquisa científica (Instituto Joaquim Nabuco de Pesquisas Sociais); no Rio de Janeiro (José Olympio), a 2ª edição de *Sociologia*; no México (Editorial Cultural), o opúsculo A experiência portuguesa no trópico americano; em Lisboa (Livros do Brasil), a 1ª edição portuguesa de *Casa-grande & senzala* e a obra *Gilberto Freyre's "lusotropicalism"*, de autoria de Paul V. Shaw (Centro de Estudos Políticos Sociais da Junta de Investigações do Ultramar).

1958 Lê, no Fórum Roberto Simonsen, conferência publicada no mesmo ano pelo Centro e Federação das Indústrias do Estado de São Paulo: Sugestões em torno de uma nova orientação para as relações intranacionais no Brasil. Publicam-se em Lisboa (Centro de Estudos Políticos e Sociais da Junta de Investigações do Ultramar) o livro, com texto em português e inglês, *Integração portuguesa nos trópicos/Portuguese integration in the tropics*, e no Rio de Janeiro (José Olympio), a 9ª edição brasileira de *Casa-grande & senzala*.

1959 Lê, em abril, conferências no Instituto Joaquim Nabuco de Pesquisas Sociais, iniciando e concluindo cursos de Ciências Sociais promovidos pelo referido órgão. Em julho, apresenta na Faculdade de Direito da Universidade Federal de Minas Gerais conferência publicada pela mesma universidade, no ano seguinte. Publicam-se em Nova York (Knopf) *New world in the tropics*, cujo texto contém, grandemente expandido e praticamente reescrito, o livro (publicado em 1945 pelo mesmo editor) *Brazil: an interpretation*; na Guatemala (Editorial de Ministério de Educación Pública José de Pineda Ibarra), o opúsculo Em torno a algunas tendencias actuales de la antropología; no Recife (Arquivo Público do Estado de Pernambuco), o opúsculo A propósito de Mourão, Rosa e Pimenta: sugestões em torno de uma possível hispano-tropicalologia; no Rio de Janeiro (José Olympio), a 1ª edição do livro *Ordem e progresso* (terceiro volume da Série Introdução à história patriarcal no Brasil, iniciada com *Casa-grande & senzala*, continuada com *Sobrados e mucambos* e finalizada com *Jazigos e covas rasas*, livro nunca concluído) e *O velho Félix e suas memórias de um Cavalcanti* (2ª edição, ampliada, da introdução ao livro *Memórias de um Cavalcanti*, publicado em 1940); em Salvador (Universidade da Bahia), o livro *A propósito de frades* e o opúsculo Em torno de alguns túmulos afrocristãos de uma área africana contagiada pela cultura brasileira; e em São Paulo (Instituto Brasileiro de Filosofia), o ensaio A filosofia da história do Brasil na obra de Gilberto Freyre, de autoria de Miguel Reale.

1960 Viaja pela Europa, nos meses de agosto e setembro, lendo conferências em universidades francesas, alemãs, italianas e portuguesas. Publicam-se em Lisboa (Livros do Brasil) o livro *Brasis, Brasil e Brasília*; em Belo Horizonte (edições da *Revista Brasileira de Estudos Políticos*), a conferência Uma política transnacional de cultura para o Brasil de hoje; no Recife (Imprensa Universitária), o opúsculo Sugestões em torno do Museu de Antropologia do Instituto Joaquim Nabuco de Pesquisas Sociais, e no Rio de Janeiro (José Olympio), a 3ª edição do livro *Olinda*.

1961 Em 24 de fevereiro recebe em sua casa de Apipucos a visita do escritor norte-americano Arthur Schlesinger Junior, assessor e enviado especial do presidente John F. Kennedy. Em 20 de abril profere na Faculdade de Medicina da Universidade Federal de Pernambuco uma conferência sobre Homem, cultura e trópico, iniciando as atividades do Instituto de Antropologia Tropical, criado naquela faculdade por sugestão sua. Em 25 de abril é filmado e entrevistado em sua residência pela equipe de televisão e cinema do Columbia Broadcasting System. Em junho viaja aos Estados Unidos, onde faz conferência no Conselho Americano de Sociedades Científicas, no Centro de Corning, no Centro de Estudos de Santa Bárbara e nas Universidades de Princeton e Colúmbia. De volta ao Brasil, recebe, em agosto, a pedido da Comissão Educacional dos Estados Unidos da América no Brasil (Comissão Fulbright), para uma palestra informal sobre problemas brasileiros, os professores norte-americanos que participam do II Seminário de Verão promovido pela referida comissão. Em outubro, lê, no Instituto Joaquim Nabuco de Pesquisas Sociais, quatro conferências sobre sociologia da vida rural. Ainda em outubro e a convite dos corpos docente e discente da Escola de Engenharia da Universidade Federal de Pernambuco, lê na mesma escola três conferências sobre Três engenharias inter-relacionadas: a física, a social e a chamada humana. Viaja a São Paulo e lê, em 27 de outubro, no auditório da Academia Paulista de Letras, sob os auspícios do Instituto Hans Staden, conferência intitulada Como e porque sou sociólogo. Em 1º de novembro, apresenta no auditório da ABI e sob os auspícios do Instituto Cultural Brasil-Alemanha, conferências sobre Harmonias e desarmonias na formação brasileira. Em dezembro, segue para a Europa, permanecendo três semanas na Alemanha Ocidental, para participar, como representante do Brasil, no encontro germano-hispânico de sociólogos. Publicam-se em Tóquio (Ministério da Agricultura do Japão, série de Guias para os emigrantes em países estrangeiros), a edição japonesa de *New world in the tropics*: Atsuitai no sin sekai; em Lisboa (Comissão Executiva das Comemorações do V Centenário da Morte do Infante Dom Henrique) – em português, francês e inglês –, o livro *O luso e trópico*: les Portugais et les tropiques e *The portuguese and the tropics* (edições separadas); no Recife (Imprensa Universitária), a obra *Sugestões de um novo contato com universidades europeias*; no Rio de Janeiro (José Olympio), a 3ª edição brasileira de *Sobrados e mucambos* e a 10ª edição brasileira (11ª em língua portuguesa) de *Casa-grande & senzala*.

1962 Em fevereiro, a Escola de Samba de Mangueira desfila, no Carnaval do Rio de Janeiro, com enredo inspirado em *Casa-grande & senzala*. Em março é eleito presidente do Comitê de Pernambuco do Congresso Internacional para a Liberdade da Cultura. Em 10 de junho, lê, no Gabinete Português de Leitura do Rio de Janeiro, a convite da Federação das Associações Portuguesas do Brasil, conferência publicada, no mesmo ano, pela referida entidade: *O Brasil em face das Áfricas negras e mestiças*. Em agosto reúne-se em Porto Alegre o 1º Colóquio de Estudos Teuto-Brasileiros, organizado por sugestão sua. Ainda em agosto é admitido pelo Presidente da República como Comandante do Corpo de Graduação da Ordem do Mérito Militar. Por iniciativa do Banco Interamericano de Desenvolvimento, o professor Leopoldo Castedo profere em Washington, D.C., no curso Panorama da Civilização Ibero-Americana, conferência sobre La valorización del tropicalismo en Freyre. Em outubro, torna-se editor-

-associado do *Journal of Interamerican Studies*. Em novembro, dirige na Faculdade de Letras da Universidade de Coimbra um curso de seis lições sobre Sociologia da História. Ainda na Europa, lê conferências em universidades da França, da Alemanha Ocidental e da Espanha. Em 19 de novembro recebe o grau de Doutor *Honoris Causa* pela Faculdade de Letras de Coimbra. Publicam-se no Rio de Janeiro (José Olympio) os livros *Talvez poesia* e *Vida, forma e cor*, a 2ª edição de *Ordem e progresso* e a 3ª de *Sociologia*; em São Paulo (Livraria Martins Editora), o livro *Arte, ciência e trópico*; em Lisboa (Livros do Brasil), as edições portuguesas de *Aventura e rotina* e de *Um brasileiro em terras portuguesas*; no Rio de Janeiro (José Olympio), a obra coletiva *Gilberto Freyre:* sua ciência, sua filosofia, sua arte (ensaios sobre o autor de *Casa-grande & senzala* e sua influência na moderna cultura do Brasil, comemorativos do vigésimo quinto aniversário de publicação desse livro).

1963 Em 10 de junho, inaugura-se no Teatro Santa Isabel do Recife uma exposição sobre *Casa--grande & senzala*, organizada pelo colecionador Abelardo Rodrigues. Em 20 de agosto, o governo de Pernambuco promulga a Lei Estadual nº 4.666, de iniciativa do deputado Paulo Rangel Moreira, que autoriza a edição popular, pelo mesmo estado, de *Casa-grande & senzala*. Publicam-se em *The American Scholar*, Chapel Hill (United Chapters of Phi Beta Kappa e University of North Caroline), o ensaio On the Iberian concept of time; em Nova York (Knopf), a edição de *Sobrados e mucambos* em inglês, com introdução de Frank Tannenbaum: *The mansions and the shanties (the making of modern Brazil)*; em Washington, D.C. (Pan American Union), o livro *Brazil*; em Lisboa, a 2ª edição do opúsculo Americanism and latinity America (em inglês e francês); em Brasília (Editora Universidade de Brasília), a 12ª edição brasileira de *Casa-grande & senzala* (13ª edição em língua portuguesa) e no Recife (Imprensa Universitária), o livro *O escravo nos anúncios de jornais brasileiros do século XIX* (reedição muito ampliada da conferência lida, em 1935, na Sociedade Felipe d'Oliveira). O professor Thomas John O'Halloran apresenta à Graduate School of Arts and Science, da New York University, dissertação sobre *The life and master writings of Gilberto Freyre*. As Editoras A. A. Knopf e Random House publicam em Nova York a 2ª edição (como livro de bolso) de *New world in the tropics*.

1964 A convite do governo do estado de Pernambuco, lê na Escola Normal do mesmo estado, em 13 de maio, conferência como orador oficial da solenidade comemorativa do centenário de fundação daquela Escola. Recebe em Natal, em julho, as homenagens da Fundação José Augusto pelo trigésimo aniversário da publicação de *Casa-grande & senzala*. Recebe, em setembro, o Prêmio Moinho Santista para Ciências Sociais. Viaja aos Estados Unidos e participa, em dezembro, como conferencista convidado, do seminário latino-americano promovido pela Universidade de Colúmbia. Publicam-se em Nova York (Knopf) uma edição abreviada (*paperback*) de *The masters and the slaves*; em Madri (separata da *Revista de la*

Universidad de Madrid) o opúsculo De lo regional a lo universal en la interpretación de los complejos socioculturales; no Recife (Instituto Joaquim Nabuco de Pesquisas Sociais), em tradução de Waldemar Valente, a tese universitária de 1922, *Vida social no Brasil nos meados do século XIX* e o opúsculo (Imprensa Universitária) O estado de Pernambuco e expressão no poder nacional: aspectos de um assunto complexo; no Rio de Janeiro (José Olympio), a seminovela *Dona Sinhá e o filho padre*, o livro *Retalhos de jornais velhos* (2ª edição, consideravelmente ampliada, de *Artigos de jornal*), o opúsculo A Amazônia brasileira e uma possível luso-tropicologia (Superintendência do Plano de Valorização Econômica da Amazônia) e a 11ª edição brasileira de *Casa-grande & senzala*. Recusa convite do presidente Castelo Branco para ser ministro da Educação e Cultura.

1965 Viaja a Campina Grande, onde lê, em 15 de março, na Faculdade de Ciências Econômicas, a conferência (publicada no mesmo ano pela Universidade Federal da Paraíba) *Como e porque sou escritor*. Participa no Simpósio sobre Problemática da Universidade Federal de Pernambuco (março/abril), com uma conferência sobre a conveniência da introdução na mesma universidade, de "Um novo tipo de seminário (Tannenbaum)". Viaja ao Rio de Janeiro, onde recebe, em cerimônia realizada no auditório de *O Globo*, diploma com o qual o referido jornal homenageou, no seu quadragésimo aniversário, a vida e a obra dos Notáveis do Brasil: brasileiros vivos que, "por seu talento e capacidade de trabalho de todas as formas invulgares, tenham tido uma decisiva participação nos rumos da vida brasileira, ao longo dos quarenta anos conjuntamente vividos". Em 9 de novembro, gradua-se, *in absentia*, doutor pela Universidade de Paris (Sorbonne), em solenidade na qual também foram homenageados outros sábios de categoria internacional, em diferentes campos do saber, sendo a consagração por obra que vinha abrindo "novos caminhos à filosofia e às ciências do homem". A consagração cultural pela Sorbonne juntou-se à recebida das Universidades da Colúmbia e de Coimbra e às quais se somaram as de Sussex (Inglaterra) e Münster (Alemanha), em solenidade prestigiada por nove magníficos reitores alemães. Publicam-se em Berlim (Kiepenheur & Witsch) a 1ª edição de *Casa-grande & senzala* em alemão: *Herrenhaus und sklavenhütte (ein bild der Brasilianischen gesellschaft)*; no Recife (Imprensa Oficial do Estado de Pernambuco), o opúsculo Forças Armadas e outras forças, e no Rio de Janeiro (José Olympio), o livro *6 conferências em busca de um leitor*.

1966 Viaja ao Distrito Federal, a convite da Universidade de Brasília, onde lê, em agosto, seis conferências sobre Futurologia, assunto que foi o primeiro a desenvolver no Brasil. Por solicitação das Nações Unidas, apresenta ao United Nations Human Rights Seminar on Apartheid (realizado em Brasília, de 23 de agosto a 5 de setembro) um trabalho de base sobre Race mixture and cultural interpenetration: the Brazilian example, distribuído na mesma ocasião em inglês, francês, espanhol e russo. Por sugestão sua, inicia-se na Universidade Federal de

Pernambuco o Seminário de Tropicologia, de caráter interdisciplinar e inspirado pelo seminário do mesmo tipo, iniciado na Universidade de Colúmbia pelo professor Frank Tannenbaum. Publicam-se em Barnet, Inglaterra, *The racial factor in contemporary politics*; no Rio de Janeiro (José Olympio), a 13ª edição do mesmo livro; e no Recife (governo do estado de Pernambuco), o primeiro tomo da 14ª edição brasileira (15ª em língua portuguesa) de *Casa-grande & senzala* (edição popular, para ser comercializada a preços acessíveis, de acordo com a Lei Estadual nº 4.666, de 20 de agosto de 1963).

1967 Em 30 de janeiro, lançamento solene, no Palácio do Governo do Estado de Pernambuco, do primeiro volume da edição popular de *Casa-grande & senzala*. Em julho, viaja aos Estados Unidos, para receber, no Instituto Aspen de Estudos Humanísticos, o Prêmio Aspen do ano (30 mil dólares e isento de imposto sobre a renda) "pelo que há de original, excepcional e de valor permanente em sua obra ao mesmo tempo de filósofo, escritor literário e antropólogo". Recebe o Nobel dos Estados Unidos na presença de embaixador, enviado especial do presidente Lyndon B. Johnson, que se congratula com Gilberto Freyre pela honraria na qual o autor foi precedido por apenas três notabilidades internacionais: o compositor Benjamin Britten, a dançarina Martha Graham e o urbanista Constantino Doxiadis por obras reveladoras de "criatividade genial". Em dezembro, lê na Academia Brasileira de Letras, no Instituto Histórico e Geográfico Brasileiro e no Instituto Joaquim Nabuco de Pesquisas Sociais, conferências sobre Oliveira Lima, em sessões solenes comemorativas do centenário de nascimento daquele historiador (ampliadas no livro *Oliveira Lima, Dom Quixote gordo*). Publicam-se em Lisboa (Fundação Calouste Gulbenkian) o livro *Sociologia da medicina*; em Nova York (Knopf), a tradução da "seminovela" *Dona Sinhá e o filho padre*: *mother and son*: a Brazilian tale; no Recife (Instituto Joaquim Nabuco de Pesquisas Sociais), a 2ª edição de *Mucambos do Nordeste* e a 3ª edição do *Manifesto Regionalista de 1926*; em São Paulo (Arquimedes Edições), o livro *O Recife, sim! Recife não!*, e no Rio de Janeiro (José Olympio), a 4ª edição de *Sociologia*.

1968 Em 9 de janeiro, lê, no Palácio do Governo do Estado de Pernambuco, a primeira da série de conferências promovidas pelo governador do estado para comemorar o centenário de nascimento de Oliveira Lima (incluída no livro *Oliveira Lima, Dom Quixote gordo*, publicado no mesmo ano pela Imprensa da Universidade de Recife). Viaja à Argentina onde faz conferência sobre Oliveira Lima na Universidade do Rosário, e à Alemanha Ocidental, onde recebe o título de Doutor *Honoris Causa* pela Universidade de Münster por sua obra comparada à de Balzac. Publicam-se em Lisboa (Academia Internacional da Cultura Portuguesa) o livro em dois volumes, *Contribuição para uma sociologia da biografia* (*o exemplo de Luís de Albuquerque, governador de Mato Grosso no fim do século XVII*); no Distrito Federal (Editora Universidade de Brasília), o livro *Como e porque sou e não sou sociólogo*, e no Rio de Janeiro (Record), as 2ᵃˢ edições dos livros *Região e tradição* e *Brasis, Brasil e Brasília*. Ainda no Rio de Janeiro, publicam-se (José Olympio) as 4ᵃˢ edições dos livros *Guia prático, histórico e sentimental da cidade do Recife* e *Olinda, 2º guia prático, histórico e sentimental de cidade brasileira*.

1969 Recebe o Prêmio Internacional de Literatura La Madonnina por "incomparável agudeza na descrição de problemas sociais, conferindo-lhes calor humano e otimismo, bondade e sabedoria", através de uma obra de "fulgurações geniais". Lê conferência, no Conselho Federal de Cultura, em sessão dedicada à memória de Rodrigo M. F. de Andrade. A Universidade Federal de Pernambuco lança os dois primeiros volumes do seminário de Tropicologia, relativos ao ano de 1966: *Trópico & colonização, nutrição, homem, religião, desenvolvimento, educação e cultura, trabalho e lazer, culinária, população*. Lê no Instituto Joaquim Nabuco de Pesquisas Sociais quatro conferências sobre Tipos antropológicos no romance brasileiro. Publicam-se no Recife (Instituto Joaquim Nabuco de Pesquisas Sociais) o ensaio Sugestões em torno da ciência e da arte da pesquisa social, e no Rio de Janeiro (José Olympio), a 15ª edição brasileira de *Casa-grande & senzala*.

1970 Completa setenta anos de idade residindo na província e trabalhando como se fosse um intelectual ainda jovem: escrevendo livros, colaborando em jornais e revistas nacionais e estrangeiros, dirigindo cursos, proferindo conferências, presidindo o conselho diretor e incentivando as atividades do Instituto Joaquim Nabuco de Pesquisas Sociais, presidindo o Conselho Estadual de Cultura, dirigindo o Centro Regional de Pesquisas Educacionais e o Seminário de Tropicologia da Universidade Federal de Pernambuco, comparecendo às reuniões mensais do Conselho Federal de Cultura e atendendo a convites de universidades europeias e norte-americanas, onde é sempre recebido como o embaixador intelectual do Brasil. A Editora A. A. Knopf publica em Nova York *Order and progress*, com texto traduzido e refundido por Rod W. Horton.

1971 Recebe a 26 de novembro, em solenidade no Gabinete Português de Leitura, do Recife, e tendo como paraninfo o ministro Mário Gibson Barbosa, o título de Doutor *Honoris Causa* pela Universidade Federal de Pernambuco. Discursa como orador oficial da solenidade de inauguração, pelo presidente Emílio Garrastazu Médici, do Parque Nacional dos Guararapes, no Recife. A rainha Elizabeth lhe confere o título de *Sir* (Cavaleiro Comandante do Império Britânico) e a Universidade Federal do Rio de Janeiro, o grau de Doutor *Honoris Causa* em filosofia. Publicam-se a 1ª edição da *Seleta para jovens* (José Olympio) e a obra *Nós e a Europa germânica* (Grifo Edições). Continua a receber visitas de estrangeiros ilustres na sua casa de Apipucos, devendo-se destacar as de embaixadores do Reino Unido, França, Estados Unidos, Bélgica e as de Aldous Huxley, George Gurvitch, Shelesky, John dos Passos, Jean Duvignaud, Lincoln Gordon e Roberto Kennedy, a quem oferece jantar a pedido desse visitante. A Companhia Editora Nacional publica em São Paulo, como volume 348 de sua coleção Brasiliana, a 1ª edição brasileira de *Novo mundo nos trópicos*.

1972   Preside o Primeiro Encontro Inter-Regional de Cientistas Sociais do Brasil, realizado em Fazenda Nova, Pernambuco, de 17 a 20 de janeiro, sob os auspícios do Instituto Joaquim Nabuco de Pesquisas Sociais. Recebe o título de Cidadão de Olinda, conferido por Lei Municipal nº 3.774, de 8 de março de 1972, e em sessão solene da Assembleia Legislativa do Estado de Pernambuco, a Medalha Joaquim Nabuco, conferida pela Resolução nº 871, de 28 de abril de 1972. Em 14 de junho profere no Instituto Joaquim Nabuco de Pesquisas Sociais palestra sobre José Bonifácio e no Instituto Joaquim Nabuco de Pesquisas Sociais as duas primeiras conferências da série comemorativa do centenário de Estácio Coimbra. Em 15 de dezembro, inaugura-se na Praia de Boa Viagem, no Recife, o Hotel Casa-grande & senzala. A Editora Giulio Einaudi publica em Turim a edição italiana de *Casa-grande & senzala: Case e catatecchie*.

1973   Recebe em São Paulo o Troféu Novo Mundo, "por obras notáveis em sociologia e história", e o Troféu Diários Associados, pela "maior distinção anual em artes plásticas". Realizam-se exposições de telas de sua autoria, uma no Recife, outra no Rio, esta na residência do casal José Maria do Carmo Nabuco, com apresentação de Alfredo Arinos de Mello Franco. Por decreto do presidente Médici, é reconduzido ao Conselho Federal de Cultura. Viaja a Angola, em fevereiro. A 10 de maio, a convite da Assembleia Legislativa do Estado de Pernambuco, profere discurso no Cemitério de Santo Amaro, diante do túmulo de Joaquim Nabuco, em comemoração ao Sesquicentenário do Poder Legislativo no Brasil. Recebe em setembro, em João Pessoa, o título de Doutor *Honoris Causa* pela Universidade Federal da Paraíba. Profere na Câmara dos Deputados, em 29 de novembro, conferência sobre Atuação do Parlamento no Império e na República, na série comemorativa do Sesquicentenário do Poder Legislativo no Brasil e na Universidade de Brasília, palestra em inglês para o corpo diplomático, sob o título de Some remarks on how and why Brazil is different. Em 13 de dezembro é operado pelo professor Euríclides de Jesus Zerbini, no Hospital da Beneficência Portuguesa de São Paulo.

1974   Recebe em São Paulo o Troféu Novo Mundo, conferido pelo Centro de Artes Novo Mundo. Faz sua primeira exposição de pintura em São Paulo, com quarenta telas adquiridas imediatamente. A 15 de março, o Instituto Joaquim Nabuco de Pesquisas Sociais comemora com exposição e sessão solene os quarenta anos da publicação de *Casa-grande & senzala*. Em 20 de julho profere no Instituto Joaquim Nabuco de Pesquisas Sociais conferência sobre a Importância dos retratos para os estudantes biográficos: o caso de Joaquim Nabuco. A 29 de agosto, a Universidade Federal de Pernambuco inaugura no saguão da reitoria uma placa comemorativa dos quarenta anos de *Casa-grande & senzala*. A 12 de outubro recebe a Medalha de Ouro José Vasconcelos, outorgada pela Frente de Afirmación Hispanista do

México, para distinguir, a cada ano, uma personalidade dos meios culturais hispano-americanos. O cineasta Geraldo Sarno realiza documentário de cinco minutos intitulado *Casa-grande & senzala*, de acordo com uma ideia de Aldous Huxley. O editor Alfred A. Knopf publica em Nova York a obra *The Gilberto Freyre Reader*.

1975 Diante da violência de uma enchente do rio Capibaribe, em 17 e 18 de julho, lidera com Fernando de Mello Freyre, diretor do Instituto Joaquim Nabuco, um movimento de estudo interdisciplinar sobre as enchentes em Pernambuco. Profere, em 10 de outubro, conferência no Clube Atlético Paulistano sobre O Brasil como nação hispano-tropical. Recebe em 15 de outubro, do Sindicato dos Professores do Ensino Primário e Secundário de Pernambuco e da Associação dos Professores do Ensino Oficial, o título de Educador do Ano, por relevantes serviços prestados à comunidade nordestina no campo da educação e da pesquisa social. Profere em 7 de novembro, no Teatro Santa Isabel, do Recife, conferência sobre o Sesquicentenário do *Diário de Pernambuco*. O Instituto do Açúcar e do Álcool lança, em 15 de novembro, o Prêmio de Criatividade Gilberto Freyre, para os melhores ensaios sobre aspectos socioeconômicos da zona canavieira do Nordeste. Publicam-se no Rio de Janeiro suas obras *Tempo morto e outros tempos, O brasileiro entre os outros hispanos* (José Olympio) e *Presença do açúcar na formação brasileira* (IAA).

1976 Viaja à Europa em setembro, fazendo conferências em Madri (Instituto de Cultura Hispânica) e em Londres (Conselho Britânico). É homenageado com a esposa, em Londres, com banquete pelo embaixador Roberto Campos e esposa (presentes vários dos seus amigos ingleses, como Lord Asa Briggs). Em Paris, como hóspede do governo francês, é entrevistado pelo sociólogo Jean Duvignaud, na rádio e na televisão francesas, sobre Tendências atuais da cultura brasileira. É homenageado com banquete pelo diretor de *Le Figaro*, seu amigo, escritor e membro da Academia Francesa, Jean d'Ormesson, presentes Roger Caillois e outros intelectuais franceses. Em Viena, identifica mapas inéditos do Brasil no período holandês, existentes na Biblioteca Nacional da Áustria. Na Espanha, como hóspede do governo, realiza palestra no Instituto de Cultura Hispânica, presidido pelo Duque de Cadis. Em Lisboa é homenageado com banquete pelo secretário de estado de Cultura, com a presença de intelectuais, ministros e diplomatas. Em 7 de outubro, lê em Brasília, a convite do ministro da Previdência Social, conferência de encerramento do Seminário sobre Problemas de Idosos. A Livraria José Olympio Editora publica as 16ª e 17ª edições de *Casa-grande & senzala,* e o IJNPS, a 6ª edição do *Manifesto regionalista*. É lançada em Lisboa 2ª edição portuguesa de *Casa-grande & senzala*.

1977 Estreia em janeiro no Nosso Teatro (Recife) a peça *Sobrados e mucambos*, adaptada por Hermilo Borba Filho e encenada pelo Grupo Teatral Vivencial. Recebe em fevereiro, do embaixador Michel Legendre, a faixa e as insígnias de Comendador das Artes e Letras da França. Profere em março, no Seminário de Tropicologia, conferência sobre O Recife eurotropical e, na Câmara dos Deputados, em Brasília, conferência de encerramento do ciclo comemorativo do Bicentenário da Independência dos Estados Unidos. Exibição, na Biblioteca Municipal Mário de Andrade, em São Paulo, de um documentário cinematográfico sobre sua vida e obra, *Da palavra ao desenho da palavra*, com debates dos quais participam Freitas Marcondes, Leo Gilson Ribeiro, Osmar Pimentel e Egon Schaden. Profere conferências na Câmara dos Deputados, em Brasília, em 19 de agosto, sobre A terra, o homem e a educação, no Seminário sobre Ensino Superior, promovido pela Comissão de Educação e Cultura, e no Teatro José de Alencar de Fortaleza, em 24 de setembro, sobre O Nordeste visto através do tempo. Lançamento em São Paulo, em 10 de novembro, do álbum *Casas-grandes & senzalas*, com guaches de Cícero Dias. Apresenta, no Arquivo Público Estadual de Pernambuco, conferência de encerramento do Curso sobre o Sesquicentenário da Elevação do Recife à Condição de Capital, sobre O Recife e a sua autobiografia coletiva. É acolhido como sócio--honorário do Pen Clube do Brasil. Inicia em outubro colaboração semanal na *Folha de S.Paulo*. A Livraria José Olympio Editora publica *O outro amor do dr. Paulo*, seminovela, continuação de *Dona Sinhá e o filho padre*. A Editora Nova Aguilar publica, em dezembro, a *Obra escolhida*, volume em papel-bíblia que inclui *Casa-grande & senzala*, *Nordeste* e *Novo mundo nos trópicos*, com introdução de Antônio Carlos Villaça, cronologia da vida e da obra e bibliografia ativa e passiva, por Edson Nery da Fonseca. A Editora Ayacucho lança em Caracas a 3ª edição em espanhol de *Casa-grande & senzala*, com introdução de Darcy Ribeiro. As Ediciones Cultura Hispánica publicam em Madri a edição espanhola da *Seleta para jovens*, com o título de *Antología*. A Editora Espasa-Calpe publica, em Madri, *Más allá de lo moderno*, com prefácio de Julián Marías. A Livraria José Olympio Editora lança a 5ª edição de *Sobrados e mucambos* e a 18ª edição brasileira de *Casa-grande & senzala*.

1978 Viaja a Caracas para proferir três conferências no Instituto de Assuntos Internacionais do Ministério das Relações Exteriores da Venezuela. Abre no Arquivo Público Estadual, em 30 de março, ciclo de conferências sobre escravidão e abolição em Pernambuco, fazendo Novas considerações sobre escravos em anúncios de jornal em Pernambuco. Profere conferência sobre O Recife e sua ligação com estudos antropológicos no Brasil, na instalação da XI Reunião Brasileira de Antropologia, no auditório da Universidade Federal de Pernambuco, em 7 de maio. Em 22 de maio, abre em Natal a I Semana de Cultura do Nordeste. Profere em Curitiba, em 9 de junho, conferência sobre O Brasil em nova perspectiva antropossocial, numa promoção da Associação dos Professores Universitários do Paraná; em Cuiabá, em 16 de setembro, conferência sobre A dimensão ecológica do caráter nacional; na Academia Paulista de Letras, em 4 de dezembro, conferência sobre Tropicologia e realidade social, abrindo o 1º Seminário Internacional de Estudos Tropicais da Fundação Escola de Sociologia e Política. Publica-se *Recife & Olinda*, com desenhos de Tom Maia e Thereza Regina. Publicam-se as seguintes obras: *Alhos e bugalhos* (Nova Fronteira); *Prefácios desgarrados* (Cátedra); *Arte e ferro* (Ranulpho Editora de Arte), com pranchas de Lula Cardoso Ayres. O Conselho Federal de Cultura lança *Cartas do próprio punho sobre pessoas e coisas do Brasil e do estrangeiro*. A Editora Gallimard publica a 14ª edição de *Maîtres et esclaves*, na Coleção TEL. A Livraria Editora José Olympio publica a 19ª edição brasileira de *Casa-grande & senzala*, e a Fundação Cultural do Mato Grosso, a 2ª edição de *Introdução a uma sociologia da biografia*.

1979 O Arquivo Estadual de Pernambuco publica, em março, a edição fac-similar do *Livro do Nordeste*. Participa, no auditório da Biblioteca Municipal de São Paulo, em 30 de março, da Semana do Escritor Brasileiro. Recebe em Aracaju, em 17 de abril, o título de Cidadão Sergipano, outorgado pela Assembleia Legislativa de Sergipe. É homenageado pelo 44º Congresso Mundial de Escritores do Pen Clube Internacional, reunido no Rio de Janeiro, quando recebe a medalha Euclides da Cunha, sendo saudado pelo escritor Mário Vargas Llosa. Recebe o grau de Doutor *Honoris Causa* pela Faculdade de Ciências Médicas da Fundação do Ensino Superior de Pernambuco – Universidade de Pernambuco, em setembro. Viaja à Europa em outubro. Profere conferência na Fundação Calouste Gulbenkian, em 22 de outubro, sobre Onde o Brasil começou a ser o que é. Abre o ciclo de conferências comemorativo do 20º aniversário da Sudene, em dezembro, falando sobre Aspectos sociais do desenvolvimento regional. Recebe nesse mês o Prêmio Caixa Econômica Federal, da Fundação Cultural do Distrito Federal, pela obra *Oh de casa!*. Profere na Universidade de Brasília conferência sobre Joaquim Nabuco: um novo tipo de político. A Editora Artenova publica *Oh de casa!*. A Editora Cultrix publica *Heróis e vilões no romance brasileiro*. A MPM Propaganda publica *Pessoas, coisas & animais*, em edição não comercial. A Editora Ibrasa publica *Tempo de aprendiz*.

1980 Em 24 de janeiro, a Academia Pernambucana de Letras inicia as comemorações do octogésimo aniversário do autor, com uma conferência de Gilberto Osório de Andrade sobre Gilberto Freyre e o trópico. Em 25 de janeiro, a Codepe inicia seu Seminário Permanente de Desenvolvimento, dedicando-o ao estudo da obra de Gilberto Freyre. O Arquivo Público Estadual comemora a efeméride, em 26 e 27 de fevereiro, com duas conferências de Edson Nery da Fonseca. Recebe em São Paulo, em 7 de março, a medalha de Ordem do Ipiranga, maior condecoração do estado. Em 26 de março, recebe a medalha José Mariano, da Câmara Municipal do Recife. Por decreto de 15 de abril, o governador do estado de Sergipe lhe confere o galardão de Comendador da Ordem do Mérito Aperipê. Em homenagem ao autor, são realizados diversos eventos, como: missa cantada na Catedral de São Pedro dos Clérigos, do Recife, mandada celebrar pelo governo do estado de Pernambuco, sendo oficiante monsenhor Severino Nogueira e regente o padre Jayme Diniz. Inauguração, na redação do *Diário de Pernambuco*, de placa comemorativa da colaboração de Gilberto Freyre, iniciada em 1918.

Almoço na residência de Fernando Freyre. *Open house* na vivenda Santo Antônio. Sorteio de bilhete da Loteria Federal da Praça de Apipucos. Desfile de clubes e blocos carnavalescos e concentração popular em Apipucos. Sessão solene do Congresso Nacional, em 15 de abril, às 15 horas, para homenagear o escritor Gilberto Freyre pelo transcurso do seu octogésimo aniversário. Discursos do presidente, senador Luís Viana Filho, dos senadores Aderbal Jurema e Marcos Freire e do deputado Thales Ramalho. Viaja a Portugal em junho, a convite da Câmara Municipal de Lisboa, para participar nas comemorações do Quarto Centenário da Morte de Camões. Profere conferência A tradição camoniana ante insurgências e ressurgências atuais. É homenageado, em 6 de julho, durante a 32ª Reunião Anual da Sociedade Brasileira para o Progresso da Ciência, realizada no Rio de Janeiro, e em 25 de julho, pelo XII Congresso Brasileiro de Língua e Literatura, promovido pelas universidades estaduais do Rio de Janeiro e Universidade Federal do Rio de Janeiro. Em 11 de agosto, recebe do embaixador Hansjorg Kastl a Grã-Cruz do Mérito da República Federativa da Alemanha. Ainda em agosto, é homenageado pelo IV Seminário Paraibano de Cultura Brasileira. Recebe o título de Cidadão Benemérito de João Pessoa, outorgado pela Câmara Municipal da capital paraibana. Recebe o título do sócio-honorário do Instituto Histórico e Geográfico da Paraíba. Em 2 de setembro, é homenageado pelo Pen Clube do Brasil com um painel sobre suas ideias, no auditório do Palácio da Cultura, no Rio de Janeiro. Encenação, no Teatro São Pedro de São Paulo, da peça de José Carlos Cavalcanti Borges *Casa-grande & senzala*, sob a direção de Miroel Silveira, pelo grupo teatral da Escola de Comunicação e Artes da USP. Em 10 de outubro, apresenta conferência da Fundação Luisa e Oscar Americano, de São Paulo, sobre Imperialismo cultural do Conde Maurício. De 13 a 17 de outubro, profere simpósio internacional promovido pela Universidade de Brasília e pelo Ministério da Educação e Cultura, com a participação, como conferencistas, do historiador social inglês Lord Asa Briggs, do filósofo espanhol Julián Marías, do poeta e ensaísta português David Mourão-Ferreira, do antropólogo francês Jean Duvignaud e do historiador mexicano Silvio Zavala. Recebe o Prêmio Jabuti, de São Paulo, em 28 de outubro. Recebe, em 11 de dezembro, o grau de Doutor *Honoris Causa* pela Universidade Católica de Pernambuco. Em 12 de dezembro, recebe o Prêmio Moinho Recife. São publicadas diversas obras do autor, como: o álbum *Gilberto poeta*: algumas confissões, com serigrafias de Aldemir Martins, Jenner Augusto, Lula Cardoso Ayres, Reynaldo Fonseca e Wellington Virgolino e posfácio de José Paulo Moreira da Fonseca (Ranulpho Editora de Arte); *Poesia reunida* (Edições Pirata, Recife); 20ª edição brasileira de *Casa-grande & senzala*, com prefácio do ministro Eduardo Portella; 5ª edição de *Olinda*; 3ª edição da *Seleta para jovens*; 2ª edição brasileira de *Aventura e rotina* (todas pela Editora José Olympio); e a 2ª edição de *O escravo nos anúncios de jornais brasileiros do século XIX* (Companhia Editora Nacional). A Editora Greenwood Press, de Westport, Conn., publica, sem autorização do autor, a reimpressão de *New world in the tropics*.

1981 A Classe de Letras da Academia de Ciências de Lisboa reúne-se, em fevereiro, para a comunicação do escritor David Mourão-Ferreira sobre Gilberto Freyre, criador literário. Encenação, em março, no Teatro Santa Isabel, da peça-balé de Rubens Rocha Filho *Tempos perdidos, nossos tempos*. Em 25 de março, o autor recebe do embaixador Jean Beliard a *rosette* de Oficial da Légion d'Honneur. Inauguração de seu retrato, em 21 de abril, no Museu do Trem da Superintendência Regional da Rede Ferroviária Federal. Em 29 de abril, o Conselho Municipal de Cultura lança, no Palácio do Governo, um álbum de desenhos de sua autoria. Inauguração, em 7 de maio, no Museu Nacional da Quinta da Boa Vista, da edição quadrinizada de *Casa-grande & senzala*, numa promoção da Universidade Federal do Rio de Janeiro, Museu Nacional e Editora Brasil-América. Profere conferência, em 15 de maio, no auditório Benício Dias da Fundação Joaquim Nabuco, sobre Atualidade de Lima Barreto. Viaja à Espanha, em outubro, para tomar posse no Conselho Superior do Instituto de Cooperação Ibero-Americana, nomeado pelo rei João Carlos I.

1982 Recebe em janeiro a medalha comemorativa dos trinta anos do Conselho Nacional de Desenvolvimento Científico e Tecnológico (CNPq). Profere na Academia Pernambucana de Letras a conferência Luís Jardim Autodidata?, comemorativa do octogésimo aniversário do pintor e escritor pernambucano. Na abertura do III Congresso Afro-Brasileiro, em 20 de setembro, apresenta conferência no teatro Santa Isabel. Em setembro, é entrevistado pela Rede Bandeirantes de Televisão, no programa *Canal Livre*. Recebe do embaixador Javier Vallaure, na Embaixada da Espanha em Brasília, a Grã-Cruz de Alfonso, El Sabio (outubro), e no auditório do Palácio da Cultura, em 9 de novembro, profere conferência sobre Villa-Lobos revisitado. Profere no Nacional Club de São Paulo, em 11 de novembro, conferência sobre Brasil: entre passados úteis e futuros renovados. A Editora Massangana publica *Rurbanização: o que é?* A Editora Klett-Cotta, de Stuttgart, publica a 1ª edição alemã de *Das land in der stadt. die entwicklung der urbanem gesellschaft Brasiliens* (*Sobrados e mucambos*) e a 2ª edição de *Herrenhaus und sklavenhütte* (*Casa-grande & senzala*).

1983 Iniciam-se em 21 de março — Dia Internacional das Nações Unidas Contra a Discriminação Racial — as comemorações do cinquentenário da publicação de *Casa-grande & senzala*, com sessão solene no auditório Benício Dias, presidida pelo governador Roberto Magalhães e com a presença da ministra da Educação, Esther de Figueiredo Ferraz, e do diretor-geral da Unesco, Amadou M'Bow, que lhe entrega a medalha Homenagem da Unesco. Recebe em 15 de abril, da Associação Brasileira de Relações Públicas, Seção de Pernambuco, o Troféu Integração por destaque cultural de 1982. Em abril, expõe seus últimos desenhos e pinturas na Galeria Aloísio Magalhães. Viaja a Lisboa, em 25 de outubro, para receber, do ministro dos Negócios Estrangeiros, a Grã-Cruz de Santiago da Espada. Em 27 de outubro, participa de sessão solene da Academia de Ciências de Lisboa e da Academia Portuguesa de História, comemorativa do cinquentenário da publicação de *Casa-grande & senzala*. A Fundação Calouste Gulbenkian promove em Lisboa um ciclo de conferências sobre *Casa-grande & senzala* (2 de novembro a 4 de dezembro). É homenageado pela Feira Internacional do Livro do Rio de Janeiro, em 9 de novembro. O Seminário de Tropicologia reúne-se, em 29 de novembro, para a conferência de Edson Nery da Fonseca, intitulada Gilberto Freyre, cultura e trópico. Recebe em 7 de dezembro, no Liceu Literário Português do Rio de Janeiro, a Grã--Cruz da Ordem Camoniana. A Editora Massangana publica *Apipucos:* que há num nome?, a Editora Globo lança *Insurgências e ressurgências atuais* e *Médicos, doentes e contextos sociais* (2ª edição de *Sociologia da medicina*). Realiza-se na Fundação Joaquim Nabuco, de 19 a 30 de setembro, um ciclo de conferências comemorativo dos cinquenta anos de *Casa--grande & senzala*, promovido com apoio do governo do estado e de outras entidades pernambucanas (anais editados por Edson Nery da Fonseca e publicados em 1985 pela Editora Massangana: *Novas perspectivas em Casa-grande & senzala*). A José Olympio Editora publica no Rio de Janeiro o livro de Edilberto Coutinho *A imaginação do real:* uma leitura da ficção de Gilberto Freyre, tese de doutoramento defendida na Universidade Federal do Rio de Janeiro. A Editora Record lança no Rio de Janeiro *Homens, engenharias e rumos sociais*.

1984 Lançamento, em 20 de janeiro, de selo postal comemorativo do cinquentenário de *Casa--grande & senzala*. Viaja a Salvador, em 14 de março, para receber homenagem do governo do estado pelo cinquentenário de *Casa-grande & senzala*. Inauguração, no Museu de Arte Moderna da Bahia, da exposição itinerante sobre a obra. Conferência de Edson Nery da Fonseca sobre Gilberto Freyre, *Casa-grande & senzala* e a Bahia. Convidado pelo governador Tancredo Neves, profere em Ouro Preto, em 21 de abril, o discurso oficial da Semana da Inconfidência. Profere em 8 de maio, na antiga Reitoria da UFRJ, conferência sobre Alfonso X, o sábio, ponte de culturas. Recebe da União Cultural Brasil-Estados Unidos, em 7 de junho, a medalha de merecimento por serviços relevantes prestados à aproximação entre o Brasil e os Estados Unidos. Convidado pelo Conselho da Comunidade Portuguesa do Estado de São Paulo, lê no Clube Atlético Paulistano, em 8 de junho (Dia de Portugal) a conferência Camões: vocação de antropólogo moderno?, publicada no mesmo ano pelo conselho. Em setembro, o Balé Studio Um realiza no Recife o espetáculo de dança *Casa-grande & senzala*, sob a direção de Eduardo Gomes e com música de Egberto Gismonti. Recebe a Medalha Picasso da Unesco, desenhada por Juan Miró em comemoração do centenário do pintor espanhol. Em setembro, homenageado por Richard Civita no Hotel 4 Rodas de Olinda, com banquete presidido pelo governador Roberto Magalhães e entrega de passaportes para o casal se hospedar em qualquer hotel da rede. Participa, na Arquidiocese do Rio de Janeiro, em outubro, do Congresso Internacional de Antropologia e Práxis, debatedor do tema *Cultura e redenção*, desenvolvido por D. Paul Poupard. É homenageado no Teatro Santa Isabel do

Recife, em 31 de novembro, pelo cinquentenário do 1º Congresso Afro-Brasileiro, ali realizado em 1934. Lê no Museu de Arte Sacra de Pernambuco (Olinda) a conferência Cultura e museus, publicada no ano seguinte pela Fundarpe.

1985 Recebe da Fundação do Patrimônio Histórico e Artístico de Pernambuco (Fundarpe) a Homenagem à Cultura Viva de Pernambuco, em 18 de março. Viaja em maio aos Estados Unidos, para receber, na Baylor University, o prêmio consagrador de notáveis triunfos (Distinguished Achievement Award). Profere em 21 de maio, na Harvard University, conferência sobre My first contacts with american intellectual life, promovida pelo Departamento de Línguas e Literaturas Românicas e pela Comissão de Estudos Latino-Americanos e Ibéricos. Realiza exposição na Galeria Metropolitana Aloísio Magalhães do Recife: Desenhos a cor: figuras humanas e paisagens. Recebe, em agosto, o grau de Doutor *Honoris Causa* em Direito e em Letras pela Universidade Clássica de Lisboa. É nomeado em setembro, pelo presidente da República, para compor a Comissão de Estudos Constitucionais. Recebe o título de Cidadão de Manaus, em 6 de setembro. Profere, em 29 de outubro, conferência na inauguração do Instituto Brasileiro de Altos Estudos (Ibrae) de São Paulo, subordinada ao título À beira do século XX. Em 20 de novembro, é apresentado, no Cine Bajado, de Olinda, o filme de Kátia Mesel *Oh de casa!*. Em dezembro viaja a São Paulo, sendo hospitalizado no Incor para cirurgia de um divertículo de Zenkel (hérnia de esôfago). A José Olympio Editora publica a 7ª edição de *Sobrados e mucambos* e a 5ª edição de *Nordeste*. Por iniciativa do Centro de Estudos Latino-Americanos da Universidade da Califórnia em Los Angeles, a editora da universidade publica em Berkeley reedições em brochuras do mesmo formato *The masters and the slaves, The mansions and the shanties* e *Order and progress*, com introduções de David H. E. Mayburt-Lewis e Ludwig Lauerhass Jr., respectivamente.

1986 Em janeiro, submete-se a uma cirurgia do esôfago para retirada de um divertículo de Zenkel, no Incor. Regressa ao Recife em 16 de janeiro, dizendo: "agora estou em casa, meu Apipucos". Em 22 de fevereiro, retorna a São Paulo para uma cirurgia de próstata no Incor, realizada em 24 de fevereiro. Recebe em 24 de abril, em sua residência de Apipucos, do embaixador Bernard Dorin, a comenda de Grande Oficial da Legião de Honra, no grau de Cavaleiro. Em maio, é agraciado com o Prêmio Cavalo-Marinho, da Empitur. Em agosto, recebe o título de Cidadão de Aracaju. Em 24 de outubro, reencontra-se no Recife com a dançarina Katherine Dunhm. Em 28 de outubro é eleito para ocupar a cadeira 23 da Academia Pernambucana de Letras, vaga com a morte de Gilberto Osório de Andrade. Toma posse em 11 de dezembro na Academia Pernambucana de Letras. Recebe, em 16 de dezembro, o título de Pesquisador Emérito do Instituto de Pesquisas Sociais da Fundação Joaquim Nabuco. Publica-se em Budapeste a edição húngara de *Casa-grande & senzala: udvarház es szolgaszállás*. A professora Élide Rugai Bastos defende na Pontifícia Universidade Católica de São Paulo (PUC) a tese de doutoramento *Gilberto Freyre e a formação da sociedade brasileira*, orientada pelo professor Octavio Ianni. A Áries Editora publica em São Paulo o livro de Pietro Maria Bardi, *Ex-votos de Mário Cravo*, e a Editora Creficullo lança o livro do mesmo autor *40 anos de Masp*, ambos prefaciados por Gilberto Freyre.

1987 Instituição, em 11 de março, da Fundação Gilberto Freyre. Em 30 de março, recebe em Apipucos a visita do presidente Mário Soares. Em 7 de abril, submete-se a uma cirurgia para implantação de marca-passo no Incor do Hospital Português. Em 18 de abril, Sábado Santo, recebe de d. Basílio Penido, OSB, os sacramentos da Reconciliação, da Eucaristia e da Unção dos Enfermos. Morre no Hospital Português, às 4 horas de 18 de julho, aniversário de Magdalena. Sepultamento no Cemitério de Santo Amaro, às 18 horas, com discurso do ministro Marcos Freire. Em 20 de julho, o senador Afonso Arinos ocupa a tribuna da Assembleia Nacional Constituinte para homenagear sua memória. Em 19 de julho o jornal *ABC de Madri* publica um artigo de Julián Marías: Adiós a um brasileño universal. Em 24 de julho, missas concelebradas, no Recife, por Dom José Cardoso Sobrinho e Dom Heber Vieira da Costa, OSB, e em Brasília, por Dom Hildebrando de Melo e pelos vigários da catedral e do Palácio da Alvorada com coral da Universidade de Brasília. Missa celebrada no seminário, com canto gregoriano a cargo das Beneditinas de Santa Gertrudes, de Olinda. A Editora Record publica *Modos de homem e modas de mulher* e a 2ª edição de *Vida, forma e cor*; *Assombrações do Recife Velho* e *Perfil de Euclides e outros perfis*; a José Olympio Editora, a 25ª edição brasileira de *Casa-grande & senzala*. O Círculo do Livro lança nova edição de *Dona Sinhá e o filho padre*, e a Editora Massangana publica *Pernambucanidade consagrada* (discursos de Gilberto Freyre e Waldemar Lopes na Academia Pernambucana de Letras). Ciclo de conferências promovido pela Fundação Joaquim Nabuco em memória de Gilberto Freyre, tendo como conferencistas Julián Marías, Adriano Moreira, Maria do Carmo Tavares de Miranda e José Antônio Gonsalves de Mello (convidado, deixou de vir, por motivo de doença, o antropólogo Jean Duvignaud). Ciclo de conferências promovido em Maceió pelo governo do estado de Alagoas, a cargo de Maria do Carmo Tavares de Miranda, Odilon Ribeiro Coutinho e José Antônio Gonsalves de Mello. Homenagem do Conselho Latino-Americano de Ciências Sociais, na abertura de sua XIV Assembleia Geral, realizada no Recife, de 16 a 21 de novembro. A editora mexicana Fondo de Cultura Económica publica a 2ª edição, como livro de bolso, de *Interpretación del Brasil*. A revista *Ciência e Cultura* publica em seu número de setembro o necrológio de Gilberto Freyre, solicitado por Maria Isaura Pereira de Queiroz a Edson Nery da Fonseca.

1988 Em convênio com a Fundação Gilberto Freyre e sob os auspícios do Grupo Gerdau, a Editora Record publica no Rio de Janeiro a obra póstuma *Ferro e civilização no Brasil*.

1989 Em sua 26ª edição, *Casa-grande & senzala* passa a ser publicada pela Editora Record, até a 46ª edição, em 2002.

1990 A Fundação das Artes e a Empresa Gráfica da Bahia publicam em Salvador *Bahia e baianos*, obra póstuma organizada e prefaciada por Edson Nery da Fonseca. A Editora Klett-Cotta lança em Stuttgart a 2ª edição alemã de *Sobrados e mucambos* (*Das land in der Stadt*). Realiza-se na Fundação Joaquim Nabuco o seminário O cotidiano em Gilberto Freyre, organizado por Fátima Quintas (anais publicados no mesmo ano pela Editora Massangana).

1994 A Câmara dos Deputados publica, como volume 39 de sua Coleção Perfis Parlamentares, *Discursos parlamentares*, de Gilberto Freyre, texto organizado, anotado e prefaciado por Vamireh Chacon. A Editora Agir publica no Rio de Janeiro a antologia *Gilberto Freyre*, organizada por Edilberto Coutinho como volume 117 da Coleção Nossos Clássicos, dirigida por Pedro Lyra. A Editora 34 publica no Rio de Janeiro a tese de doutoramento de Ricardo Benzaquen de Araújo *Guerra e paz:* Casa-grande & senzala e a obra de Gilberto Freyre nos anos 30.

1995 Realiza-se na Fundação Joaquim Nabuco a semana de estudos comemorativos dos 95 anos de Gilberto Freyre, com conferências reunidas e apresentadas por Fátima Quintas na obra coletiva *A obra em tempos vários*, publicada em 1999 pela Editora Massangana. A Fundação de Cultura da Cidade do Recife e a Imprensa Universitária da Universidade Federal de Pernambuco publicam no Recife *Novas conferências em busca de leitores*, obra póstuma organizada e prefaciada por Edson Nery da Fonseca. A Editora Massangana publica o livro de Sebastião Vila Nova, *Sociologias e pós-sociologia em Gilberto Freyre*.

1996 Realiza-se na Fundação Joaquim Nabuco o simpósio Que somos nós?, organizado por Maria do Carmo Tavares de Miranda em comemoração aos sessenta anos de *Sobrados e mucambos* (anais publicados pela Editora Massangana em 2000).

1997 Comemorando seu septuagésimo quinto aniversário, a revista norte-americana *Foreign Affairs* publica o resultado de um inquérito destinado à escolha de 62 obras "que fizeram a cabeça do mundo a partir de 1922". *Casa-grande & senzala* é apontada como uma delas pelo professor Kenneth Maxwell. A Companhia das Letras publica em São Paulo a 4ª edição de *Açúcar*, livro reimpresso em 2002 por iniciativa da Usina Petribu.

1999 Por iniciativa da Fundação Oriente, da Universidade da Beira Interior e da Sociedade de Geografia de Lisboa, iniciam-se em Portugal as comemorações do centenário de nascimento de Gilberto Freyre, com o colóquio realizado na Sociedade de Geografia de Lisboa, de 11 e 12 de fevereiro, Lusotropicalismo revisitado, sob a direção dos professores Adriano Moreira e José Carlos Venâncio. A Fundação Oriente institui um prêmio anual de 1 milhão de escudos para "galardoar trabalhos de investigação na área da perspectiva gilbertiana sobre o Oriente". As comemorações pernambucanas são iniciadas em 14 de março, com missa solene concelebrada na Basílica do Mosteiro de São Bento de Olinda, com canto gregoriano pelas Beneditinas

Missionárias da Academia Santa Gertrudes. Pelo Decreto nº 21.403, de 7 de maio, o governador de Pernambuco declara, no âmbito estadual, Ano Gilberto Freyre 2000. Pelo Decreto de 13 de julho, o presidente da República institui o ano 2000 como Ano Gilberto Freyre. A UniverCidade do Rio de Janeiro institui, por sugestão da Editora Topbooks, o prêmio de 20 mil dólares para o melhor ensaio sobre Gilberto Freyre.

2000 Por iniciativa da TV Cultura de São Paulo, são elaborados os filmes *Gilbertianas I* e *II*, dirigidos pelo cineasta Ricardo Miranda com a colaboração do antropólogo Raul Lody. Em 13 de março, ocorre o lançamento nacional da produção, numa promoção do Shopping Center Recife/UCI Cinemas/Weston Táxi Aéreo. Em 21 de março são lançados, na sala Calouste Gulbenkian da Fundação Joaquim Nabuco, no Núcleo de Estudos Freyrianos, no governo do estado de Pernambuco, na Sudene e no Ministério da Cultura. Por iniciativa do Canal GNT, VideoFilmes e Regina Filmes, o cineasta Nelson Pereira dos Santos dirige quatro documentários intitulados genéricos de *Casa-grande & senzala*, tendo Edson Nery da Fonseca como corroteirista e narrador. Filmados no Brasil, em Portugal e na Universidade de Colúmbia em Nova York, o primeiro, *O Cabral moderno*, exibido pelo canal GNT a partir de 21 de abril. Os demais, *A cunhã:* mãe da família brasileira, *O português:* colonizador dos trópicos e *O escravo na vida sexual e de família do brasileiro*, são exibidos pelo mesmo canal, a partir de 2001. As Editoras Letras e Expressões e Abregraph publicam a 2ª edição de *Casa-grande & senzala em quadrinhos*, com ilustrações de Ivan Wasth Rodrigues colorizadas por Noguchi. A Editora Topbooks lança a 2ª edição brasileira de *Novo mundo nos trópicos*, prefaciada por Wilson Martins. A revista *Novos Estudos Cebrap*, n. 56, publica o dossiê Leituras de Gilberto Freyre, com apresentação de Ricardo Benzaquen de Araújo, incluindo as introduções de Fernand Braudel à edição italiana de *Casa-grande & senzala*, de Lucien Fèbvre à edição francesa, de Antonio Sérgio a *O mundo que o português criou* e de Frank Tannembaum à edição norte-americana de *Sobrados e mucambos*. Em 15 de março, realiza-se na Maison de Sciences de l'Homme et de la Science o colóquio Gilberto Freyre e a França, organizado pela professora Ria Lemaire, da Universidade de Poitiers. Em 15 de março o arcebispo de Olinda e Recife, José Cardoso, celebra missa solene na Igreja de São Pedro dos Clérigos, com cantos do coral da Academia Pernambucana de Música. Na tarde de 15 de março, é apresentada, na sala Calouste Gulbenkian, em projeção de VHF, a Biblioteca Virtual Gilberto, disponível imediatamente na Internet: <http://prossiga.bvgf.fgf.org.br>. De 21 a 24 de março realiza-se na Fundação Gilberto Freyre o Seminário Internacional Novo Mundo nos Trópicos (anais publicados com título homônimo). De 28 a 31 de março é apresentado no Centro Cultural Banco do Brasil do Rio de Janeiro o ciclo de palestras A propósito de Gilberto Freyre (não reunidas em livro). De 14 a 16 de agosto realiza-se o seminário Gilberto Freyre: patrimônio brasileiro, promovido conjuntamente pela Fundação Roberto Marinho, pela

UniverCidade do Rio de Janeiro, pelo Colégio do Brasil, pela Academia Brasileira de Letras, pela *Folha de S.Paulo* e pelo Instituto de Estudos Avançados da USP. Iniciado no auditório da Academia Brasileira de Letras e num dos *campi* da Universidade, é concluído no auditório da *Folha de S.Paulo* e na cidade universitária da USP. Em 18 de outubro, realiza-se no anfiteatro da História da USP o seminário multidisciplinar Relendo Gilberto Freyre, organizado pelo Centro Angel Rama da Faculdade de Filosofia, Letras e Ciências Humanas na mesma universidade. Em 20 de outubro realiza-se na embaixada do Brasil em Paris o seminário Gilberto Freyre e as ciências sociais no Brasil, promovido pelo Ministério das Relações Exteriores e Fundação Gilberto Freyre. Em 30 de outubro realiza-se em Buenos Aires o seminário À la busqueda de la identidad: el ensayo de interpretación nacional en Brasil y Argentina. De 6 a 9 de novembro é realizada no Sun Valley Park Hotel, em Marília (SP), a Jornada de Estudos Gilberto Freyre, organizada pela Faculdade de Filosofia e Ciências da Unesp. Em 21 de novembro, na Universidade de Essex, ocorre o seminário *The english in Brazil:* a study in cultural encounters, dirigido pela professora Maria Lúcia Pallares-Burke. Em 27 de novembro, realiza-se na Universidade de Cambridge o seminário Gilberto Freyre & história social do Brasil, dirigido pelos professores Peter Burke e Maria Lúcia Pallares-Burke. De 27 a 30 de novembro, acontece no Centro de Ciências Humanas, Letras e Artes da Universidade Federal da Paraíba o simpósio Gilberto Freyre: interpenetração do Brasil, organizado pela professora Elisalva Madruga Dantas e pelo poeta e multiartista Jomard Muniz de Brito (anais com título homônimo publicados pela editora Universitária em 2002). De 28 a 30 de novembro, ocorre na sala Calouste Gulbenkian da Fundação Joaquim Nabuco o seminário internacional Além do apenas moderno. De 5 a 7 de dezembro é apresentado no auditório João Alfredo da Universidade Federal de Pernambuco o seminário Outros Gilbertos, organizado pelo Laboratório de Estudos Avançados de Cultura Contemporânea do Departamento de Antropologia da mesma universidade. Publica-se em São Paulo, pelo Grupo Editorial Cone Sul, o ensaio de Gustavo Henrique Tuna: Gilberto Freyre – entre tradição & ruptura, premiado na categoria "ensaio" do 3º Festival Universitário de Literatura, organizado pela Xerox do Brasil e pela revista *Livro Aberto*. Por iniciativa do deputado Aldo Rebelo a Câmara dos Deputados reúne no opúsculo Gilberto Freyre e a formação do Brasil, prefaciado por Luís Fernandes, ensaios do próprio deputado, de Otto Maria Carpeaux e de Regina Maria A. F. Gadelha. A Editora Comunigraf publica no Recife o livro de Mário Hélio *O Brasil de Gilberto Freyre:* uma introdução à leitura de sua obra, com ilustrações de José Cláudio e prefácio de Edson Nery da Fonseca. A Editora Casa Amarela publica em São Paulo a 2ª edição do ensaio de Gilberto Felisberto Vasconcellos *O xará de Apipucos*. A Embaixada do Brasil em Bogotá publica o opúsculo Imagens, com texto e ilustrações selecionadas por Nora Ronderos.

2001 A Companhia das Letras publica em São Paulo a 2ª edição de *Interpretação do Brasil*, organizada e prefaciada por Omar Ribeiro Thomaz (nº 19 da Coleção Retratos do Brasil). A Editora Topbooks publica no Rio de Janeiro a obra coletiva *O imperador das ideias*: Gilberto Freyre em questão, organizada pelos professores Joaquim Falcão e Rosa Maria Barboza de Araújo, reunindo conferências do seminário realizado no Rio de Janeiro e em São Paulo de 14 a 17 de agosto de 2000. A Editora Topbooks e UniverCidade publicam no Rio de Janeiro a 2ª edição de *Além do apenas moderno*, prefaciada por José Guilherme Merquior e as 3ªˢ edições de *Aventura e rotina*, prefaciada por Alberto da Costa e Silva, e de *Ingleses no Brasil*, prefaciada por Evaldo Cabral de Melo. A Editora da Universidade do Estado de Pernambuco publica, como nº 18 de sua Coleção Nordestina, o livro póstumo *Antecipações*, organizado e prefaciado por Edson Nery da Fonseca. A Editora Garamond publica no Rio de Janeiro o livro de Helena Bocayuva *Erotismo à brasileira*: o excesso sexual na obra de Gilberto Freyre, prefaciado pelo professor Luis Antonio de Castro Santos. O *Diário Oficial da União* de 28 de dezembro de 2001 publica, à página 6, a Lei no 10.361, de 27 de dezembro de 2001, que confere o nome de Aeroporto Internacional Gilberto Freyre ao Aeroporto Internacional dos Guararapes do Recife. O Projeto de Lei é de autoria do deputado José Chaves (PMDB-PE).

2002 Publica-se no Rio de Janeiro, em coedição da Fundação Biblioteca Nacional e Zé Mário Editor, o livro de Edson Nery da Fonseca *Gilberto Freyre de A a Z*. É lançada em Paris, sob os auspícios da ONG da Unesco Allca XX e como volume 55 da Coleção Archives, a edição crítica de *Casa-grande & senzala*, organizada por Guillermo Giucci, Enrique Rodríguez Larreta e Edson Nery da Fonseca.

2003 O governo instalado no Brasil em 1º de janeiro extingue, sem nenhuma explicação, o Seminário de Tropicologia criado em 1966 pela Universidade Federal de Pernambuco, por sugestão de Gilberto Freyre e incorporado em 1980 à estrutura da Fundação Joaquim Nabuco. Gustavo Henrique Tuna defende, no Departamento de História do Instituto de Filosofia e Ciências Humanas da Unicamp, a dissertação de mestrado *Viagens e viajantes em Gilberto Freyre*. A Editora da Universidade de Brasília publica, em coedição com a Imprensa Oficial do Estado de São Paulo, as seguintes obras póstumas, organizadas por Edson Nery da Fonseca: *Palavras repatriadas* (prefácio e notas do organizador); *Americanidade e latinidade da América Latina e outros textos afins*, *Três histórias mais ou menos inventadas* (com prefácio e posfácio de César Leal) e *China tropical*. A Global Editora publica a 47ª edição de *Casa-grande & senzala* (com apresentação de Fernando Henrique Cardoso). No mesmo ano, lança a 48ª edição da obra-mestra de Freyre. A mesma editora publica a 14ª edição de *Sobrados e mucambos* (com apresentação de Roberto DaMatta). Publica-se pela Edusc, Editora da Unesp e Fapesp o livro *Gilberto Freyre em quatro tempos* (organização de Ethel Volfzon Kosminsky, Claude Lépine e Fernanda Arêas Peixoto), reunindo comunicações apresentadas na Jornada de Estudos Gilberto Freyre, realizada em Marília (SP), em 2000. É lançada pela Edusc, Editora Sumaré e Anpocs o livro de Élide Rugai Bastos *Gilberto Freyre e o pensamento hispânico:* entre Dom Quixote e Alonso El Bueno.

2004 A Global Editora publica a 6ª edição de *Ordem e progresso* (apresentação de Nicolau Sevcenko), a 7ª edição de *Nordeste* (com apresentação de Manoel Correia de Oliveira Andrade), a 15ª edição de *Sobrados e mucambos* e a 49ª edição de *Casa-grande & senzala*. Em conjunto com a Fundação Gilberto Freyre, a editora lança o Concurso Nacional de Ensaios – Prêmio Gilberto Freyre 2004/2005, destinado a premiar e a publicar ensaio que aborde "qualquer dos aspectos relevantes da obra do escritor Gilberto Freyre".

2005 Em 15 de março é premiado o trabalho de Élide Rugai Bastos intitulado *As criaturas de Prometeu:* Gilberto Freyre e a formação da sociedade brasileira, vencedor do Concurso Nacional de Ensaios – Prêmio Gilberto Freyre 2004/2005, promovido pela Fundação Gilberto Freyre e pela Global Editora. Esta publica a 50ª edição (edição comemorativa) de *Casa-grande & senzala*, em capa dura. Em agosto, o grupo de teatro Os Fofos Encenam, sob a direção de Newton Moreno, estreia a peça *Assombrações do Recife Velho*, adaptação da obra homônima de Gilberto Freyre, no Casarão do Belvedere, situado no bairro Bela Vista, em São Paulo. Em 18 de outubro, na Livraria Cultura do Shopping Villa-Lobos, em São Paulo, é lançado *Gilberto Freyre: um vitoriano dos trópicos*, de Maria Lúcia Pallares--Burke, pela Editora da Unesp, em mesa-redonda com a participação dos professores Antonio Dimas, José de Souza Martins, Élide Rugai Bastos e a autora do livro. A Global Editora publica a 3ª edição de *Casa-grande & senzala em quadrinhos*, com ilustrações de Ivan Wasth Rodrigues colorizadas por Noguchi.

2006 Realiza-se em 15 de março na 19ª Bienal Internacional do Livro de São Paulo, sediada no Pavilhão de Exposições do Anhembi, no salão A-Mezanino, a mesa de debate setenta anos de *Sobrados e mucambos*, de Gilberto Freyre, com a presença dos professores Roberto DaMatta, Élide Rugai Bastos, Enrique Rodríguez Larreta e mediação de Gustavo Henrique Tuna. No evento, é lançado o 2º Concurso Nacional de Ensaios – Prêmio Gilberto Freyre 2006/2007, organizado pela Global Editora e pela Fundação Gilberto Freyre que aborda qualquer aspecto referente à obra *Sobrados e mucambos*. A Global Editora publica a 2ª edição, revista, de *Tempo morto e outros tempos*, prefaciada por Maria Lúcia Garcia Pallares-Burke. Realiza-se no auditório do Instituto de Filosofia e Ciências Humanas da Unicamp, nos dias 25 e 26 de abril, o Simpósio Gilberto Freyre: produção, circulação e efeitos sociais de suas ideias, com a presença de inúmeros estudiosos do Brasil e do exterior da obra do sociólogo pernambucano.

A Global Editora publica *As criaturas de Prometeu – Gilberto Freyre e a formação da sociedade brasileira*, de Élide Rugai Bastos, trabalho vencedor da 1ª edição do Concurso Nacional de Ensaios/ Prêmio Gilberto Freyre 2004/2005, promovido pela editora e pela Fundação Gilberto Freyre.

2007 Publicam-se em São Paulo, pela Global Editora: a 5ª edição do livro *Açúcar*, apresentada por Maria Lecticia Monteiro Cavalcanti; a 5ª edição revista, atualizada e aumentada por Antonio Paulo Rezende do livro *Guia prático, histórico e sentimental da cidade do Recife*; a 6ª edição revista e atualizada por Edson Nery da Fonseca do livro *Olinda: 2º guia prático, histórico e sentimental de cidade brasileira*. Publica-se no Rio de Janeiro, pela Civilização Brasileira, o primeiro volume da obra *Gilberto Freyre, uma biografia cultural*, dos pesquisadores uruguaios Enrique Rodrigues Larreta e Guillermo Giucci, em tradução de Josely Vianna Baptista. Publica-se no Recife, pela Editora Massangana, o livro de Edson Nery da Fonseca *Em torno de Gilberto Freyre*.

2008 O Museu da Língua Portuguesa de São Paulo encerra em 4 de maio a exposição, iniciada em 27 de novembro de 2007, *Gilberto Freyre intérprete do Brasil*, sob a curadoria de Élide Rugai Bastos, Júlia Peregrino e Pedro Karp Vasquez. Publicam-se em São Paulo, pela Global Editora: a 4ª edição revista do livro *Vida social no Brasil nos meados do século XIX*, com apresentação e índices de Gustavo Henrique Tuna; e a 6ª edição do livro *Assombrações do Recife Velho*, com apresentação de Newton Moreno, autor da adaptação teatral representada com sucesso em São Paulo. O editor Peter Lang de Oxford publica o livro de Peter Burke e Maria Lúcia G. Pallares-Burke *Gilberto Freyre: social theory in the tropics*, versão de *Gilberto Freyre, um vitoriano nos Trópicos*, publicado em 2005 pela Editora da Unesp, que em 2006 recebeu os Prêmios Senador José Ermírio de Morais da ABL (Academia Brasileira de letras) e Jabuti, na categoria Ciências Humanas.

A Global Editora publica *Ensaio sobre o jardim*, de Solange de Aragão, trabalho vencedor da 2ª edição do Concurso Nacional de Ensaios – Prêmio Gilberto Freyre 2006/2007, promovido pela editora e pela Fundação Gilberto Freyre.

2009 A Global Editora publica a 2ª edição de *Modos de homem & modas de mulher* com texto de apresentação de Mary Del Priore. A É Realizações Editora publica em São Paulo a 6ª edição do livro *Sociologia: introdução ao estudo dos seus princípios*, com prefácio de Simone Meucci e posfácio de Vamireh Chacon, e a 4ª edição de *Sociologia da medicina*, com prefácio de José Miguel Rasia. O Diário de Pernambuco edita a obra *Crônicas do cotidiano: a vida cultural de Pernambuco nos artigos de Gilberto Freyre*, antologia organizada por Carolina Leão e Lydia Barros. A Editora da Unesp publica, em tradução de Fernanda Veríssimo, o livro de Peter Burke e Maria Lúcia G. Pallares-Burke *Repensando os trópicos: um retrato intelectual de Gilberto Freyre*, com prefácio à edição brasileira.

2010 Publica-se pela Global Editora o livro *Nordeste semita – Ensaio sobre um certo Nordeste que em Gilberto Freyre também é semita*, de autoria de Caesar Sobreira, trabalho vencedor da 3ª edição do Concurso Nacional de Ensaios – Prêmio Gilberto Freyre 2008/2009, promovido pela editora e pela Fundação Gilberto Freyre. A Global Editora publica a 4ª edição de *O escravo nos anúncios de jornais brasileiros do século XIX*, com apresentação de Alberto da Costa e Silva. A É Realizações publica a 4ª edição de *Aventura e rotina*, a 2ª edição de *Homens, engenharias e rumos sociais*, as 2ªˢ edições de *O luso e o trópico*, *O mundo que o português criou*, *Uma cultura ameaçada e outros ensaios* (versão ampliada de *Uma cultura ameaçada*: a luso-brasileira), *Um brasileiro em terras portuguesas* (a 1ª edição publicada no Brasil) e a 3ª edição de *Vida forma e cor*. A Editora Girafa publica *Em torno de Joaquim Nabuco*, reunião de textos que Gilberto Freyre escreveu sobre o abolicionista organizada por Edson Nery da Fonseca com colaboração de Jamille Cabral Pereira Barbosa. Gilberto Freyre é o autor homenageado da 10ª edição da Feira Nacional do Livro de Ribeirão Preto, realizada entre os dias 14 e 18 de junho. É também o autor homenageado da 8ª edição da Festa Literária Internacional de Paraty (Flip), ocorrida na cidade carioca entre os dias 4 e 8 de agosto. Para a homenagem, foram organizadas mesas com convidados nacionais e do exterior. A conferência de abertura, em 4 de agosto, é lida pelo ex-presidente Fernando Henrique Cardoso e debatida pelo historiador Luiz Felipe de Alencastro; no dia 5 realiza-se a mesa Ao correr da pena, com Moacyr Scliar, Ricardo Benzaquen e Edson Nery da Fonseca, com mediação de Ángel Gurría-Quintana; no dia 6 ocorre a mesa Além da casa-grande, com Alberto da Costa e Silva, Maria Lúcia Pallares-Burke e Ângela Alonso, com mediação de Lilia Schwarcz; no dia 8 realiza-se a mesa Gilberto Freyre e o século XXI, com José de Souza Martins, Peter Burke e Hermano Vianna, com mediação de Benjamim Moser. É lançado na Flip o tão esperado inédito de Gilberto Freyre *De menino a homem*, espécie de livro de memórias do pernambucano, pela Global Editora. A edição, feita com capa dura, traz um rico caderno iconográfico, conta com texto de apresentação de Fátima Quintas e notas de Gustavo Henrique Tuna. O lançamento do tão aguardado relato autobiográfico até então inédito de Gilberto Freyre realiza-se na noite do dia 5 de agosto, na Casa da Cultura de Paraty, ocasião em que o ator Dan Stulbach lê trechos da obra para o público presente. O Instituto Moreira Salles publica uma edição especial para a Flip de sua revista *Serrote*, com poemas de Gilberto Freyre comentados por Eucanaã Ferraz. A Funarte publica o volume 5 da coleção Pensamento crítico intitulado *Gilberto Freyre, uma coletânea de escritos do sociólogo pernambucano sobre arte*, organizada por Clarissa Diniz e Gleyce Heitor.

2011 Realiza-se entre os dias 31 de março e 1º de abril na Universidade Lusófona, em Lisboa, o colóquio Identidades, hibridismos e tropicalismos: leituras pós-coloniais de Gilberto Freyre, com a participação de importantes intelectuais portugueses como Diogo Ramada Curto, Pedro Cardim, António Manuel Hespanha, Cláudia Castelo, entre outros. A Global Editora publica *Perfil de Euclides e outros perfis*, com texto de apresentação de Walnice Nogueira Galvão. O livro *De menino a homem* é escolhido vencedor na categoria Biografia da 53ª edição do

Prêmio Jabuti. A cerimônia de entrega do prêmio ocorre em 30 de novembro na Sala São Paulo, na capital paulista. A 7ª edição da Fliporto (Festa Literária Internacional de Pernambuco), realizada entre os dias 11 e 15 de novembro na Praça do Carmo, em Olinda, tem Gilberto Freyre como autor homenageado, com mesas dedicadas a discutir a obra do sociólogo. Participam das mesas no Congresso Literário da Fliporto intelectuais como Edson Nery da Fonseca, Fátima Quintas, Raul Lody, João Cezar de Castro Rocha, Vamireh Chacon, José Carlos Venâncio, Valéria Torres da Costa e Silva, Maria Lecticia Cavalcanti, entre outros. Dentro da programação da Feira, a Global Editora lança os livros *China tropical*, com texto de apresentação de Vamireh Chacon e *O outro Brasil que vem aí*, publicação voltada para o público infantil que traz o poema de Gilberto Freyre ilustrado por Dave Santana. No mesmo evento, é lançado pela Editora Cassará o livro *O grande sedutor: escritos sobre Gilberto Freyre de 1945 até hoje*, reunião de vários textos de Edson Nery da Fonseca a respeito da obra do sociólogo. Publica-se pela Editora Unesp o livro *Um estilo de história – a viagem, a memória e o ensaio*: sobre *Casa--grande & senzala e a representação do passado*, de autoria de Fernando Nicolazzi, originado da tese vencedora do Prêmio Manoel Luiz Salgado Guimarães de teses de doutorado na área de História promovido no ano anterior pela Anpuh.

2012 A edição de março da revista do Sesc de São Paulo publica um perfil de Gilberto Freyre. A Global Editora publica a 2ª edição de *Talvez poesia*, com texto de apresentação de Lêdo Ivo e dois poemas inéditos: "Francisquinha" e "Atelier". Pela mesma editora, publica-se a 2ª edição do livro *As melhores frases de Casa-grande & senzala:* a obra-prima de Gilberto Freyre, organizado por Fátima Quintas. Publica-se pela Topbooks o livro *Caminhos do açúcar*, de Raul Lody, que reúne temas abordados pelos trabalhos do sociólogo pernambucano. A Editora da Unesp publica o livro *O triunfo do fracasso: Rüdiger Bilden, o amigo esquecido de Gilberto Freyre*, de Maria Lúcia Pallares-Burke, com texto de orelha de José de Souza Martins. A Fundação Gilberto Freyre promove em sua sede, em 10 de dezembro, o debate "A alimentação na obra de Gilberto Freyre, com presença de Maria Lecticia Monteiro Cavalcanti, pesquisadora em assuntos gastronômicos.

2013 Publica-se pela Fundação Gilberto Freyre o livro *Gilberto Freyre e as aventuras do paladar*, de autoria de Maria Lecticia Monteiro Cavalcanti. Vanessa Carnielo Ramos defende, no Departamento de História do Instituto de Ciências Humanas e Sociais da Universidade Federal de Ouro Preto, a dissertação de mestrado *À margem do texto*: estudo dos prefácios e notas de rodapé de *Casa-grande & senzala*. A Global Editora e a Fundação Gilberto Freyre abrem as inscrições para o 5º Concurso Nacional de Ensaios – Prêmio Gilberto Freyre 2013/2014, que tem como tema Família, mulher e criança. Em 4 de outubro, inaugura-se no Centro Cultural dos Correios, no Recife, a exposição Recife: Freyre em frames, com fotografias de Max Levay Reis e co-curadoria de Raul Lody, baseada em textos do livro *Guia prático, histórico e senti-*

mental da cidade do Recife, de Gilberto Freyre. Publica-se pela Global Editora uma edição comemorativa de *Casa-grande & senzala*, por ocasião dos oitenta anos de publicação do livro, completados no mês de dezembro. Feita em capa dura, a edição traz nova capa com foto do Engenho Poço Comprido, localizado no município pernambucano de Vicência, de autoria de Fabio Knoll, e novo caderno iconográfico, contendo imagens relativas à história da obra--mestra de Gilberto Freyre e fortuna crítica. Da tiragem da referida edição, foram separados e numerados 2013 exemplares pela editora.

2014 Nos dias 4 e 5 de fevereiro, no auditório Manuel Correia de Andrade do Centro de Filosofia e Ciências Humanas da Universidade Federal de Pernambuco, realiza-se o evento Gilberto Freyre: vida e obra em comemoração aos 15 anos da criação da Cátedra Gilberto Freyre, contemplando palestras, mesas redondas e distribuição de brindes. No dia 23 de maio, em evento da FLUPP (Festa Literária Internacional das UPPs) realizado no Centro Cultural da Juventude, sediado na capital paulista, o historiador Marcos Alvito profere aula sobre Gilberto Freyre. Entre os dias 12 e 15 de agosto, no auditório do Instituto Ricardo Brennand, no Recife, Maria Lúcia Pallares-Burke ministra o VIII Curso de Extensão Para ler Gilberto Freyre. Realiza-se em 11 de novembro no Empório Eça de Queiroz, na Madalena, o lançamento do livro *Caipirinha: espírito, sabor e cor do Brasil*, de Jairo Martins da Silva. A publicação bilíngue (português e inglês), além de ser prefaciada por Gilberto Freyre Neto, traz capítulo dedicado ao sociólogo pernambucano intitulado "Batidas: a drincologia do mestre Gilberto Freyre".

2015 Publica-se pela Global Editora a 3ª edição de *Interpretação do Brasil*, com introdução e notas de Omar Ribeiro Thomaz e apresentação de Eduardo Portella. Publica-se pela editora Appris, de Curitiba, o livro *Artesania da Sociologia no Brasil – contribuições e interpretações de Gilberto Freyre*, de autoria de Simone Meucci. Pela Edusp, publica-se a obra coletiva *Gilberto Freyre – novas leituras do outro lado do Atlântico*, organizada por Marcos Cardão e Cláudia Castelo. Marcando os 90 anos da publicação do *Livro do Nordeste*, realiza-se em 2 de setembro na I Feira Nordestina do Livro, no Centro de Convenções de Pernambuco, em Olinda, um debate com a presença de Mário Hélio e Zuleide Duarte. Sob o selo Luminária Academia, da Editora Multifoco, publica-se *O jornalista Gilberto Freyre – a fusão entre literatura e imprensa*, de Suellen Napoleão.

2016 A Global Editora e a Fundação Gilberto Freyre abrem as inscrições para o 6º Concurso Nacional de Ensaios – Prêmio Gilberto Freyre 2016/2017. Realiza-se entre 22 de março e 8 de maio no Recife, na Caixa Cultural, a exposição inédita "Vida, forma e cor", abordando a produção visual de Gilberto Freyre e explorando sua relação com importantes artistas brasileiros do século XX. Na sequência, a mostra segue para São Paulo, ocupando, entre os dias 21 de maio e 10 de julho, um dos andares da Caixa Cultural, na Praça da Sé. Em 14 de abril, Luciana Cavalcanti Mendes defende a dissertação de mestrado *Diários fotográficos de bicicleta em Pernambuco: os irmãos Ulysses e Gilberto Freyre na documentação de cidades na década de 1920* junto ao Programa de Pós-Graduação "Culturas e Identidades Brasileiras" do Instituto de Estudos Brasileiros da USP, sob a orientação da Profª. Drª. Vanderli Custódio. Publica-se pela Global Editora a 2ª edição de *Tempo de aprendiz*, com apresentação do jornalista Geneton Moraes Neto. Em 25 de outubro, na Fundação Joaquim Nabuco, em sessão do Seminário de Tropicologia organizada pela Profª. Fátima Quintas, o Prof. Dr. Antonio Dimas (USP) profere palestra a respeito do *Manifesto Regionalista* por ocasião do aniversário de 90 anos de sua publicação.

2017 O ensaio *Gilberto Freyre e o Estado Novo – região, nação e modernidade*, de autoria de Gustavo Mesquita, é anunciado como o vencedor do 6º Concurso Nacional de Ensaios – Prêmio Gilberto Freyre 2016/2017, promovido pela Fundação Gilberto Freyre e pela Global Editora. A entrega do prêmio é realizada em 15 de março na sede da fundação, em Apipucos, celebrando conjuntamente os 30 anos da instituição criada para conservar e disseminar o legado do sociólogo. Publicam-se pela Global Editora o livro *Cartas provincianas – correspondência entre Gilberto Freyre e Manuel Bandeira*, com organização e notas de Silvana Moreli Vicente Dias, e *Algumas assombrações do Recife Velho*, adaptação para os quadrinhos de sete contos extraídos do livro *Assombrações do Recife Velho*: "O Boca-de-Ouro", "Um lobisomem doutor", "O Papa-Figo", "Um barão perseguido pelo diabo", "O visconde encantado", "Visita de amigo moribundo" e "O sobrado da rua de São José". A adaptação é de autoria de André Balaio e Roberto Beltrão, a pesquisa realizada por Naymme Moraes e as ilustrações concebidas por Téo Pinheiro.

Nota: após o falecimento de Edson Nery da Fonseca em 22 de junho de 2014, autor deste minucioso levantamento biobibliográfico, sua atualização está sendo realizada por Gustavo Henrique Tuna e tenciona seguir os mesmos critérios empregados pelo profundo estudioso da obra gilbertiana e amigo do autor.

Outros títulos da Coleção Gilberto Freyre:

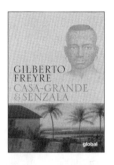

Casa-grande & Senzala
728 PÁGINAS
2 ENCARTES COLORIDOS (32 PÁGINAS)
ISBN 978-85-260-0869-4

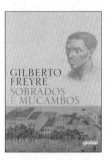

Sobrados e Mucambos
976 PÁGINAS
2 ENCARTES COLORIDOS (32 PÁGINAS)
ISBN 85-260-0835-8

Ordem e Progresso
1.120 PÁGINAS
1 ENCARTE COLORIDO (24 PÁGINAS)
ISBN 85-260-0836-6

Nordeste
256 PÁGINAS
1 ENCARTE COLORIDO (16 PÁGINAS)
ISBN 85-260-0837-4

Casa-grande & Senzala em Quadrinhos
ADAPTAÇÃO DE ESTÊVÃO PINTO
64 PÁGINAS
ISBN 978-85-260-1059-8

Tempo Morto e Outros Tempos – Trechos de um Diário de Adolescência e Primeira Mocidade 1915-1930
384 PÁGINAS
1 ENCARTE COLORIDO (8 PÁGINAS)
ISBN 85-260-1074-3

Insurgências e Ressurgências Atuais – Cruzamentos de Sins e Nãos num Mundo em Transição
368 PÁGINAS
ISBN 85-260-1072-8

Olinda – 2º Guia Prático, Histórico e Sentimental de Cidade Brasileira
224 PÁGINAS
1 MAPA TURÍSTICO COLORIDO
ISBN 978-85-260-1073-4

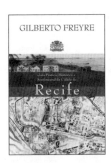

Guia Prático, Histórico e Sentimental da Cidade do Recife
256 PÁGINAS
1 MAPA TURÍSTICO COLORIDO
ISBN 978-85-260-1067-3

Vida Social no Brasil nos Meados do Século XIX
160 PÁGINAS
1 ENCARTE PRETO E BRANCO (16 PÁGINAS)
ISBN 978-85-260-1314-8

Modos de Homem & Modas de Mulher
336 PÁGINAS
1 ENCARTE COLORIDO (16 PÁGINAS)
ISBN 978-85-260-1336-0

O escravo nos anúncios de jornais brasileiros do século XIX
248 PÁGINAS
1 ENCARTE PRETO E BRANCO (8 PÁGINAS)
ISBN 978-85-260-0134-3

De menino a homem – De Mais de Trinta e de Quarenta, de Sessenta e Mais Anos
224 PÁGINAS
1 ENCARTE COLORIDO (32 PÁGINAS)
ISBN 978-85-260-1077-2

Novo Mundo nos Trópicos
376 PÁGINAS
ISBN 978-85-260-1538-8

Perfil de Euclides e outros perfis
288 PÁGINAS
ISBN 978-85-260-1562-3

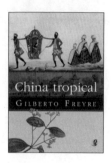

China Tropical
256 PÁGINAS
ISBN 978-85-260-1587-6

Talvez Poesia
208 PÁGINAS
ISBN 978-85-260-1735-1

Interpretação do Brasil
256 PÁGINAS
ISBN 978-85-260-2223-2

Tempo de aprendiz
760 PÁGINAS
ISBN 978-85-260-1923-2

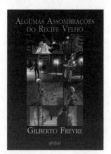

Algumas assombrações do Recife Velho
72 PÁGINAS
ISBN 978-85-260-2340-6